W0096063

Bordeaux & Atlantikküste

Manfred Görgens

Gratis-Download: Updates & aktuelle Extratipps des Autors

Unsere Autoren recherchieren auch nach Redaktionsschluss
für Sie weiter. Auf unserer Homepage finden Sie Updates und
persönliche Zusatztipps zu diesem Reiseführer.

Zum Ausdrucken und Mitnehmen oder als kostenloser
Download für Smartphone, Tablet und E-Reader.
Besuchen Sie uns jetzt!
www.dumontreise.de/bordeaux-atlantikkueste

short.travel/hdv26

Reise-Taschenbuch

Inhalt

Reiseinfos, Adressen, Websites

Panorama – Daten, Essays, Hintergründe

Unterwegs in Bordeaux und an der Atlantikküste

Inhalt

Auf Entdeckungstour

Karten und Pläne

s. hintere Umschlagklappe

▶ Dieses Symbol im Buch verweist auf die
Extra-Reisekarte Bordeaux & Atlantikküste

Liebe Leserin,
lieber Leser,

in einer lieben Erinnerung wandere ich gerne zurück in ein Dorf im Baskenland und an eine lange Tafel, die man für uns gedeckt hatte. Wir, das war ein bunt zusammengewürfelter Haufen von Journalisten, die gekommen waren, um den spektakulären Almabtrieb in Aramits zu erleben. Jeder hatte darüber für sein Magazin zu berichten. Ich hingegen war nur Zaungast, lediglich eingeladen, weil ich gerade für ein Buch recherchierte – ebendiesen Reiseführer, den Sie in Händen halten.

Es war das erste Mal, dass ich mit so vielen französischen Kollegen an einem Tisch saß, und ich ahnte nicht, dass man einen ganzen Abend beisammensitzen könnte, um bei Essen und Wein über nichts als Essen und Wein zu plaudern. Keiner der Anwesenden arbeitete für eine Feinschmeckerzeitschrift, aber jeder schien mir von kulinarischen Genüssen mehr Ahnung zu haben als so mancher deutsche Fachjournalist. »Joues de porc à l'orange« legte mir ein Kollege wärmstens ans Herz, im Orangensud geschmorte Schweinebäckchen, wobei er zur Erklärung auf die eigenen Wangen klopfte.

Die illustre Runde lukullischer Philosophen sollte sich in mein Gedächtnis brennen und mir einen Weg weisen: Frankreichs Atlantikküste kann man nur genießen, wenn man mit allen Sinnen zu genießen versteht. Es ist die Küste der frischen Luft unter Pinien, der Heiterkeit im Schatten einer Platane, des Sonnenuntergangs hinter der höchsten Düne Europas und des Weingenusses ohne den benebelnden Rausch. Mit Bordeaux lebt dort die vielleicht adeligste Stadt Frankreichs und mit Biarritz das nobelste Surferparadies der Welt, während gleich nebenan die Fischer an der Gironde oder die Schafzüchter in den baskischen Bergen mit ihrem Leben nicht minder zufrieden sind als die Weinbarone, die Literaten und die Köche.

In diesem Sinne wünsche ich Ihnen, in welcher Jahreszeit und welchem Alter auch immer, das schönste aquitanische Frühlingserwachen Ihres Lebens und freue mich auf Ihre Rückmeldung!

Ihr

Tiefes Blau und heller Sand – wo der Courant d'Huchet ins offene Meer fließt

Die Atlantikküste persönlich – meine Tipps

Lässt sich die Region von einem Standort aus erschließen?

Die meisten Reisenden wählen einen festen Standort an der **Côte d'Argent,** bevorzugt in der Gegend um **Arcachon,** und planen von dort aus kurze Ausflüge ins Hinterland. Die Region ist allerdings zu groß, um auf diese Weise einen umfassenden Eindruck zu gewinnen. Optimal wären drei Standorte mit jeweils mindestens drei Tagen Aufenthalt. **Bordeaux** empfiehlt sich für einen Besuch der Stadt und der umliegenden Weinregion. Weniger als eine Autostunde von der regionalen Hauptstadt liegt das Bilderbuchdorf **St-Émilion** entfernt. Eine Fahrt von Bordeaux aus durch das **Médoc** zu den berühmten Châteaux in **Margaux, Pauillac** und **St-Estèphe** lässt sich gut mit einem Abstecher ins Seebad **Lacanau** verbinden. Prädestiniert für den Strandurlaub sind **Arcachon** oder auch **Biscarrosse** und **Mimizan.** Sie bieten sich aber auch an für eine Tour durch die **Landes** zum **Écomusée de Marquèze** und für einen Besuch der **Réserve Ornithologique du Teich.** Von **Biarritz** schließlich lassen sich die Côte

Die Region um Bordeaux und Arcachon

7

Die Atlantikküste persönlich – meine Tipps

Die Côte Basque und das baskische Hinterland

Basque mit **St-Jean-de-Luz**, die baskische Hauptstadt **Bayonne** sowie die Hügel des Baskenlandes bis hinauf in die Pyrenäen erkunden. Hier locken vor allem landschaftliche Highlights wie die **Gorges de Kakouetta,** aber auch typische Dörfer wie **Aïnhoa** und romanische Kirchen am Jakobsweg wie in **L'Hôpital St-Blaise.**

Quillt die Region Aquitaine über von Touristen?

Massentourismus wie etwa an den Stränden Mallorcas braucht man an der Atlantikküste im Süden Frankreichs nicht zu fürchten. Auch wenn rings um **Arcachon** oftmals Enge herrscht, ist es nicht schwer, dem Rummel aus dem Weg zu gehen. Strandvergnügen und Glamour finden in **Biarritz** zueinander, einem teuren, aber sehr sehenswerten Badeort im Baskenland, in dem das Gewimmel den eigentlichen Reiz des Ortes ausmacht. Das **baskische Hinterland** ist in den Sommermonaten stark von spanischen Touristen vereinnahmt, die dem Trubel an ihren Küsten zu entkommen suchen. Weil es sich überwiegend um Tagestouristen handelt, dringen sie nicht sonderlich weit in die **Pyrenäen** vor. Als Faustregel gilt deshalb: Je höher die Berge, desto grö-

ßer die Ruhe. Ruhig geht es auch im **Parc Naturel Régional des Landes de Gascogne** zu, wo endlose Kiefernwälder das Bild bestimmen.

Wo findet man das passende Strandparadies?

Im Vergleich mit dem Mittelmeer weht am Atlantik der frischere Wind, schlagen die Wellen höher, bieten die Dünen mehr Abgeschiedenheit. Die **Côte d'Argent** ist wie geschaffen für Aktivurlauber, birgt aber auch einige Tücken. Je dichter man nach Süden an den Golf von Biskaya rückt, desto größer sollte der Respekt vor den Fluten sein. Manche Abschnitte der **Côte Basque** rund um Biarritz sind überhaupt nur Surfern zu empfehlen, aber nicht weit davon gibt es zumeist bewachte Strandbereiche, die genügend Sicherheit gewähren. Man findet sie stets in der Nähe von Siedlungen. Wer es dagegen einsam mag, folgt zu Fuß dem Küstensaum und erreicht meistens schon nach einer Viertelstunde das geeignete Fleckchen, sollte aber bei einem Bad größte Vorsicht walten lassen. Ungleich geringer sind die Gefahren an den Binnenseen, in Frankreich *étangs* genannt, wo man auch mit Kleinkindern einen weitgehend sorglosen Badeurlaub verbringen kann und zudem viele Animationsangebote findet.

Ist Bordeaux eine echte Großstadt?

Noch vor wenigen Jahrzehnten wirkte Bordeaux in Teilen stark verwahrlost. Nach einem großzügigen Umbau, bei dem sehr behutsam mit denkmalpflegerischen Belangen umgegangen wurde, ist nicht nur der alte Glanz als Weinumschlagplatz wiederhergestellt, sondern auch der Weg in die Moderne geöffnet. Zwischen der **Place de la Comédie** mit dem **Grand Théâtre** und der **Place de la Bourse** an der Garonne schwelgt Bordeaux im Klassizismus. Die neuen **Straßenbahnen** entlasten erheblich den Nahverkehr und setzen zugleich attraktive optische Akzente. Und der **Quai de Paludate** hat sich als Zentrum einer packenden Nachtszene etabliert. Hinzu kommen ausgezeichnete Museen, elegante Shoppingadressen rund um das **Triangle d'Or** und angenehme Plätze mit belebten Cafés, wie etwa die **Place du Parlement** und **Place du Marché Chartrons.** Bordeaux lässt nichts vermissen und zählt zweifellos zu den attraktivsten Großstädten Europas.

Weitere Städte, die man nicht verpassen sollte

St-Jean-de-Luz und **Bayonne**, beide im Baskenland, nehmen mit malerischem Fachwerk für sich ein. Während altehrwürdige Seebäder wie **Arcachon** und **Biarritz** den Geist der Belle Époque bewahren, bieten moderne Strandorte einem jungen Publikum die Option auf durchtanzte Disconächte. Keine Stadt, sondern nur ein etwas größeres Dorf, aber unumgängliche Station einer Rundreise ist **St-Émilion.** Der Handel mit erlesenen Weinen hat dort einen Reichtum begründet, der jeder Gasse, jeder Hausfassade seinen Stempel aufdrückte.

Welche Möglichkeiten bietet die Region für einen Aktivurlaub?

Neben dem reichhaltigen Angebot an **Wassersportarten**, das in Hossegor oder Biarritz selbst geübte **Surfer** begeistern wird, bestehen an der Atlantikküste beste Voraussetzungen für ausgedehnte **Fahrradtouren.** Entlang der Küstenlinie und vielerorts im Hinterland verläuft ein asphaltiertes, gut beschildertes und regelmäßig von Flugsand befreites Wegenetz, auf dem man zügig vorankommt. Im Baskenland werden auch passionierte **Mountainbiker** gefordert. Dort finden sich zugleich sehr gute Pfade für **Kurz- und Fernwanderungen,** während das

Bordeaux – die Tram verbindet alte Architektur und moderne Technik

Die Atlantikküste persönlich – meine Tipps

Netz an Wanderwegen im Norden der Region eher weitmaschig ist, denn der intensive Weinbau schränkt die Möglichkeiten ein. Zum Zuschauen laden Rugby, Fußball, *pelota* (Rückschlagballspiel), *forces basques* (Wettkämpfe im Kräftemessen) und *courses landaises* (unblutiger Stierkampf) ein.

Gibt es auch kulturelle Anreize?

Aquitaine war im Mittelalter ein Durchzugsgebiet der **Jakobspilger** und damals auch ein bedeutendes politisches Zentrum. Geblieben sind aus dieser Zeit einige romanische Kirchen. Vielerorts jedoch standen ausgedehnte Sümpfe der Entwicklung einer imposanten Architektur entgegen. *Aquitania,* ›Land des Wassers‹, nannten die Römer die Region, die von Cäsars Truppen erobert worden war. Zwischen dem breiten Trichter der Gironde und den Vorbergen der Pyrenäen gab es nur Sümpfe, Seen, Bächlein und ein paar Ströme. In diesem unwirtlichen Land hinterließen die Römer eine erste Infrastruktur und mit dem **Weinbau** auch eine ökonomische Grundlage für die kommenden Jahrtausende. Heu-

te reift in keiner anderen Region der Welt eine solche Vielfalt edler Tropfen heran. Prächtige **Weinschlösser** mit erlesenem Interieur, die ab der Renaissance entstanden, sind bedeutender Teil des kulturellen Erbes. Sie waren zugleich Kaderschmiede einer herausragenden **Literaturszene** mit Mauriac, Montesquieu und Montaigne als Galionsfiguren.

Ist die Atlantikküste eine Gourmetregion?

Das ist ganz gewiss. In den **Landes** und in Teilen des **Baskenlandes** herrscht zwar eine rustikale Küche vor, aber auch dort findet man hervorragende Restaurants. In **Bordeaux** wie auch in den Weinregionen des **Bordelais** an beiden Ufern der Gironde besteht die Problematik mehr in der Qual der Wahl. Es gibt dort vorzügliche, mitunter nicht einmal teure Restaurants, in denen Service und Ambiente ebenso bestechen wie die Speisekarte. Nur in Touristenhochburgen wie **St-Émilion** geraten Preis und Leistung mitunter aus dem Lot. Dort ist es wichtig, die richtigen Adressen zu kennen, dieses Buch hilft Ihnen bei der Wahl.

Tagesausklang am Atlantik mit Sundowner und Meeresrauschen

Sind Weinproben nur etwas für Kenner?

Auf keinen Fall! Manche der berühmten Weingüter im Médoc oder in Pomérol haben sich zwar eine leicht blasierte Attitüde zugelegt, die eher abschreckend wirkt. Aber in der Regel gestaltet sich die Weinprobe als eine sehr unterhaltsame Unternehmung, bei der man viel über die Philosophie des Winzers und sogar den neuesten Klatsch aus der Region erfährt. Gute Französischkenntnisse und Vertrautheit mit dem Fachjargon sind Voraussetzung, um so ein Erlebnis richtig genießen zu können. Ebenso entscheidend ist die Etikette. Das be-

Nicht nur für Weinkenner ein lohnenswertes Ziel – Bilderbuchdorf St-Émilion

deutet nicht, dass man fein gekleidet auf dem Weingut erscheinen muss. Aber es wird erwartet, dass sich der Gast telefonisch ankündigt. Behilflich sind dabei die Büros der Touristeninformation oder die Maisons du Vin.

Was gibt es Neues in der Region?

Ein neuer Direktflug mit Helvetic Airways von Zürich nach Bordeaux deutet auf die wachsende Bedeutung der französischen Stadt hin. Ihr großzügiger Umbau war ein enormer Kraftakt, der sich gelohnt hat. Das Straßenbahnnetz wächst, die Nachtszene boomt, die Kulturangebote überschlagen sich.

Gibt es neue kulturelle Trends?

Die Kultur des Weines setzt auf Langlebigkeit und bringt außer neuen interessanten Châteaux nicht viel Bahnbrechendes hervor. Stärkere Impulse sind in der Musikszene zu verzeichnen. Das Konzertleben in Bordeaux entwickelt sich, wird aber von vielen Alternativen kritisch betrachtet. Ihnen missfallen die strengen behördlichen Auflagen für kleinere Clubs, die sie als Versuch sehen, die Stadt als großes Freilichtmuseum zu behandeln. Vor diesem Hintergrund entstehen am Stadtrand zahlreiche Bars und Diskotheken, in denen die Avantgarde zu ihrem Recht kommt. Den Titel ›Kulturhauptstadt 2013‹ hat Bordeaux leider Marseille überlassen müssen.

Noch ein persönlicher Tipp

Mit der **Cité des Civilisation du Vin** und dem **Stadion Matmut Atlantique** im Quartier Lac, beide zur Fußball-Europameisterschaft 2016 fertiggestellt, hat das aufstrebende Bordeaux zwei weitere grandiose Attraktionen gewonnen, die die Stadt immer mehr zu einem herausragenden Wochenendziel machen.

NOCH FRAGEN?

Die können Sie gern per E-Mail stellen, wenn Sie die von Ihnen gesuchten Infos im Buch nicht finden:
goergens@dumontreise.de
info@dumontreise.de
Auch über eine Lesermail von Ihnen nach der Reise mit Hinweisen, was Ihnen gefallen hat oder welche Korrekturen Sie anbringen möchten, würden wir uns freuen.

Quai de Paludate in Bordeaux – altes
Hafenmilieu in neuem Gewand, S. 112

Abteiruine La Sauve-Majeure – faszi-
nierender Charme des Morbiden, S. 134

Lieblingsorte!

Restaurant Canne à Sucre, Lacanau –
Köstlichkeiten der Karibik, S. 188

Backofen im Museumsdorf Marquèze –
hier vergisst man die Zeit, S. 224

Planète Bordeaux – in diesem Planeta-
rium ist der Wein die Sonne, S. 150

Tristesse mon amour – Hafen an der
Gironde in Macau, S. 157

Die Reiseführer von DuMont werden von Autoren geschrieben, die ihr Buch
ständig aktualisieren und daher immer wieder dieselben Orte besuchen.
Irgendwann entdeckt dabei jede Autorin und jeder Autor seine ganz persön-
lichen Lieblingsorte. Dörfer, die abseits des touristischen Mainstream liegen,
eine ganz besondere Strandbucht, Plätze, die zum Entspannen einladen, ein
Stückchen ursprünglicher Natur – eben Wohlfühlorte, an die man immer wieder
zurückkehren möchte.

Hafenpromenade St-Jean-de-Luz – altes
Fachwerk bis an die Meereswogen, S. 250

Pass mit Blick auf Nah und Fern –
Col d'Osquich, S. 269

Schnellüberblick

Côte d'Argent

Entspannung und Aktivurlaub an einem Sandstrand von 250 km Länge. Ob Soulac, Montalivet oder Lacanau, Arcachon, Biscarosse oder Hossegor – sämtliche Küstenorte sind ganz und gar auf Strandurlauber eingestellt. In der Bucht von Arcachon aber haben die Austernfischer das Sagen. Höhepunkt in der flachen Küstenlandschaft ist die Dune du Pilat, Europas höchste Wanderdüne. Im Hinterland bietet das Vogelparadies von Le Teich Abwechslung. S. 172

Côte Basque

An der Grenze zu Spanien geht die flache Sandlandschaft in eine traumhafte Felsenküste über. Die Baskenhochburg Bayonne ist zugleich Hauptstadt erlesener Schokolade. Das noble Seebad Biarritz lockt mit einer spektakulären Brandung wagemutige Surfer an. St-Jean-de-Luz ist sowohl Touristenhochburg als auch Fischereihafen. S. 230

Das baskische Hinterland

Die westlichen Pyrenäen warten auf mit Almen, Schluchten und Felsgipfeln, Grotten mit prähistorischen Malereien. Fachwerk und Barockkirchen zählen zu den kulturellen Sehenswürdigkeiten, ganz zu schweigen von lukullischen Genüssen von Schinken über Schafskäse bis zu baskischem Kuchen. S. 258

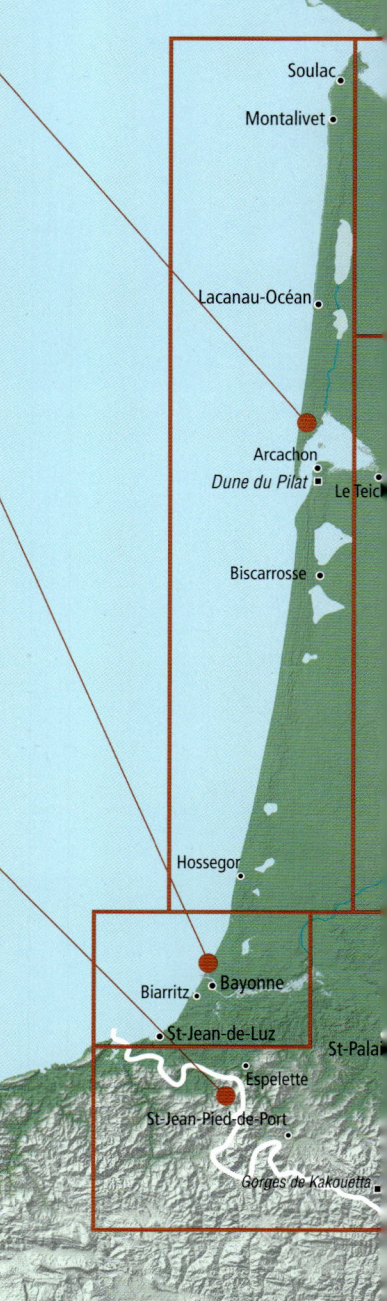

Soulac
Montalivet
Lacanau-Océan
Arcachon
Dune du Pilat Le Teich
Biscarrosse
Hossegor
Biarritz Bayonne
St-Jean-de-Luz
St-Pala
Espelette
St-Jean-Pied-de-Port
Gorges de Kakouetta

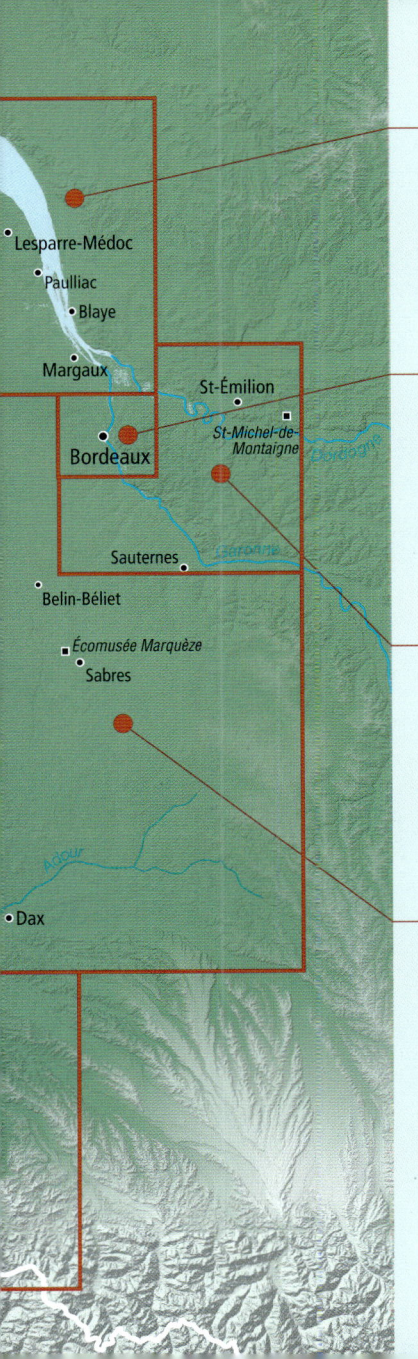

Die Weinstraße des Médoc

Vornehmste Weinadressen von Margaux bis Mouton-Rothschild bei Pauillac säumen das südliche Ufer der Gironde. Eine ganz besondere Flusslandschaft mit ihrer eigenen Natur. Zu den Sehenswürdigkeiten zählt auch die Festung von Blaye aus der Zeit des Sonnenkönigs. S. 152

Bordeaux

Die Wurzeln der Weinhauptstadt reichen bis in die Antike, als Kelten hier an der Garonne einen Handelsplatz unterhielten und die Römer Wein pflanzten. *Savoir vivre* vor klassizistischer Architektur. Hervorragende Adressen für Shopping, Kultur und Nachtleben. S. 84

Zwischen Garonne und Dordogne

Die hügelige, sonnige Flusslandschaft rund um das Bilderbuchdorf St-Émilion ist das älteste Weinbaugebiet der Region. Hier liegen zahlreiche prachtvolle Adelssitze, darunter die Schlösser von berühmten Persönlichkeiten aus Geschichte und Kunst wie Michel de Montaigne. S. 114

In den Landes

Ein schier grenzenloser Kiefernwald erweist sich als Garten Eden für Radfahrer und Wanderer. Bei Belin-Béliet kann man den Wald sogar im Kanu erkunden. Eine historische Eisenbahn fährt von Sabres ins Écomusée Marquèze. Die Stadt Dax am Fluss Adour mit ihren Thermalquellen verströmt vornehme Kurortatmosphäre. S. 214

Reiseinfos, Adressen, Websites

Im Straßencafé in Bordeaux beim ›grand crème‹ gemütlich die Sonne genießen

Informationsquellen

Infos im Internet

http://aquitaine.fr
Basiswissen über die Region und die einzelnen Orte auf Französisch.

http://oara.fr
Französischsprachige Seite über das Kulturleben der Region, mit Veranstaltungskalender.

http://sports-aquitaine.fr
Download von Magazinen zum Sport in Aquitanien, nur Französisch.

www.aquitaine.visite.org
Die mehrsprachige Seite bietet umfangreiches Informationsmaterial mit einer interaktiven Karte, Wetterbericht, Kultur- und Veranstaltungstipps, Hotel- und Restaurantempfehlungen.

www.de-fra.com
Ein deutschsprachiges Netzwerk derer, die lange in Frankreich gelebt haben oder noch dort wohnen. Nicht ganz taufrisch sind die Artikel zum Umgang mit der Sprache, zur Verwaltung oder zu touristischen Fragen. Dafür gibt es ein sehr reges Forum, in dem einer dem anderen über die typisch französischen Hürden hinweghilft. Besonders interessant: der Link zu den Stellenangeboten.

www.francehotelsreservations.com/de
Die Website ermöglicht Interessierten die Hotelsuche und -buchung in zahlreichen Sprachen. Im Suchfeld werden die Stadt und Aufenthaltsdaten eingetragen, dann erscheint eine Schnellübersicht mit Hotelkategorie und Preisen. Genauere Informationen wie Fotos, Eigenschaften und ausführliche Kundenbewertungen zu den einzelnen Adressen finden sich unter ›Info‹.

http://france.meteofrance.com
Météo France liefert Wetternachrichten in französischer Sprache. Das Intro enthält eine Landkarte, dort lässt sich die gewünschte Region anklicken. Über eine integrierte Suchmaschine ist jeder Ort aufrufbar.

www.tourisme.fr
Sammelseite der Offices de Tourisme in französischer und englischer Sprache. Jede lokale Informationsstelle soll dort aktuelle Hinweise zu vorgegebenen Rubriken (Öffnungszeiten der Büros, Highlights der Stadt, Freizeitangebote etc.) aufführen. Leider erfüllen nicht alle Büros diese Vorgabe mit gleicher Sorgfalt.

www.frankreichkontakte.de
Internetseite, die so gut wie alle Suchanfragen rund um das Nachbarland mit Infos, Links, Newslettern und Artikeln beantwortet. Ein Schwerpunkt gilt dem Urlaub in Frankreich und hier vor allem den sportlichen Aktivitäten. Ob Radfahren, Tennis, Golf oder Reiten, das Portal öffnet den Weg zum geeigneten Ansprechpartner.

Fremdenverkehrsämter

Atout France – Französische Zentrale für Tourismus
… in Deutschland
Postfach 10 01 28
60001 Frankfurt/M.
Fax 069 74 55 56
info.de@atout-france.fr
http://de.rendezvousenfrance.com

… in Österreich

Derzeit kein Büro vor Ort. Kontakt
über: Tel. 01 503 28 92 (9–15 Jhr)
Fax 01 503 28 72
info.at@rendezvousenfrance.com
http://de.rendezvousenfrance.com

… in der Schweiz

Derzeit kein Büro vor Ort, Kontakt
über:
info.ch@rendezvousenfrance.com
http://de.rendezvousenfrance.com

Regionale Fremdenverkehrsbüros
**Comité Régional du Tourisme d'Aqui-
taine (CRT)**

4/5, place Jean Jaurès
33074 Bordeaux Cédex
Tel. 05 56 01 70 00
Fax 05 56 01 70 07
www.tourisme-aquitaine.fr/de

Comités Départementals de Tourisme (CDT)
Gironde
9, rue Fondaudège
33000 Bordeaux
Tel. 05 56 52 61 40
Fax 05 56 81 09 99
www.tourisme-gironde.fr

Landes
4, av. Aristide Briand
40012 Mont-de-Marsan
Tel. 05 58 06 89 89
Fax 05 58 06 90 90
www.tourismelandes.com

Pays Basque
2, allée des Platanes
64100 Bayonne
Tel. 05 59 30 01 30
Fax 05 59 46 52 46
www.tourisme64.com

Wer ist zuständig?
Atout France ist auf allgemeine französische Themen spezialisiert, das

Comité Régional du Tourisme (CRT)
speziell auf die Region Aquitaine. Ge-
zielte Fragen zu den einzelnen Départements sollte man an die **Comités
Départementals de Tourisme (CDT)**
richten. CRT und CDT sind Ansprechpartner für schriftliche Anfragen.

Wer bereits im Land ist, wendet
sich üblicherweise an das jeweilige
Office de Tourisme (OT) bzw. **Syndi-
cat d'Initiative (SI),** das in jedem Ferienort gut zu finden ist. Die OTs sind
mit ein bis vier Sternen klassifiziert,
eine Kategorisierung zur Bewertung
ihrer Qualität: Je höher die Anzahl
der Sterne, desto mehr Service bieten
die Büros, d. h. desto länger sind die
Öffnungszeiten, desto mehr Sprachen
werden im Büro gesprochen, desto
besser ist meist auch die Qualität der
Auskünfte.

Lesetipps

Helmut Debelius: Fisch-Führer Mit-
telmeer und Atlantik, Stuttgart 2007.
Leider nur nach dem Tauchgang zu
verwenden.
Paul Grote: Tod in Bordeaux, Reinbek
2010. Krimi mit Weinleichen.
Martin Grzimek: Das Austernfest,
Frankfurt 2008. Psychologisch span-
nend gestrickter Krimi, der an der
Bucht von Arcachon spielt.
**Gerd Nygårdshaug/Andrea Dobro-
wolski:** Der Honigkrug, München
2008. Sieben Menschen fallen einem
Serienmörder in St-Émilion zum Op-
fer.
Elena Martinez Rubio: Wörterbuch
Baskisch-Deutsch, Tübingen 2007. Für
Menschen, die sich an das scheinbar
Unaussprechliche wagen möchten
eine profunde Hilfe.
Yoko Tawada: Schwager in Bordeaux.
Tübingen 2008. Erzählung rund um
Sehnsucht und Ungesehenes zwischen
Hamburg und Bordeaux.

Wetter und Reisezeit

Klima

Dank der angenehmen Meeresbrise herrscht in Aquitaine keine unerträgliche Hitze, auch nicht im meist sonnenreichen Sommer. Die Lufttemperatur liegt dann im Tagesmittel zwischen 24 °C (Biarritz) und 26 °C (Bordeaux). Mit wohlig warmer Luft und nicht allzu kaltem Wasser rechnen Mai, Juni, September und Oktober zur Nebensaison. Das Winterhalbjahr bringt Nebel, Sturm und Dauerregen (Niederschlag im Jahresmittel 1300–1500 mm), bietet aber auch sonnige Perioden. Selten fällt das Thermometer unter 10 °C, Frost ist die Ausnahme.

Unannehmlichkeiten bereitet das verstärkte Urlauberaufkommen während der französischen Sommerferien (10. Juli bis 20. August), wenn die Preise klettern, viele Strände überlaufen sind und die ansonsten gastfreundlichen Aquitanier auch schon mal ge-

reizt sein können. Vor- und Nachsaison haben also ihre Vorzüge. Im Frühjahr locken die klare Luft und die Blütenpracht, allerdings trüben mitunter ein paar stürmische Tage die Idylle – ein Phänomen, das mit der globalen Klimaveränderung verstärkt auftritt. Der Herbst, wenn es an der Küste häufiger zu Regenfällen kommt, ist die schönste Zeit zum Rückzug ins Weinbaugebiet. Die Winter sind mild, einige Badeorte besitzen ihren Reiz bis in den November hinein, wenn der Wind allmählich an Kraft zulegt.

Bei der Wahl der Reisezeit und des Ferienortes sollte man außerdem daran denken, welches Hinterland zu den eigenen Urlaubsbedürfnissen passt: Bordeaux mit dem Weinland, die einsamen Wälder der Region Landes oder die baskische Bergregion. Wer auch abends oder gar nachts mal etwas unternehmen möchte, für den eignen sich Lacanau, Arcachon, Hossegor und die baskische Küste.

Teure Hochsaison

In allen touristischen Zentren werden die Hotelpreise in der Hochsaison um etwa 10–20 %, in seltenen Fällen auch um wesentlich mehr angehoben. In Restaurants gibt es keine saisonalen Preisschwankungen. Hier ist eher damit zu rechnen, dass die Portionen kleiner ausfallen, Service und Qualität nachlassen.

Die beste Zeit für ...

Badeurlaub
Die Küsten mit ihrer wilden Brandung und die stillen, familienfreundlichen Binnenseen *(étangs)* rangieren in der Gunst der Aquitanien-Urlauber an ers-

Klimadiagramm Bordeaux

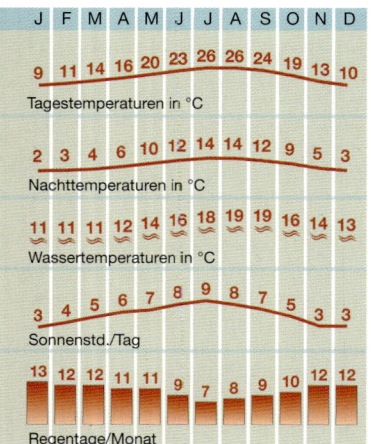

	J	F	M	A	M	J	J	A	S	O	N	D
Tagestemperaturen in °C	9	11	14	16	20	23	26	26	24	19	13	10
Nachttemperaturen in °C	2	3	4	6	10	12	14	14	12	9	5	3
Wassertemperaturen in °C	11	11	11	12	14	16	18	19	19	16	14	13
Sonnenstd./Tag	3	4	5	6	7	8	9	8	7	5	3	3
Regentage/Monat	13	12	12	11	11	9	7	8	9	10	12	12

ter Stelle. Mit etwa 2000 Sonnenstunden darf man dort jährlich rechnen – ein schlagendes Werbeargument, selbst wenn damit nicht die traumhafte Quote des großen Konkurrenten erreicht wird, nämlich der Côte d'Azur mit gut 2500 Stunden. Als Badesaison gelten die Monate Mai bis Oktober, empfindliche Naturen werden sich aber auf Mitte Juni bis Mitte September beschränken. Die Wassertemperatur liegt im Hochsommer bei ca. 20 °C. Ab Herbst ist an der Küste mit Regen und Sturm zu rechnen.

Städtereisen

Bordeaux und Bayonne sind Magneten für Freunde städtischer Kultur. Beide Zentren liegen im Einzugsbereich der Küste und warten mit Seeklima auf. Da die Meeresbrise aber bereits abgeschwächt ist, wird es im Hochsommer mitunter recht heiß in den Straßen. Als günstigste Reisezeit für beide Städte muss also die Nebensaison gelten. Insbesondere Bordeaux besitzt wegen der Museen und Einkaufsgelegenheiten durchaus auch im Winter seine Reize. Auch einige Feste und Messen können in dieser Zeit ein Publikumsmagnet sein. Dazu zählt vor allem der Karneval, auch wenn er nicht gar so ausgelassen gefeiert wird, wie man es aus anderen Regionen Europas kennt.

Wanderungen und Aktivurlaub

Viele Aquitaine-Reisende nutzen ihre Zeit in der Region für Aktivurlaub und verknüpfen Badeurlaub und Wassersport mit ausgedehnten Radtouren, für die sich ebenfalls die Monate Mai bis Oktober empfehlen. Wanderungen werden hauptsächlich im Baskenland unternommen. Dort muss man mit mehr Regen und kühleren Temperaturen rechnen als an der Küste. Der August kann sogar stürmisch

Nicht nur für Weintrinker

Bordeaux und der Wein führen eine Musterehe, die Urlauber das ganze Jahr über inspiriert. Besonders erlebnisreich wird es zur Zeit der Traubenernte, die von zahlreichen Festen begleitet ist, darunter im Sept. die Eröffnung der Weinlese durch die *jurade* (St-Émilion), der Wettbewerb im Weinfassrollen (Lussac) und ein Marathonlauf zu den Weinschlössern (Médoc).

sein, dafür entschädigen Schönwetterperioden im Winter. Bei Larrau ist in der kalten Jahreszeit auch Skilauf möglich.

Kleidung und Ausrüstung

Je nach Jahreszeit ist unterschiedliche Kleidung angebracht: Im Winter gehören eine dicke Jacke und Pullover in den Koffer, im Sommer eine Windjacke und für den Abend ein dünner Pullover. Für gehobene Hotels und Restaurants wie auch für Casino-Besuche benötigt man feine Garderobe, während es ansonsten leger zugeht. Wer auf Etikette keinen Wert legt und auch für seine sportlichen Aktivitäten keine umfangreiche Ausrüstung benötigt, kommt dann schon mit einer kleinen Reisetasche aus. Für die meisten Reisenden sind auch Laptop und Smartphone längst ständige Begleiter. Die Vorteile sind nicht von der Hand zu weisen, da zunehmend Möglichkeiten bestehen, WLAN-Hotspots z. B. in Hotels zu nutzen. So lassen sich am Vortag Wetterberichte oder Veranstaltungskalender abrufen, aber auch bequem kurzfristige Hotelbuchungen vornehmen. Foto-Enthusiasten können zudem schon unterwegs ihre Bilder auf der Festplatte sichern und bearbeiten.

Anreise und Verkehrsmittel

Einreisebestimmungen

Reisende sollten immer Personalausweis bzw. Identitätskarte mitnehmen, für Schweizer und Nicht-EU-Bürger ist die Vorlage bei Grenzkontrollen Pflicht. Auch Kinder benötigen unabhängig vom Alter einen eigenen Ausweis. Autofahrer müssen den nationalen Führerschein und KFZ-Schein mitführen. Empfohlen sind auch die Grüne Versicherungskarte, für Schweizer Pflicht, und ein Auslandsschutzbrief.

Zollvorschriften

Im privaten Reiseverkehr innerhalb der EU dürfen Waren zum eigenen Verbrauch unbegrenzt mitgeführt werden. Um zwischen privater und gewerblicher Verwendung abgrenzen zu können, wurden folgende Richtmengen festgelegt: 800 Zigaretten, 400 Zigarillos, 200 Zigarren, 1 kg Rauchtabak, 10 l Spirituosen, 20 l andere alkoholische Getränke bis zu einem Alkoholgehalt von 22 %, 90 l Wein (davon max. 60 l Schaumwein) und 110 l Bier. Reisende aus Nicht-EU-Mitgliedsstaaten dürfen z. B. 200 Zigaretten, 1 l Spirituosen und 2 l Wein mitführen.

Haustiere dürfen ab einem Alter von drei Monaten mitgenommen werden, wenn eine Tollwutimpfbescheinigung vorliegt.

Anreise

... mit dem Flugzeug

Als Zielflughäfen bieten sich Bordeaux und Bayonne-Biarritz an, die man mit der **Air France** z. B. ab Frankfurt/M. über Paris-Charles de Gaulle (4–5 Std.) oder Lyon (3 Std.) erreicht. Information und Reservierung Deutschland: Tel. 069 29 99 37 72; Österreich: Tel. 01 502 22 24 00; Schweiz: Tel. 08 48 74 71 00; www.airfrance.com. Weitere Abflughäfen sind u. a. Berlin, Düsseldorf, Genf, Hamburg, München, Stuttgart, Wien und Zürich. **Ryanair** bietet Flüge ab Brüssel (Charleroi) nach Bordeaux und Biarritz an. Seit Mai 2014 fliegt **Helvetic Airways** direkt von Zürich nach Bordeaux.

Der **Aéroport International de Bordeaux** liegt 12 km westlich der Stadt in Mérignac (Tel. 05 56 34 50 00, www.bordeaux.aeroport.fr, s. S. 111), der **Flughafen Biarritz** ca. 3 km südlich von Bayonne-Zentrum bei Anglet (Aéroport de Parme, Tel. 05 59 43 83 83, www.biarritz.aeroport.fr, s. S. 238).

... mit der Bahn

Der Hochgeschwindigkeitszug TGV *(train à grande vitesse)* verbindet Paris mit Bordeaux in nur 3 Std.; knappe 5 Std. sind es bis Biarritz. Das klingt gut, doch ist die Anreise in die französische Hauptstadt zeitaufwendig (www.bahn.de), und es muss berücksichtigt werden, dass man in Paris vom Bahnhof Gare du Nord (aus Norddeutschland) oder Gare de l'Est (aus Süddeutschland, Schweiz und Österreich) zur Gare de Montparnasse (TGV) wechseln muss. Der Transfer mit der Métro nimmt knapp 1 Std. in Anspruch. Für den TGV ist eine Platzreservierung obligatorisch.

Auskunft und Buchung: Thalys Store & More, Am Bahnhofsvorplatz 1, 50667 Köln, Tel. 01805 21 82 38. Infos über Fahrplan, Fahrtkosten und Preisermäßigungen im Internet unter www.voyages-sncf.com, www.sncf.fr; speziell zum TGV www.tgv.com. Die Strecke Köln–Bordeaux kostet ab 130 €

Endlich angekommen – mit dem Wohnmobil bis zur Pointe de Grave

in der 2. Klasse. Bucht man online und lange im Voraus, kann man allerdings von Sonderkontingenten zu weit günstigeren Preisen profitieren.

... mit dem Bus
Reguläre Verbindungen mit dem Bus bestehen lediglich bis Paris. Daneben existieren einige Pauschalangebote, über die die Reisebüros informieren.

... mit dem Auto
Von Köln bis Bordeaux sind etwa 1200 km zurückzulegen. Drehscheibe von Mittel- und Norddeutschland ist die Hauptstadt Paris, die man über die Francilienne im Westen umfährt – und zwar möglichst nicht zur Hauptverkehrszeit –, um ab Porte d'Orléans der A 10 über Poitiers nach Bordeaux zu folgen. Aus Süddeutschland, Österreich und der Schweiz bietet sich die neue Autobahn (A 89) über Lyon, Clermont-Ferrand und Périgueux an.

Autobahngebühr *(péage)* wird auf fast allen Strecken mit Ausnahme der Stadtumgehungen erhoben, für einen PKW beträgt sie etwa 55 € für die einfache Strecke Paris–Bordeaux sowie 15–30 € von der Grenze bis Paris, je nach Startpunkt. An den Zahlstationen kann man den Betrag mit der Kreditkarte oder bar begleichen. Informationen zu Gebühren und Baumaßnahmen unter www.autoroutes.fr.

Verkehrsmittel im Land

Autofahren/Verkehrsregeln
In Frankreich herrscht Anschnallpflicht. Fahrzeuge im Kreisverkehr haben Vorfahrt. Vergehen werden streng geahndet, vor allem das Überschreiten der Promillegrenze (0,5) und der zugelassenen Höchstgeschwindigkeit. Anfänger, die ihren Führerschein noch nicht länger als zwölf Monate besitzen, dürfen höchstens 80 km/h, auf Schnellstraßen 100 km/h und auf Autobahnen 110 km/h fahren. Ansonsten gilt: 130 km/h auf Autobah-

nen, 110 km/h auf vierspurigen und 90 km/h auf anderen Straßen (bei Nässe 110, 100 und 80 km/h), in Ortschaften 50 km/h. Für Motorräder liegt die Grenze bei 90 km/h auf Autobahnen und 80 km/h auf anderen Straßen.

Bei Übertreten der Parkverbote muss man mit empfindlichen Geldbußen und Abschleppen rechnen, und das bei einer prekären Situation in den Städten und im Sommer auch in größeren Küstenorten. Für Wohnmobile und Wohnwagen gilt in vielen Orten ein nächtliches Parkverbot. Untersagt ist allen Verkehrsteilnehmern das Parken vor Krankenhäusern, Polizeirevieren, Postämtern, an Bushaltestellen und gelb markierten Bordsteinen. Wer auf Nummer sicher gehen und sich auch gegen Diebstahl schützen will, stellt in größeren Orten das Auto in der Hotelgarage oder auf einem bewachten Parkplatz ab. Wertsachen sollten Sie niemals im Wagen zurücklassen!

Kraftstoffe (normal = *essence ordinaire*, super = *supercarburant*, Diesel = *gasoil/gazole*, bleifrei = *sans plomb*, Biokraftstoff = *biocarburant SP95-E10*) waren lange Zeit erheblich teurer als in Deutschland, liegen inzwischen aber etwas unter dem deutschen Niveau. Am günstigsten ist Benzin an den Tankstellen der großen Supermärkte.

Notruf für Autofahrer

Auf Autobahnen findet man alle 2 km Notrufsäulen *(refuge)*, deren Benutzung im Fall einer Panne Pflicht ist. Auf anderen Straßen wählt man rund um die Uhr die kostenlose Rufnummer der AIT-Assistance Tel. 08 00 08 92 22 (auch in deutscher Sprache). Weitere Notrufnummern: Polizei Tel. 17, ADAC in Frankreich Tel. 04 72 17 12 22, ADAC in München Tel. +49 89 22 22 22 (auch für Nichtmitglieder).

Mietwagen

Wer im Sommer an der Atlantikküste ein Fahrzeug mieten möchte, sollte sich schon daheim über das Internet an eine der internationalen Firmen wenden (u. a. www.avis.com, www.europcar.de, www.hertz.de, www.sixt.de). Außerhalb der Hauptreisezeit finden Sie auch ohne Vorausbuchung den geeigneten Mietwagen.

Der Mieter muss mindestens 21 Jahre, sein Führerschein mindestens ein Jahr alt sein. Verlangt werden Kaution oder Kreditkartennummer.

Bus und Bahn

Generell besteht ein dichtes Bahnnetz der staatlichen SNCF *(Societé Nationale des Chemins de Fer Français)*. Zwischen Bordeaux, Arcachon, Dax, Bayonne, Biarritz, St-Jean-de-Luz und Hendaye verkehrt der Hochgeschwindigkeitszug TGV Atlantique, für den man eine Reservierung benötigt. Auf anderen Strecken sind häufig Schnellzüge im Einsatz. Fahrkarten sind vor der Abfahrt in den *composteurs* (orangefarbenen Automaten) zu entwerten. Einen Fahrplan bekommt man u. a. bei den Offices de Tourisme; Bahnauskünfte unter Tel. 08 36 35 35 35.

Busfahrpläne sind jeweils nur für ein Département an Busbahnhöfen und bei einigen Touristenämtern erhältlich, da die verschiedenen Gesellschaften nicht grenzüberschreitend tätig sind. In abgelegenen Regionen fährt oft nur ein Bus pro Tag oder Woche.

Taxi

An Flughäfen, Bahnhöfen und großen Plätzen finden Sie leicht ein Taxi. Der Kilometerpreis liegt je nach Tageszeit bei 1,30–2,00 € (nur Hinweg) oder 0,65–1,00 € (Nutzung auf Hin- und Rückweg), die Grundgebühr beträgt 2 €. Gepäckstücke werden nur gegen Aufpreis befördert.

Übernachten

Hotels

Bettwurst, Stehklo und Frühstück à la française – die einstigen Schrecken des Frankreichurlaubs sind passé, das Bild hat sich gewandelt. Gerade die Region Aquitaine verfügt inzwischen über ein breites Angebot an gemütlichen Unterkünften zu günstigen bis moderaten Preisen. Unterteilt sind die Hotels in fünf Kategorien, die regelmäßig von der Präfektur des jeweiligen Départements überprüft werden. Im Internet verschaffen die mehrsprachige Seite www.francehotelstay.com und www.francehotelsreservations.com/de einen ersten Überblick. Im Übrigen erhalten Sie beim regionalen Fremdenverkehrsamt (CRT) oder beim örtlichen Office de Tourisme kostenlose, jährlich aktualisierte Hotellisten.

Vielfach sind Hotels auch unter einer Dachorganisation zusammengeschlossen, deren Listen man ebenfalls über das CRT oder Atout France bestellen kann. Für Schlosshotels mit teilweise erschwinglichen Preisen gibt es z. B. Broschüren von Relais & Châteaus, Château Accueil und Hôtels du Patrimoine.

Besonders attraktiv ist ein Verbund von Familienhotels der Mittelklasse, die mit Hilfe der Fédération Nationale des Logis de France modernisiert wurden. Bei einem guten Preis-Leistungs-Verhältnis bieten sie landestypische Atmosphäre und gediegene regionale Küche. Ein Hotelführer mit allen Logis de France, erkennbar am Signet des grün-gelben Kamins, bestellt man beim Verband:

Fédération Nationale des Logis de France
83, av. d'Italie, 75013 Paris
Tel. 01 45 84 83 84
www.logishotels.com/de

Zimmerpreise

Die im Buch angegebenen Preise beziehen sich auf ein Doppelzimmer ohne Frühstück. Wer ein Zimmer als Einzelperson belegt, zahlt kaum weniger. Oft wird eine günstige Halb- oder Vollpension angeboten (Preise pro Per-

Modern wie das Hotel Yamina Lodge in Cap Ferret sind viele Hotels in Frankreich

son). Eine Reservierung ist im Juli und August unumgänglich. Achtung: Im Winter schließen viele Küstenhotels.

Bewertung und Buchung online
Vom Ausnahme- zum Regelfall entwickelt sich die Internetbuchung von Hotels. Dabei ist es einigen Unternehmen inzwischen gelungen, bei Browser-Anfragen sogar vor der Homepage des jeweils gesuchten Hotels zu erscheinen. Die Verlockung, über den ›Zwischenhändler‹ (etwa expedia.de, tripadvisor.de, weg.de) zu buchen, erhöht sich also. Dabei kann das Angebot preiswerter sein als die Direktbuchung, zudem enthält es statt Werbephrasen Bewertungen früherer Kunden, die bei selten gebuchten Häusern allerdings oft fehlen, ebenso wie aktuelle Tarife. Deshalb empfiehlt es sich, immer auch die Homepage des Hotels zum Vergleich heranzuziehen und bei den Bewertungsforen die zuerst gelisteten Einträge zu nutzen.

Wer online über einen Vermittler oder direkt auf der Homepage des Hotels buchen möchte, prüft zunächst die Verfügbarkeit des Hauses und trägt dann auf einer Formularseite seine Daten ein (Zeitpunkt, Aufenthaltsdauer, besondere Wünsche, Adresse). Die Buchung erfolgt nur, wenn man eine Kreditkartennummer angibt. Zur Bestätigung erhält man eine E-Mail mit dem Buchungsnachweis, der bei der Ankunft vorgelegt wird. Die Zahlung erfolgt in der Regel am Ende des Aufenthalts. Generell ist die Internet-Buchung eine gute und häufig auch preiswerte Möglichkeit, den Urlaub zu planen. Achten Sie aber genau darauf, welche Belege Sie unterschreiben, denn gelegentlich kommt es zu Missbrauch bei der Kreditkartenzahlung.

Chambres d'hôtes

Das französische Pendant zum britischen Bed & Breakfast, eine Privatunterkunft mit Frühstück, oft bei Bauern oder Winzern, heißt *chambre d'hôte*. Viele bieten zudem *table d'hôte*, d. h. man kann mit den Gastgebern an einem preiswerten Abendessen teilnehmen. Interessierte Urlauber folgen einfach den Hinweisschildern an der Straße oder buchen über das nächste Fremdenverkehrsamt. Die Mehrzahl der *chambres d'hôtes* sind in der Dachorganisation **Gîtes de France** zusammengeschlossen. Spezialisiert auf Urlaub auf dem Bauernhof ist die Organisation **Bienvenue à la Ferme.** Bei beiden kann man Kataloge für das gewünschte Reiseziel anfordern:
Gîtes de France
40, av. de Flandre
75019 Paris
Tel. 01 49 70 75 75
53, www.gites-de-france.com
Bienvenue à la Ferme
Chambre Régionale d'Agriculture
Cité Mondiale, 6, parvis des Chartrons
33075 Bordeaux
Tel. 05 56 01 33 33
www.bienvenue-a-la-ferme.com/aquitaine

Ferienhäuser und -wohnungen

Außer den *chambres d'hôtes* sind auch viele Ferienhäuser und -wohnungen den staatlich überprüften **Gîtes de France** angeschlossen. Je nach Ausstattung und Lage werden sie mit ein bis drei Kornähren klassifiziert. Ferienhäuser werden nur wochenweise vermietet.

Angebote findet man in den Katalogen der Fremdenverkehrsbüros der Départements, der großen **Reiseveranstalter** wie TUI, der auf Frankreich spezialisierten Anbieter wie Pierre & Vacances oder France Vacances, bei kommerziellen Ferienhausvermittlern wie Interchalet, Interhome und vielen kleineren **Agenturen**, in jedem Kleinanzeigenteil der Tageszeitungen sowie im Internet unter www.chalets.de und www.reiselinks.de. Angebote gibt es auch bei Clévacance France, Toulouse (www.clevacances.com) oder Inter Châlet, Freiburg (www.interchalet.de).

Jugendherbergen

Frankreichs *auberges de jeunesse* gehören zwei verschiedenen Vereinen an. Wer in einer Jugendherberge übernachten möchte, sollte seine Anfrage so früh wie möglich direkt an das jeweilige Haus richten. Zu beachten ist, dass maximal drei Übernachtungen (zu je ca. 15 €) pro Herberge möglich sind. Auf Anfrage senden beide Organisationen ihre Verzeichnisse zu:

Fédération Unie des Auberges de Jeunesse (FUAJ)
27, rue Pajol
75018 Paris
Tel. 01 44 89 87 27
www.fuaj.org
Ligue Française pour les Auberges de la Jeunesse (LFAJ)
67, rue Vergniaud, Batiment K
75013 Paris
Tel. 01 44 16 78 78,
www.auberges-de-jeunesse.com

Für die Übernachtung wird ein internationaler Jugendherbergsausweis benötigt, den die Dachorganisation im Heimatland ausstellt:
Deutsches Jugendherbergswerk
Leonardo-da-Vinci-Weg 1
32760 Detmold
Tel. 05231 740 10
www.jugendherberge.de
Österreichischer Jugendherbergsverband
Zelinkagasse 12
1010 Wien
Tel. 01 533 53 53
www.oejhv.at
Schweizer Jugendherbergen
Schaffhauserstr. 14, Postfach 161
8042 Zürich
Tel. 044 360 14 14
www.youthhostel.ch

Campingplätze

An der Atlantikküste gibt es eine reiche Auswahl an Campingplätzen aller Kategorien, wobei man in der Luxusklasse schon fast so viel wie in einem einfachen Hotel bezahlt. Viele Plätze verfügen auch über Bungalows und Mietzelte. Die örtlichen Touristenbüros sowie CRT und CDT (s. S. 19) geben Listen mit Hinweisen für den Camper heraus. In der Hochsaison ist eine Platzreservierung dringend anzuraten. In der Nebensaison findet man hingegen meist auch ohne Buchung eine schöne Anlage. Allerdings sind viele Plätze, gerade an der Küste, nur im Sommer geöffnet. Im Hinterland empfehlen sich die meist idyllisch gelegenen, sehr preiswerten und oft ganzjährig geöffneten Plätze der Kommunen *(camping municipal)*, die aber nur wenig Komfort bieten. Das gilt auch für das durchaus reizvolle Campen auf dem Bauernhof *(à la ferme)*, auf das oft Schilder an der Straße aufmerksam machen.

Essen und Trinken

Der Tag am Tisch

Karges Frühstück

Wein und Speisen – zwei Lieblingsthemen der Aquitanier. Noch beim Essen wird bereits das künftige Mahl oder die Finesse eines kürzlich servierten Gerichts erörtert. Allerdings beginnt der Tag erst einmal mit einer Enttäuschung, jedenfalls für den Gast aus der Fremde, der nach einer Woche *petit déjeuner* mit Baguette, Croissant und Kaffee mal wieder ein deftigeres Frühstück herbeisehnt. Dabei ist das Trauerspiel, das allmorgendlich in den Hotels inszeniert wird, mit 10 € und mehr nicht einmal preiswert. Wie wär's also, ganz für sich eine Lieblingsbäckerei zu ernennen und die von dort mitgebrachten Schätze bei einem Kaffee in der nächsten Bar zu verzehren? In Frankreich wird das glücklicherweise oft geduldet.

Das Mittagsmahl als Pflicht …

Der erste kulinarische Gipfel des Tages wird geradezu rituell eingeleitet. Kurz vor 12 Uhr ist kein Beamter, kein Angestellter mehr ansprechbar, Fensterläden und Türen werden geschlossen, die Stadt stirbt nach einem kurzen Verkehrsinferno rasch aus. Es herrscht Mittagszeit, meistens bis 14 Uhr. Nicht jeder speist daheim, es sind sogar erstaunlich viele Menschen, die eine Gaststätte aufsuchen, gern auch im Grünen. Die meisten Restaurants offerieren in dieser Zeit ein günstiges Menü (ab ca. 12 €) mit Salat oder Suppe, einem Tagesgericht *(plat du jour)* und einer Nachspeise sowie für die lieben Kleinen ein noch preiswerteres *menu enfant*. Ein beliebtes Tagesgericht sind *moules frites,* Miesmuscheln mit Pommes.

Wen nach 14 Uhr der Hunger packt, der muss erfinderisch werden: ein Sandwich aus dem Supermarkt, ein Stück Pizza aus der Bäckerei, etwas Kuchen im *salon de thé,* einen *croque* im Bistro oder am Imbissstand ein paar Pommes frites, die in Frankreich gern im Baguette gereicht werden.

… und das Abendessen als Kür

Ab 19 Uhr schreitet man zum lukullischen Höhepunkt des Tages, dem *dîner,* das sich gut zwei Stunden hinziehen kann. Reservierung ist zu empfehlen, vor allem in der Saison. Den Tisch nimmt man nicht einfach so in Beschlag, sondern lässt ihn sich vom Kellner zuweisen, der auch gleich nach einem Aperitif fragen wird. Zur Wahl stehen z. B. ein Bier vom Fass (*bière à la pression*; ein *demi* = 0,25 l), ein Lillet (s. S. 123) oder ein Floc (roter oder weißer Likörwein, Mischung aus Traubenmost und Armagnac). Beim Essen tut man gut daran, eines der Menüs mit Vorspeise, Hauptgericht und Dessert oder Käse zu wählen. Die Speisenfolge ist blendend aufeinander abgestimmt, die Preise sind günstiger als bei der Wahl *à la carte,* und gelegentlich darf man sich auch eine kleine Abweichung von der Vorgabe wünschen. Zum Abendessen trinkt fast jeder Wein, wobei die betuchtere Klientel einen Qualitätswein aus der Flasche bestellt, während Gäste mit schmalerem Geldbeutel zu einem offenen Land- oder Tafelwein im Krug *(pichet)* oder in der Karaffe *(carafe)* greifen. Leitungswasser gibt es gratis, es dient auch zum Verdünnen des Weines, weshalb der Gast, der beides lieber trennen möchte, oft ein separates Glas vermisst. Den Abschluss bildet ein kleiner Kaffee – und die

Rechnung, auf die man in Frankreich 5–10 % Trinkgeld zahlt.

Preiswerte Alternativen

Billiger wird es in Pizzerien und Crêperien. Letztere servieren neben süß gefüllten *crêpes* und deftig gefüllten *galettes* oft auch einige lokale Spezialitäten. Zur Schonung der Urlaubskasse kann man zudem gelegentlich auf das Hinterland ausweichen. Gerade in den Landes, aber auch im Baskenland findet man eine Vielzahl sehr guter und doch günstiger Landgasthöfe. In Ferienorten sind viele Häuser außerhalb der Saison geschlossen. Ansonsten legen die Restaurants gern am Sonntag oder Montag einen Ruhetag ein.

Regionale Spezialitäten

Die südwestfranzösische Küche hat heute einen großen Namen, doch war sie bis ins 17. Jh. weitgehend von einfachen Gerichten bestimmt. Man verwendete preiswerte Zutaten, die in der Region verfügbar waren, und bereitete sie auf simple Weise zu. Erst im 18. Jh. setzte eine Verfeinerung ein und im 19. Jh. gründeten zwei Mönche eine Académie Gastronomique, die ihr Augenmerk u. a. darauf legte, Speisen und Wein optimal aufeinander abzustimmen. Ergebnis des langen Mühens war eine *haute cuisine*, die Wert auf frische Zutaten, Kräuter und Gewürze legt, den Reizen immer neuer Genüsse nachspürt und generell eine lange Zubereitungszeit erfordert. Mit dem Namen des aquitanischen Kochs Michel Guérard, der sich nach seiner Zeit in Paris wieder in den Landes, in Eugénie-les-Bains, niederließ, verbindet sich die *nouvelle cuisine*. Ihre Philosophie besteht darin, Speisen möglichst einfach zuzubereiten, um ihren Eigengeschmack her-

Im Dickicht der fremden Begriffe

Das Fiasko hat einen Namen, aber den versteht ›kein Schwein‹. Bevor man sich aus purer Angst vor unbekannten Speisebegriffen den lieben Urlaub lang mit Pommes und Pizza versorgt, sollte man den Ratgeber von Peter W. L. Weber (»Schlemmerlexikon für Gourmets«, Verlag Reise Know-How, 2011) zur Hand nehmen. Hier sind 15 000 Begriffe aufgelistet, die gewiss auch nicht jeder Franzose kennt.

vorzuheben. Zudem sollte man noch von einer *cuisine régionale* sprechen, einer Fortentwicklung der meist deftigen ländlichen Küche, die bei Gourmets heute ebenfalls Zuspruch findet.

Feines aus dem Bordelais

Die einzelnen Regionen von Aquitaine weisen immer noch deutliche Unterschiede in ihrer Küche auf, angelehnt an die jeweils traditionell verfügbaren Zutaten. Im Bordelais beispielsweise findet man zahlreiche Gerichte mit Fischen aus der Gironde und ihren Zuflüssen, dazu zählen Aal *(anguille)* und Lachs *(saumon)*. Bei Feinschmeckern beliebte Vorspeisen sind *crevettes blanches* (weiße Garnelen aus der Gironde im Unterschied zu den *crevettes roses* aus dem Bassin d'Arcachon). Probieren sollte man aber auch die ausgezeichneten Wurstwaren, z. B. als Vorspeisenplatte, sowie im Médoc das Pauillac-Lamm und südlich der Garonne Gerichte vom Bazas-Rind. Der geläufige Zusatz ›à la bordelaise‹ deutet übrigens auf eine Sauce aus Rotwein und Schalotten hin.

Die deftige Küche der Landes

In den Landes stehen Geflügelgerichte an oberster Stelle auf der Speisekarte, insbesondere *canard* (Ente) und *poulet jaune*, Huhn, das mit Mais gefüttert wurde und dessen Fleisch deshalb eine gelbliche Färbung aufweist. Ein exquisiter Leckerbissen ist *magret de canard*, gebratene oder gegrillte Entenbrust. Bei *foie gras*, der im Ganzen eingekochten Stopfleber, scheiden sich die Geister, oft weniger des Geschmacks als der Zuchtmethode wegen. Für Gäste aus fremden Landen ebenfalls gewöhnungsbedürftig sind *confit de canard* (im eigenen Fett eingemachtes Stück Ente), *cou farci* (gefüllter Geflügelhals) und *gésier* (gekochter Geflügelmagen). Wer dem gegenüber kritisch ist, hat jedoch genügend Ausweichmöglichkeiten, etwa auf die hervorragenden Flussfische oder den Spargel der Landes. Nicht zu versäumen sind außerdem *pommes landaises*, gedünstete Kartoffeln mit Petersilie, Knoblauch und Schalotten, sowie *pastis,* ein Blätterteig mit Äpfeln oder Pflaumen.

Das Baskenland zwischen scharf und süß

Wiederum sehr eigenständig ist die Küche des Baskenlandes, die auf einer kräftigen Würzung mit den heimischen Peperoni basiert. Grundlage vieler Gerichte ist eine Kochmischung aus Paprika, Zwiebeln, Tomaten, Peperoni, Knoblauch und Olivenöl. Bei der *piperade* wird diese Mischung mit Ei und Schinken verrührt, bei der *poulet* basquaise wird einem Huhn das Gemisch beigegeben und das Ganze in Weißwein geschmort. *Poulet au pot* ist Hühnchen mit Gemüsefüllung, *axoa* Kalbsgeschnetzeltes mit Zwiebeln und Peperoni, *salmis de palombes* ein Taubenragout mit Zwiebeln, Pilzen und Speck in Rotwein.

›Canelés‹ – Backwaren frisch, saftig und verführerisch auf dem Markt von Bordeaux

Von Bedeutung sind auch die frischen Fänge aus dem Meer. Hier haben viele Gerichte bei Urlaubern große Beliebtheit erlangt, beispielsweise *marmitako* (Thunfischragout mit Kartoffeln), *ttoro* (Fischeintopf) und *chipirons a la plantxa* (gegrillte Tintenfische). Als Vorspeise genießt man Schinken aus Bayonne, während der *fromage de brebis*, ein Schafshartkäse, zum Abschluss des Essens mit Kirschkonfitüre gereicht wird.

Die Weine

Im Bemühen, die Qualitätsstufen von Weinen durchschaubarer zu machen, hat die EU 2009 neue Kategorien verordnet, die seit Anfang 2014 auf den Etiketten erscheinen: A.O.F. *(Appellation d'Origine Protégée)*, darin in absteigender Folge die Untergruppen *Cru, Communal* und *Régional*. Weiterhin I.G.P. *(Indication Géographique Protégée)* und V.d.F. *(Vin de France).* Da bewährte Jahrgänge mit alten Etiketten noch lange im Handel sein werden, erscheinen in diesem Buch neben der A.O.P. auch die alten Sufen A.O.C. *(Appellation d'Origine Contrôlée* = kontrollierte Herkunftsbezeichnung), V.D.Q.S. *(Vin Délimité de Qualité Supérieur* = Qualitätswein), *Vin de Pays* (Landwein) und *Vin de Table* (Tafelwein, s. auch S. 75).

Die bekanntesten Spitzenprodukte aus Graves (Rot- und Weißweine), Sauternes (süße Weißweine), Pomerol (rot), St-Émilion (rot) und dem Médoc (rot) sind für die meisten gewiss unerschwinglich, finden aber trotzdem Erwähnung, oft schon deshalb, weil das Château allein seiner Architektur wegen einen Besuch lohnt. Es soll aber auch dazu ermutigt werden, die kleineren Weingüter zu besichtigen und dort die oft erlesenen Tropfen zu probieren, etwa im Entre-Deux-Mers

(weiß), in Loupiac (weiße Dessertweine), bei Castillon (rot), im Bourgeais und Blayais (beide weiß und rot).

Mit dem Einkaufskorb auf aquitanischen Märkten

In der Region Aquitaine pflegt man seit Jahrhunderten die Wochenmärkte an einem festgelegten Tag, wobei innerhalb einer Region an jedem Wochentag zumindest ein Markt bequem zu erreichen ist. Dort erhalten Hobbyköche frischeste Waren, die dem Angebot in Supermärkten generell vorzuziehen sind, wenngleich nicht unbedingt billiger sind. Um den Preis wird bestenfalls in begrenztem Rahmen gefeilscht. Bei bestimmten Waren ist das Angebot erheblich besser als etwa in Deutschland. Das gilt insbesondere für Wein und Käse, oft auch für Obst und Gemüse. Beim Brot dagegen ist die Palette nicht so umfangreich, hier unterscheiden sich die diversen Weißbrote meist nur in Form und Größe voneinander, nicht jedoch im Geschmack.

Einige Erzeugnisse eignen sich auch zur Mitnahme für die Daheimgebliebenen, sofern man sie am letzten Urlaubstag einkauft. Neben Weinen zählen dazu der baskische Käse und der Bayonner Schinken, aber auch viele Backwaren und Süßigkeiten: die *macarons* aus St-Émilion, die *canelés* aus Bordeaux, die *madeleines* aus Dax, der *gâteau basque,* ein trockener, innen weicher Mandelkuchen, und sogar Schokolade aus Bayonne, sofern man sie nicht direktem Sonnenlicht aussetzt. Mitunter besteht der Reiz aber auch darin, dass man eine Delikatesse nur an einem bestimmten Ort in bester Qualität erhält, etwa die Austern von Arcachon, die man mit einem Spritzer Zitronensaft zu einem Glas Entre-Deux-Mers schlürft.

Aktivurlaub, Sport und Wellness

Angeln

Mit versonnener Hingabe betreiben Franzosen einen Sport auf allen vieren, der sich *pêche à pied* nennt: Zwischen Gestein und im Sand sammelt man bei Ebbe Meeresgetier für den heimischen Kochtopf. Dieser kleine ›Nebenerwerb‹ ist gestattet, und selbst für das Angeln an der Küste benötigt man keinen Schein. Wer über die Waterkant hinauswill, kann z. B. ab St-Jean-de-Luz Hochseetörns unternehmen. Zum Angeln in Binnengewässern ist jedoch eine Lizenz vorgeschrieben, die man in Angelfachgeschäften und Tabakläden kaufen kann. Über die besten Reviere, z. B. für die Forellen- und Lachsfischerei im Baskenland, informiert das Gratisheft »Fischen in Frankreich« von Atout France (s. S. 18).

Golf

Der nachweislich erste Golfplatz Kontinentaleuropas wurde 1856 in Pau eröffnet. Inzwischen besitzt Aquitaine etwa 50 Plätze, von denen mehr als die Hälfte über 18 Löcher verfügt. Seen, Wälder, Meer und Hügel, die in die Planung einbezogen wurden, garantieren Vielseitigkeit. In der Broschüre »Golf in Frankreich« von Atout France sind alle Anlagen aufgelistet. Für die Plätze im Département Gironde sowie für das Baskenland und die Landes gibt es Golfpässe, die Preisnachlass bei den Green Fees gewähren.

Kanu und Kajak

Auch die Binnengewässer eignen sich gut für Bootstouren. Mit dem Kanu oder Kajak kann man auf der Leyre durch den Naturpark der Landes paddeln (s. S. 220). Der Adour und seine Nebenflüsse sowie der Courant d'Huchet eignen sich ebenfalls für solche Touren, während man die Bucht von Arcachon mit dem Meereskajak erkunden kann.

Rafting wird auf der Nive beim baskischen Bidarray und Itxassou angeboten und ist vor allem im Frühjahr zu empfehlen, wenn das Schmelzwasser für die entsprechende Strömung sorgt.

Radwandern und Mountainbiking

Engmaschig ist das Wegenetz für Radfahrer, die in allen größeren Orten Tourenräder (VTC) oder Mountainbikes (VTT) mieten können (Vorsicht vor Diebstahl an den Küsten!). Frühsommer und Herbst sind die beste Zeit für ausgiebige Exkursionen, doch auch im Sommer radelt es sich recht angenehm durch die Kiefernwälder der Landes, während in den Pyrenäen der PKW-Urlauberverkehr störend sein kann. Die Nationalstraßen sollte man generell meiden. Nach Stürmen sind die Radwege entlang der Küste oft mit Sand bedeckt und kaum passierbar. Bis zur meist schnellen Räumung werden Warnschilder aufgestellt.

Wer nicht mit dem Auto anreist und dennoch das eigene Rad mitnehmen möchte, wählt für die Anreise den Zug (Auskunft und Buchung bei der Deutschen Bahn, Tel. 118 61). Die französische Bahngesellschaft SNCF s. S. 22 befördert in einigen Zügen Fahrräder kostenlos, sofern man sie in einer Radtasche verstaut. Der »Guide du train et du vélo« enthält genaue

Auskünfte. In Bussen ist für die Beförderung ein Entgelt zu entrichten.

Reiten

Reitställe, die Pferde vermieten oder auch geführte Touren anbieten, existieren in großer Zahl. In den Pyrenäen stehen neben Pferden auch Reitesel und die kleinen Pottoks zur Verfügung, ein besonderer Spaß für Kinder. Abrufbare Broschüre im Internet unter www.tourisme-aquitaine.fr.

Segeln und Bootstouren

Die besten Segelreviere von Aquitaine finden sich an der Côte Basque, aber auch die Gironde und die Binnenseen sind beliebte Übungsgelände. Dort und in den großen Jachthäfen Capbreton, Hendaye und Arcachon werden Boote vermietet. Für Segelboote und Motorboote unter 10 PS ist keine Lizenz erforderlich, jedoch benötigt man viel Erfahrung und

Naturpark

Neben dem Pyrenäenpark, der zwar in Aquitaine, jedoch außerhalb unseres Reisegebiets liegt, bietet die Region mit dem 262 000 ha großen Parc Naturel Régional des Landes de Gascogne ein sehr schönes Schutzgebiet für Naturliebhaber. Über Aktivitäten, vom Kanufahren auf der Leyre über Fahrradtouren bis hin zu Reitausflügen, informiert die Parkbehörde in Belin-Béliet (s. S. 216). Auf der Website des Naturparks kann man sich gebührenpflichtige Broschüren über solche Unternehmungen bestellen: www.parc-landes-de-gascogne.fr.

Ortskenntnis, sodass es ratsam sein könnte, einen einheimischen Skipper anzuheuern. Nähere Informationen: Fédération Française de Voile, 17, rue Henri Bocquillon, 75015 Paris, Tel. 01 40 60 37 00, Fax 01 40 60 37 37, www.ffvoile.net.

Hier droht kein Sonnenbrand – Mountainbiking in voller Montur im Kiefernwald

Viel Platz für Pferd und Reiter an den kilometerlangen Stränden der Côte d'Argent

Strände

Die Küstenregion im Südwesten Frankreichs wird wegen ihrer Weite und Wildheit geschätzt. Selbst in der Hochsaison findet man leicht einen abgeschiedenen Strandabschnitt, auch wenn in Urlauberhochburgen wie Lacanau oder Arcachon die Hotels und Campingplätze überfüllt sind. Immerhin erstreckt sich an der aquitanischen Küste ein fast 250 km langes Dünenband, das für Autofahrer nur an wenigen Stellen über Stichstraßen erreichbar ist. Nur Radfahrern und Wanderern erschließt sich über ein bestens gepflegtes Wegenetz die gesamte Länge der ›Silberküste‹. Grundsätzlich anders ist die Situation an der rund 30 km langen Côte Basque, wo die Straßen dem felsigen Küstensaum folgen. Hier herrscht fast überall Hochbetrieb, oft auch in der Nebensaison.

Generell ist der Atlantik im Bereich der Gironde ruhiger als im Süden der Côte d'Argent und an der Côte Basque. Auch das Bassin von Arcachon und die geschützte Bucht von St-Jean-de-Luz bieten größere Sicherheit. Wer nur ein Sonnenbad nehmen und die Füße ins Wasser stecken möchte, der kann getrost abseits der bewachten Strände einen Platz suchen. Oft hat man dort die Dünen für sich allein, vor allem im Küstenabschnitt zwischen Mimizan und Vieux-Boucau, wo der Urlaub zudem billiger ist als im Süden und Norden. FKK wird in solchen wenig besuchten Regionen geduldet, ist aber offiziell auf die Anlagen bei Vendays-Montalivet, Le Porge und einige mit *naturisme* gekennzeichnete Strände beschränkt. Familien mit Kindern schätzen als Baderevier die *étangs* mit ihren Sandstränden und einem breiten Angebot speziell für die Kleinen.

Surfen und Co.

Seit ihrer Entdeckung durch Peter Viertel in den 1950er-Jahren zählt die baskische Küste um Biarritz zu den beliebtesten Surfer-Treffs der Welt. Dort, aber auch in Hossegor und Lacanau finden Meisterschaften statt, die den Profis vorbehalten bleiben. Für Anfänger eignet sich eher die nördliche Côte d'Argent (z. B. Carcans), wo man zudem Strandsegeln und verwandte Sportarten betreiben kann. Windsurfer seien dagegen auf die Étangs verwiesen, an denen es einige sehr gute Schulen gibt. Spezielle Surfreisen an die Atlantikküste bei: http://wellenreiter.com, www.wavetours.com, www.maranga.de, www.suddenrush.com.

Tauchen zählt nicht zu den beliebtesten Sportarten der Region Aquitaine, es gibt aber Schulen und Tauchgebiete an der Côte Basque (vor allem Biarritz) sowie in und vor der Bucht von Arcachon, wo einige Wracks zu entdecken sind.

Wandern

Während die Wandermöglichkeiten im südlichen Médoc wegen der dicht gepflanzten Rebstöcke eingeschränkt sind, eignen sich das Entre-Deux-Mers, der Naturpark der Landes und das Baskenland sehr gut für Wandertouren.

Markierte Pfade für Kurztrips sind die Sentiers de Randonnée de Pays (PR). Auf den gelb-rot gekennzeichneten Sentiers de Grande Randonnée de Pays (GRP) kann man anspruchsvollere Märsche unternehmen, während es sich bei den rot-weiß markierten Sentiers de Grande Randonnée (GR) um Fernwanderwege für Enthusiasten handelt: GR 8 folgt der ›Silberküste‹, GR 10 verläuft entlang der Pyrenäen, GR 65 führt über alte Pilgerwege von Moissac nach St-Jean-Pied-de-Port. Beschreibungen finden sich in den »Topo-Guides« der Fédération Française de la Randonnée Pédestre, 54, rue du Dessous des Berges, 75013 Paris, Tel. 01 44 89 93 90, www.ffrandonnee.fr.

Kartenmaterial für Wanderer und Radfahrer

Die Départements geben für ihre Radwege Broschüren und Karten heraus, die von den CDTs verschickt werden. Besonders gut ist die Broschüre »Carte des pistes cyclables« für das Département Gironde, in der auch Adressen von Mietstationen aufgeführt sind und die im Internet heruntergeladen werden kann (www.tourisme-gironde.fr/Infos-pratiques/Brochures/).

Hilfreich sind die Karten der Série Verte (Grüne Reihe) vom ign im Maßstab 1 : 100 000. Relevant sind von Süd nach Nord die Nummern 46, 47, 55, 62 und 69. Weiter ins Detail geht die Série Bleue (Maßstab 1 : 25 000). Kartenschnitt und Online-Bestellung unter: www.ign.fr.

Wellness

Die Römer kurten in ihrer Provinz Aquitania, doch nach der Antike gerieten die Bäder in Vergessenheit. Erst im 18. und 19. Jh. lebte der Betrieb wieder auf. Wichtigste Zentren sind seither Dax, wo man Schlammpackungen gegen Rheumaleiden einsetzt, sowie Cambo-les-Bains. Für beide Orte ist die große Zeit allerdings vorbei, denn jüngere Generationen zeigen mehr Interesse an der Thalassotherapie, auch wenn sie von Krankenkassen nicht anerkannt wird. Auf dem Programm stehen Anwendungen mit und im Meerwasser, die auf Fitness, Stressabbau, Verjüngung und Nikotinentwöhnung abzielen. Beliebteste Adressen für eine solche Kur sind Biarritz, St-Jean-de-Luz und Hendaye.

Ein ganz besonderes Wellness-Erlebnis nicht nur für Weinfreunde verspricht die im Bordelais praktizierte Vinotherapie (s. S. 120).

Feste und Veranstaltungen

Fête de la Palombe

Wenn die Zugvögel Ende September gen Süden ziehen, stehen die Aquitanier in Feiertagskluft sozusagen Gewehr bei Fuß. Den Auftakt zur Jagd auf *la palombe* (Ringeltaube) bildet eine große Feier. Mitten im Festgeschehen hockt der ahnungslose Lockvogel, der später die Artgenossen herbei- und in den Tod rufen soll.

Eröffnung der Weinlese

Zur selben Jahreszeit wird in St-Émilion die Weinlese durch die in rote Roben gekleidete *jurade,* die Bruderschaft des Rebensaftes, eröffnet. Bruderschaften anderer Gemeinden tun es ihnen gleich, schwingen ähnlich wortreiche Reden auf die große Vergangenheit und die hoffentlich große Zukunft des Weines, nur wird dort das Rot der Roben durch eine andere Farbe ersetzt.

Pitschnass: Fête le Fleuve

Daneben gibt es auch das ausgelassenere Feiern, jedenfalls in Bordeaux. Jüngste und hoffentlich langlebige Zutat zum Festtagskalender ist dort die Fête le Fleuve. Alle zwei Jahre Ende Mai oder Anfang Juni findet man sich zum Schulterschluss mit der Garonne ein. Nachdem man den Fluss jahrzehntelang vernachlässigt hat, wurden nun seine Ufer auf Vordermann gebracht und man feiert am und auf dem Wasser wie zu alten Zeiten, u. a. mit einem spektakulären Feuerwerk über dem Fluss.

Courses landaises

Die Banner am Ortseingang vieler Dörfer und Städte begleiten die Sommerurlauber: *Courses landaises* bietet fast jedes Seebad der Landes an, doch zumeist handelt es sich nicht um das authentische Spiel, sondern um eine

Was schmerzhaft aussieht, ist Höhepunkt der Saison: die courses landaises in Dax

Variante namens *toro ball* oder *toro piscine*, die nur auf Lacherfolge abzielt.

Anders in Dax: Die dortige Arena im Parc Théodore Denis ist in der ersten Augusthälfte Schauplatz einer sechstägigen *feria*, deren Höhepunkt die Schaukämpfe mit einer Kuh sind. Dabei gilt es, dem Tier ein Band zu entreißen, das es zwischen den Hörnern trägt. Zuvor müssen die *écarteurs* das Rindvieh provozieren und hernach der weiß gekleidete *sauteur* das wutschnaubende Tier mehrmals überspringen. Eine Jury befindet über die Eleganz der Kapriolen. Die Courses werden seit 1830 ausgetragen, anfangs mit Stieren, doch längst zieht man Kühe vor. Schließlich ist der Kampfsport gefährlich genug, da die Tiere nun mal überleben und Jahr für Jahr an Erfahrung gewinnen.

Forces basques

Sie sind weniger bekannt als die schottischen Highland Games, dafür nicht minder spannend und skurril. Auch die Basken messen ihre Kräfte in Spielen, denen man die bäuerliche Herkunft ansieht. Zu Gesängen und Tänzen treten die Recken im Sommer (Saisonstart Anfang Juli) in acht Disziplinen gegeneinander an: *Soka-tira* heißt ein Tauziehen zwischen zwei achtköpfigen Mannschaften. Beim *arpanariak* müssen zehn Baumstämme durchsägt, beim *aizkolariak* Holzklötze zerhackt werden. *Zaku lasterka* nennt sich ein Staffellauf, bei dem die Kämpfer einen 85 kg schweren Maissack weiterreichen. *Harri altxatzea* bezeichnet das Steineheben, *untziketariak* ist ein Lauf mit Gewichten. Beim *orga joko* wird ein Karren um die Achse gedreht. Beim *lasto altxatzea* muss ein Strohballen so oft wie möglich über eine Winde in 8 m Höhe gehievt werden.

Festkalender

Januar
Pottok-Markt: letzter Di/Mi, Espelette.

Februar/März
Rinderfest: Do vor Karneval, Bazas.

Juni
Frühlingsfest: dritter So, Bewertung der Vorjahresweine, St-Émilion.

Juli
Thunfischfest: erste Monatshälfte, mit Feuerwerk, St-Jean-de-Luz.
Schäferhundwettkampf: Mitte Juli, St-Étienne-de-Baïgorry.

August
Fêtes de Bayonne: erstes Wochenende.
Austernfest: Mitte Aug. in Gujan-Mestras, Arcachon und Arès.
Fête de la Mer: Mitte Aug. in Canon; in Lacanau mit Surfmeisterschaften.
Balades en Cadillac: letztes Wochenende, Fest für die Luxuslimousine.

September
Marathonlauf: Anfang Sept., zu den Weinschlössern im Médoc, mit kostümierten Teilnehmern, www.marathondumedoc.com.
Weinfassrollen: zweiter Sa, Lussac.
Pelota-Weltmeisterschaft: seit 1952 alle vier Jahre Mitte Sept. an der baskischen Küste.
Surfmeisterschaften: Ende Sept., Hossegor.

Oktober
Chili-Fest: Fête du Piment in Espelette im Baskenland.
Novart: Ende Okt., großes Kunst-, Tanz- und Theaterfest in Bordeaux, dessen Vorläufer das legendäre SIGMA ist.

Reiseinfos von A bis Z

Apotheken

Ein grünes Neonlichtkreuz weist auf Apotheken *(pharmacie)* hin, ihre Öffnungszeiten liegen Mo–Sa 9–12 und 14–18.30 Uhr. An der Tür und in der lokalen Presse finden sich darüber hinaus Hinweise auf Notdienste *(pharmacie de garde)*.

Ärztliche Versorgung

Da zwischen Deutschland und Frankreich ein Sozialversicherungsabkommen besteht, können sich Mitglieder der gesetzlichen Krankenkassen unter Vorlage ihrer Versichertenkarte kostenlos bei einem Vertragsarzt behandeln lassen. Wird die Karte nicht akzeptiert, erstattet die Krankenkasse gegen Vorlage der Arztrechnung die in Deutschland üblichen Sätze. Der Abschluss einer Reisekrankenversicherung ist ratsam, für Schweizer sogar unumgänglich, da sie die Kosten ansonsten selbst tragen müssen. Die Versicherung ist im Leistungsumfang vieler Kreditkarten enthalten.
Ärztlicher Bereitschaftsdienst in Städten: Tel. 15.

Diplomatische Vertretungen

Generalkonsulat der Bundesrepublik Deutschland
377, bd. du Président Wilson
33200 Bordeaux-Caudéran
Tel. 05 56 17 12 22
https://allemagne.diplo.de

Honorarkonsulat von Österreich
86, cours Balguerie-Stuttenberg
33300 Bordeaux
Tel. 05 56 00 00 70
bordeaux@borie-manoux.fr
www.bmeia.gv.at

Schweizer Botschaft
Honorarkonsulat Schweiz
51, rue Tranchère
33100 Bordeaux
Tel. 05 56 32 31 15
bordeaux@honrep.ch
Außenstelle ohne Amtsbefugnisse
Botschaft: www.eda.admin.ch

Elektrizität

Die Stromspannung beträgt 220 V. Neben den flachen Eurosteckern passen Schukostecker mit einem Loch zwischen den Kontakten, der den Dorn französischer Steckdosen aufnehmen kann.

Feiertage

1. Januar: Neujahr (Jour de l'An)
Ostermontag (Lundi de Pâques)
1. Mai: Tag der Arbeit (Fête du Travail)
8. Mai: Waffenstillstand 1945 (Armistice 1945)
Christi Himmelfahrt: sechster Do nach Ostern, Mitte/Ende Mai (Ascension)
Pfingstmontag: zweites Wochenende nach Himmelfahrt, Ende Mai/Anfang Juni (Lundi de Pentecôte)
14. Juli: Nationalfeiertag, Sturm auf die Bastille (Fête Nationale bzw. Quatorze Juillet)
15. August: Mariä Himmelfahrt (Assomption)
1. November: Allerheiligen (Toussaint)
11. November: Waffenstillstand 1918 (Armistice 1918)
25. Dezember: Weihnachten (Noël)

FKK

In einsamen Küstenregionen wird FKK geduldet, offiziell erlaubt ist hüllenloses Schwimmen und Sonnenbaden aber nur an für »naturisme« ausgewiesenen Stränden. ›Oben ohne‹ ist dagegen überall an der französischen Küste verbreitet. Auskünfte zu FKK-Zentren erteilt die Organisation:
Fédération Française de Naturisme (F.F.N.)
5, rue Regnault, 93500 Pantin
Tel. 01 48 10 31 00
www.ffn-naturisme.com.

Fotografieren

Fotografieren mit Blitzlicht ist in Kirchen und Museen zumeist untersagt, oft darf man dort überhaupt nicht fotografieren. Aufnahmen mit einem Stativ werden in Kirchen schon eher geduldet, wenn man mit freundlichen Worten eine Genehmigung erbittet und glaubhaft versichern kann, dass die Bilder nicht zu kommerziellen Zwecken genutzt werden.

Geld

Währung ist der Euro. Mit Bank-/Maestro-Karte und Geheimnummer bekommt man an Bankautomaten Geld. Fast überall kann mit Kreditkarte gezahlt werden, mit der sich zudem die Kaution bei der Miete von Fahrrädern, Autos und Booten umgehen lässt.

Kinder

Preiswerte Kindermenüs (menu enfant) in den meisten Restaurants, Animation an den Stränden, umfangreiches Prospektmaterial für Familien, Spielplätze in den Ferienorten und sogar eine Spielecke in vielen Informationsbüros – Aquitaine beachtet

Reisekosten & Spartipps
Das Preisniveau in Südwestfrankreich ist etwa mit dem in Deutschland vergleichbar. Für ein Menü im Restaurant zahlt man zwar etwas mehr, erhält aber auch zumeist bessere Qualität. Belastet wird die Reisekasse durch vielfach hohe Eintrittspreise.
Kinder und Schüler sowie Studenten mit internationalem Ausweis erhalten bis zu 50 % Ermäßigung. Für Kinder unter fünf Jahren ist der Eintritt vielerorts kostenlos.

und schätzt seine jüngsten Gäste. Neben den großen Freizeitparks, z. B. an der Bucht von Arcachon, die sich eher als Groschengrab erweisen, existiert ein reichhaltiges Angebot für Kinder, wenngleich oft nur in französischer Sprache.

Den meisten Familien aber genügen die weiten Strände ohnehin als Unterhaltung und Entspannung. Da die Atlantikwellen und die Strömung leider große Gefahren bergen, sollte man mit Kleinkindern auf die Binnenseen ausweichen. Diese bieten ebenfalls gute Sandstrände und Wassersportmöglichkeiten.

Medien

Radio und Fernsehen
In jedem Zimmer der besseren Hotels ist inzwischen ein Fernseher installiert, über den man neben mehreren französischen Sendern auch das deutsch-französische Programm »arte« empfangen kann. Über Satellit kann man auch die Deutsche Welle empfangen.

Zeitungen
Die meistgelesene Tageszeitung der Region ist der 1944 in Bordeaux ge-

gründete »Sud-Ouest«, dessen Sonntagsausgabe einen guten Veranstaltungskalender enthält. Wer sich über aktuelle Ereignisse in Südwestfrankreich informieren möchte und die französische Sprache beherrscht, dem sei die Internetseite des Blattes (www.francesudouest.com) empfohlen. Ansonsten werden die überregionalen Zeitungen von »Le Figaro« bis »Libération« und viele Magazine verkauft. Deutsche Zeitungen und Zeitschriften wie die »Süddeutsche Zeitung«, »Die Welt«, »Der Spiegel« sind in Bordeaux und in der Hauptreisezeit auch in größeren Ferienorten erhältlich, allerdings oft einen Tag später.

WLAN
Unter www.hotspot-locations.de und www.journaldunet.com/wifi/localisation finden Surfer Hotspots für WLAN (WiFi).

Notruf

Erste Hilfe: Tel. 15
Polizei: Tel. 17
Feuerwehr: Tel. 18
Notruf per Handy europaweit: Tel. 112
ADAC: Tel. 04 72 17 12 22, Handy Tel. 0033 08 25 80 03 22, auf Autobahnen Notrufsäule
Sperrung von Bank- und Kreditkarten: Tel. +49 116 116 (24 h)

Öffnungszeiten

Banken: Mo–Fr 9.30–12.30 und 14–16.30 Uhr.
Geschäfte: Mo/Di–Sa 9–12 und 14–19, Supermärkte Mo–Sa 9–20 Uhr oder länger. Bäckereien und Lebensmittelläden sind auch sonntagvormittags geöffnet, Mo oft geschlossen.
Post: 9–18, Sa 9–12 Uhr.
Restaurants: 12–14.30 und 19–23 Uhr,

So oder Mo ist in vielen Restaurants Ruhetag.

Polizei

In Frankreich gibt es **Police Nationale, Police Municipale** und **Gendarmerie Nationale;** wer mit dem Auto reist, wird Letzterer am ehesten begegnen, denn ihr obliegt u. a. die Kontrolle des Verkehrs außerhalb der Städte. Einen Autoeinbruch *(vol à la roulotte)* meldet man bei der Police Nationale.

Post

Briefmarken *(timbres)* und Telefonkarten *(télécartes)* sind nicht nur bei der Post, sondern auch in Tabakläden *(bureau de tabac)* erhältlich. Standardbriefe und Postkarten ins europäische Ausland sind mit 0,80 € zu frankieren.

Rauchen

Seit Februar 2007 ist das Rauchen in Schulen, Universitäten, Bahnhöfen oder Büros verboten, seit Januar 2008 auch in Bars, Hotels, Restaurants und Discos. Wer dagegen verstößt, dem drohen Geldstrafen von etwa 70 €.

Reisen mit Handicap

Es sind eher die modernen Hotels, Campingplätze und Restaurants, die über Einrichtungen für Körperbehinderte verfügen. Ein Verzeichnis mit Unterkünften, die auf diese Reisenden eingestellt sind, enthält die französischsprachige Broschüre »Où ferons nous étape«, die man gegen Gebühr bei **der APF** anfordern kann: **Association des Paralysés de France** 17, bd. Auguste-Blanqui 75013 Paris, Tel. 01 40 78 69 00 www.apf.asso.fr

Allgemeine Auskünfte erteilt:
Comité National Français de Liaison pour la Réadaptation des Handicapés (CNFLRH)
118–130, av. Jean Jaurès
75019 Paris
Tel. 01 53 72 84 66
www.let.archi.fr

Sicherheit

Allgemein ist die Sicherheitslage in Aquitaine sehr gut, vor allem im Hinterland. An der Küste und in gut besuchten Urlauberzentren kommt es gelegentlich zu Einbrüchen in Ferienhäuser oder parkende Autos. Aber auch hochwertige Fahrräder sollten dort möglichst gut gesichert werden.

Souvenirs

Liebstes Souvenir sind Weine. Nach langer Autofahrt benötigen die Flaschen Ruhe; die Erzeuger geben dazu Hinweise. Weniger empfindlich sind die härteren Alkoholika, u. a. der grüne oder gelbe *Izarra* aus dem Baskenland oder der *Floc* aus der Gascogne.

Bordeaux, vor allem das Chartrons-Viertel und das Quartier St-Michel, ist eine Fundgrube für Trödel und Antiquitäten. In vielen Küstenorten erhält man schöne Töpferware, während im Baskenland vor allem Textilien aus Leinen und Baumwolle, Leinenschuhe *(espadrilles)*, Baskenmützen und Artikel aus Schafswolle der Käufer harren. Das traditionelle baskische Design ist allerdings nicht jedermanns Sache.

Telefonieren

Die öffentlichen Fernsprecher sind Kartentelefone. Die *télécartes* sind zu 50 oder 120 Einheiten in Tabakgeschäften, Bars, Tankstellen oder bei der Post erhältlich. Billigtarife im Inland gelten von 22.30–6 Uhr, ins Ausland wochentags 21.30–8 und von Sa 14 bis Mo 8 Uhr. Auskunft: Tel. 12

Internationale Vorwahlen
Frankreich: 0033
Deutschland: 0049
Schweiz: 0041
Österreich: 0043

Gespräche nach Frankreich
Landesvorwahl plus Rufnummer ohne die Anfangs-Null.

Telefonieren im Land
Die vollständige zehnstellige Teilnehmernummer wählen.

Mobil telefonieren
Wer einen längeren Aufenthalt in Frankreich plant, kauft sich am besten vor Ort eine Prepaid-Karte. Das Guthaben kann beliebig abtelefoniert und nachgeladen werden. Mit der Karte erhält man eine Nummer, unter der man erreichbar ist, ohne für eingehende Anrufe zahlen zu müssen. Auch für die Anrufer wird es preiswerter.

Trinkgeld

Das Bedienungsgeld in Restaurants ist zwar oft im Rechnungsbetrag inbegriffen *(service inclus)*, dennoch wird ein Trinkgeld *(pourboire)* in Höhe von 5–10 % erwartet.

Umgangsformen

Für einen herzlichen Empfang sind mehr als nur einige Höflichkeitsfloskeln in der Landessprache erforderlich. Auf angemessene Kleidung – gegebenenfalls auch eine Krawatte – wird mehr Wert gelegt als in Deutschland.

Panorama – Daten, Essays, Hintergründe

Dune du Pilat, Wasser und Kiefernwald – Basis für die Rundum-Erholung in Aquitaine

Steckbrief Aquitaine

Daten und Fakten

Lage: Aquitaine liegt im Südwesten Frankreichs zwischen Gironde, Atlantik und Pyrenäen.

Größe: Die Region ist mit 41 308 km² etwa so groß wie die Schweiz. Ihr Küstensaum misst rund 270 km.

Einwohnerzahl: ca. 2,9 Mio. Einwohner; fast ein Drittel in den Ballungszentren Bordeaux und Bayonne.

Zeitzone: MEZ (wie Deutschland).

Vorwahl: 00 33.

Geografie und Natur

Die Kreidewände der Gironde, die Kiesschichten im Médoc und die Sandflächen zwischen Dordogne und Garonne sind Zeugen alten Meeresbodens. Das feuchte Schwemmland der beiden Flüsse gestattet Gemüseanbau, doch auf Kalk, Kies und Sand gedeiht lediglich Wein. Pflanzenvielfalt gibt es im Bordelais daher nicht, ebenso wenig in den angrenzenden Landes, die seit dem 19. Jh. von Kiefernwäldern überzogen sind. Entsprechend artenarm ist dort die Fauna – abgesehen von heimischen Vögeln und Zugvögeln.

Ganz anders präsentieren sich die Pyrenäen. Diese junge Faltung schob sich erst vor rund 60 Mio. Jahren auf, als die iberische auf den mitteleuropäischen Sockel driftete. Von den glazialen Gletschern erhielten sich nur etwa 10 km² in den Zentralpyrenäen.

Den größten Reiz für Urlauber stellt die 240 km lange Côte d'Argent (›Silberküste‹) dar, die vor der spanischen Grenze in die Felsküste der 30 km langen Côte Basque übergeht.

Staat und Politik

1790, ein Jahr nach Ausbruch der Revolution, wurde Frankreich in Départements gegliedert, um regionale Mächte zu schwächen. Eine Reform in den 1970er-Jahren wollte den historisch gewachsenen Räumen neue Befugnisse gewähren und fügte deshalb je zwei bis acht Départements zu insgesamt 22 Regionen zusammen. Die Region Aquitaine (Hauptstadt Bordeaux) besteht aus den für diesen Band relevanten drei Küsten-Départements Gironde (Bordeaux), Landes (Mont-de-Marsan) und Pyrénées-Atlantiques (Pau) sowie den beiden Inlands-Départements Dordogne (Périgueux), Lot-et-Garonne (Agen).

Staatsoberhaupt ist der Präsident der Republik Frankreich, der vom Volk direkt und mit absoluter Mehrheit auf fünf Jahre gewählt wird. Die Exekutive obliegt der Regierung mit dem vom Präsidenten ernannten Premierminister an der Spitze, die Legislative einem Zweikammerparlament. Es besteht aus der Nationalversammlung mit 577 direkt auf fünf Jahre gewählten Abgeordneten und dem Senat mit 321 indirekt (von Wahlmännern aus den 96 Départements) gewählten Mitgliedern. In der Nationalversammlung hat die Parti Socialiste (PS) derzeit 280, die Union pour un Mouvement Populaire (UPM) 194 und Europe Écologie-Les Verts (EELV) 17 Sitze. Die nächste Parlamentswahl findet 2017 statt.

Wirtschaft und Tourismus

Zu den bedeutendsten industriellen Zentren der Region zählen die Hafenstädte Bordeaux (Luft- und Raumfahrttechnik, Raffinerien, Chemie, Kies, Zement, Metallverarbeitung) und Bayonne (Luftfahrt, Kunstdünger, Zement). Andernorts blieb die Industrie ein untergeordneter Wirtschaftsfaktor, zum einen mangels Bodenschätzen (einzig bedeutend: Öl von Biscarrosse/Parentis, Erdgas von Lacq), zum anderen, weil einige landwirtschaftliche Erwerbszweige hinreichende Gewinne abwerfen.

Dies gilt vor allem für den Weinbau im Bordelais. 115 000 ha sind dort mit Reben bepflanzt, die Jahresproduktion beläuft sich auf fast 700 Mio. Flaschen Qualitätswein, ein Drittel davon werden exportiert. In den Landes nehmen Maisanbau und Forstwirtschaft (Möbel- und Papierindustrie) die führende Rolle ein; die Geflügelzucht bedient vor allem den lokalen Markt. Dies gilt weitgehend auch für die Viehwirtschaft im Baskenland, das allerdings einige Produkte, etwa den Bayonner Schinken, überregional absetzt.

Die Fischerei hat nur an jenen Küstenstreifen Bedeutung, wo der Dünensaum nicht die Anlage von Häfen verhindert. Die baskischen Fischer gehen auf Hochseefang (Thunfisch, Sardinen), fischen aber auch in küstennahen Gewässern nach Seezunge, Rochen oder Seehecht. Das Bassin von Arcachon ist vor allem für seine Austernzucht bekannt. Dritte bedeutende Fangzone der Region ist die Gironde mit ihren Zuflüssen Dordogne und Garonne.

Im späten 19. Jh. avancierte der Tourismus zur führenden Einnahmequelle an der Küste. Kamen damals Monarchen und Adlige, so hat seit den 1960er-Jahren der Massentourismus die Strände erobert. Immerhin verzichtete man darauf, die Landschaft mit öden Feriensilos zuzubauen. Andererseits nahmen die Planer auch in der Region Aquitaine anfangs kaum Rücksicht auf ökologische Auswirkungen. Ganz unbefangen empfehlen französische Reiseführer bis heute einen Besuch des Ölhafens von Verdon oder des Kernkraftwerks bei Blaye. Beide befinden sich in unmittelbarer Nachbarschaft der Ferienorte und der Weinfelder des Médoc.

Nach Aquitaine reisen vorrangig Urlauber aus Frankreich, ansonsten Gäste aus Spanien, Großbritannien, Deutschland und Amerika. Bei den Deutschen ist vor allem das Campen beliebt: Statistisch gesehen verbringen deutsche Besucher jährlich rund 2 Mio. Nächte in Aquitaine, davon nur knapp ein Zehntel in Hotels, den überwiegenden Rest in Campinganlagen.

Bevölkerung und Sprache

Im Département Landes leben knapp 33 Ew./km^2, im Département Gironde erreicht die Bevölkerungsdichte mit 112 Ew./km^2 etwa Landesdurchschnitt (Deutschland: 230/km^2).

Bordeaux ist mit ca. 241 000 Einwohnern (Ballungsraum ca. 900 000 Einwohner) die größte Stadt der Region, gefolgt von Bayonne mit Biarritz und Anglet (110 000), Libourne (24 000) und Dax (21 000).

In Aquitaine wird Französisch gesprochen; Baskisch verstehen etwa 200 000 Menschen, Okzitanisch spricht dagegen nur noch eine verschwindende Minderheit.

Vor- und Frühgeschichte

ca. 20 000–10 000 v. Chr.	Der Cromagnon-Mensch hinterlässt Felsritzungen in den Höhlen der Pyrenäen.
ab 5000 v. Chr.	Ackerbau und Viehzucht, Tonwaren, Schmuck und Steinsetzungen kennzeichnen die neolithische Kulturstufe.
3. Jh. v. Chr.	Keltische Bituriger errichten einen Handelsplatz beim heutigen Bordeaux.

Von den Römern zu den Westgoten

56 v. Chr.	Cäsars Feldherr Crassus besiegt die Bituriger; Aquitanien nimmt rasch die römische Kultur auf.
1. Jh. n. Chr.	Um auf Importe aus Italien verzichten zu können, pflanzen römische Siedler Wein an.
um 410	Nachdem sich die politischen Zentren des Imperium Romanum nach Konstantinopel und Trier verlagert haben, gerät die Provinz Aquitania unter die Oberherrschaft der Westgoten.
507	Fränkische Merowinger siegen unter Chlodwig über die Westgoten, die sich nach Spanien zurückziehen.
Ende 6. Jh.	Vasconen aus Nordspanien besiedeln die Gascogne.

In Bordeaux gefunden: römisches Kalksteinrelief mit Baumträgern

Mauren, Karolinger, Normannen

711   Mauren besiegen die Westgoten in Spanien.

732   Der Franke Karl Martell schlägt die Araber bei Tours und Poitiers.

778   Karl der Große dringt nach Nordspanien vor, unterliegt aber den Mauren bei Zaraçoza und muss sich zurückziehen.

800   Karl der Große wird zum Kaiser gekrönt und tritt nominell das Erbe des Römischen Reiches an.

ab ca. 820   Normannen unternehmen in Booten von der Küste aus Plünderungszüge ins Inland; an Dordogne und Garonne entstehen Festungen zum Schutz der Städte und Klöster.

843 und 870   Aquitanien, das unter Pippin I. den Status eines unabhängigen Königreichs genossen hatte, fällt bei den Reichsteilungen wieder unter die Aufsicht des Kaisers.

Der Aufstieg zum angevinischen Großreich

1058   Die Herzogtümer Gascogne und Aquitanien vereinen sich unter Guillaume VIII; die Pilgerflut bringt dem Land Wohlstand.

1127–1137   Herzog Guillaume X verstrickt sich in klerikale Auseinandersetzungen; Papst Innozenz II. erlegt ihm die Pilgerfahrt zum Jakobsgrab auf.

1137   Guillaume stirbt auf der Wallfahrt; seine Tochter Aliénor heiratet im Juli den Prinzen Louis.

1152   Nach ihrer Scheidung heiratet Aliénor Henri Plantagenêt.

1154   Henri wird durch Erbschaft Henry II von England; er und Aliénor stehen damit an der Spitze eines Angevinischen Großreiches. Pilgerbetrieb und der Weinhandel mit England bringen einen bislang unbekannten Aufschwung.

1186   Philippe II Auguste, der Nachfolger von Louis VII, reißt Teile des Angevinischen Reiches an sich.

1189   Aliénors Sohn Richard Cœur de Lion (Richard Löwenherz) wird König von England (gest. 1199).

1206   Bordeaux erhält einen gewählten Rat.

Der Hundertjährige Krieg

1214 Mit der Schlacht bei Bouvines verliert Richards Bruder Jean sans Terre den Norden des Angevinischen Reiches an Frankreich.

1258 Im Frieden von Paris werden Frankreich die eroberten Länder an der Loire zugesichert, während England den Südwesten behält.

1328 Nach dem Tod von Charles IV entflammt ein Thronfolgestreit zwischen dem Hause Valois und Englands König Edward III.

1337 Ausbruch des Hundertjährigen Krieges.

1356 Edwards Sohn Edward von Woodstock (der ›Schwarze Prinz‹) nimmt den französischen König Jean le Bon gefangen.

1360 Friede von Brétigny: Gegen Freilassung von Jean le Bon erhält Edward III weitere Gebiete im Südwesten.

1415 Die Engländer brechen den 1396 vereinbarten Frieden; Henry V verbündet sich mit Burgund und besetzt im weiteren Verlauf Teile Nordwestfrankreichs.

1423 Als englische Truppen auf Paris vorrücken, wird Frankreichs Hof nach Poitiers verlegt.

1429 Jeanne d'Arc erobert Orléans zurück.

1435 Frankreich schließt Frieden mit Burgund, im Jahr darauf müssen sich die Engländer aus Paris zurückziehen.

1453 Bei Castillon an der Dordogne unterliegen die Engländer in der letzten Schlacht des Hundertjährigen Krieges.

Die Religionskriege

1515–1547 François I de Valois ist König Frankreichs; als erster Absolutist leitet er die Politik der Zentralisierung ein.

1533 Johannes Calvin hält Reden in Angoulême und Poitiers.

1562 Es kommt zu ersten Auseinandersetzungen zwischen ›Eignots‹ (Eidgenossen, davon abgeleitet frz. *huguenots*) und Katholiken.

1570 Jeanne d'Albret von Navarra erklärt den Calvinismus zur Staatsreligion.

1572	Henri III von Navarra heiratet die Schwester des französischen Königs Charles IX. Der Bund soll zu einer Aussöhnung zwischen den Religionen führen, doch kommt es bei dieser ›Bluthochzeit‹ in der Bartholomäusnacht (23./24. Aug.) zum Massenmord an den Hugenotten.
1594	Henri III von Navarra wird, nachdem er zum Katholizismus übergetreten ist, Henri IV von Frankreich.
1598	Henris Edikt von Nantes erklärt den Katholizismus zur Staatsreligion; der Calvinismus darf aber weiter ausgeübt werden.
1610	Henri IV wird ermordet.

Blüte des Absolutismus

1624	Kardinal Richelieu (eigentlich Armand-Jean du Plessis, 1585–1642) wird Minister vor König Louis XIII.
1627/1628	Richelieu erobert La Rochelle, einen ›Sicherheitsplatz‹ der Hugenotten.
1635	Richelieu erklärt Spanien den Krieg.
1659	Im Pyrenäenfrieden beschließen Frankreich und Spanien die Heirat zwischen Louis XIV (reg. 1643–1715) und Marie-Thérèse.
1685	Das Edikt von Fontainebleau hebt das Edikt von Nantes auf; es kommt zur Massenflucht der Hugenotten.
erste Hälfte 18. Jh.	Der Handel mit Übersee lässt Bordeaux aufleben; es formiert sich eine wohlhabende Bourgeoisie. Ab 1730 wird die Stadt im klassizistischen Stil neu aufgebaut.

Die französische Revolution

1748	Vertreter der Aufklärung, darunter der Schriftsteller und Philosoph Denis Diderot, üben scharfe Kritik an der absoluten Monarchie und dem Klerus.
1756–1763	Im Siebenjährigen Krieg verliert Frankreich einen großen Teil seiner Kolonien an Großbritannien.
1789	Am 14. Juli stürmt das Volk die Bastille; Beginn der Französischen Revolution.
1790	Das Christentum wird abgeschafft, Kirchen werden geplündert, Priester ermordet. Die Gesetzgebende Versammlung gliedert Frankreich

	in Départements. Führende Fraktion sind die Abgeordneten aus dem Département Gironde. Die radikalen Jakobiner überflügeln sie später.
1793	Louis XVI und die meisten Girondisten werden hingerichtet.
1799	Mit der Machtübernahme durch Napoléon Bonaparte fällt die Erste Republik.

Erstes und Zweites Kaiserreich

1803	Ausbruch der Napoleonischen Kriege gegen England.
1804	Napoléon lässt sich zum Kaiser krönen.
1805–1810	Die französisch-spanische Flotte unterliegt den Briten bei Trafalgar; im Anschluss verhängt Napoléon eine Kontinentalsperre gegen England, die aber auch den eigenen Hafenstädten schadet.
1814	In Toulouse siegen die Briten über die kaiserliche Armee; Napoléon wird auf die Insel Elba verbannt.
1815	Nach einem erneuten Versuch, die Macht an sich zu reißen, wird Napoléon bei Waterloo geschlagen.
1848	Proklamation der Zweiten Republik; Louis Napoléon Bonaparte wird zum Präsidenten gewählt.
1852	Der Präsident wird zum Kaiser Napoléon III ausgerufen.
1854	Das kaiserliche Paar verbringt seinen ersten Urlaub in Biarritz.
1857	Die Gemeinden der Landes werden per Gesetz verpflichtet, die feuchte Region urbar zu machen.
ab 1869	Der Reblausbefall ruiniert den Weinbau im Bordelais.
1870	Im Krieg gegen Preußen gerät Napoléon III in Gefangenschaft; Paris ruft die Republik aus.

Der Weg in die Moderne

1914	Die französische Regierung verlässt das belagerte Paris und bezieht Quartier in Bordeaux.
1939	Der spanische Bürgerkrieg endet mit dem Sieg der Faschisten; 500 000 Spanier, vor allem Basken, fliehen ins Nachbarland.

1940	Paris wird von den Deutschen besetzt, die Regierung begibt sich erneut ins Exil nach Bordeaux.
1942	Die Deutschen besetzen Frankreich; Bau des Atlantikwalls.
1954	In Parentis wird erstmals Erdöl gefördert.
1959	Baskische Freiheitskämpfer gründen in Spanien die ETA.
1967	In den Pyrenäen entsteht ein Nationalpark.
1970	Gründung eines Naturparks in den Landes und eines Vogelschutzgebiets bei Le Teich.
1972	Georges Pompidou setzt die bereits von Charles de Gaulle geplante Gebietsreform durch und leitet damit die Dezentralisierung des Landes ein.
1981	Eröffnung der Autobahn Paris–Bordeaux.
ab 1996	Sanierung der Stadt Bordeaux im Rahmen eines europäischen Förderprogramms.
2002	Der Untergang des Tankers »Prestige« vor der galizischen Küste bedroht auch die Strände der Region Aquitaine.
2004	Wiedereröffnung der Straßenbahn in Bordeaux.
2006	Proteste gegen die Lockerung des Kündigungsschutzes für Berufsanfänger führen zu Unruhen im Land.
2011	Mit der Strecke Mulhouse–Dijon beginnt Frankreich damit, das TGV-Netz zu erweitern. Die Strecke Bordeaux–Tours soll 2016, die Strecke Bordeaux–Toulouse 2018 fertiggestellt sein.
2012	Der Sozialist François Hollande löst Nicolas Sarkozy von der konservativen UMP (Union pour la Majorité Présidentielle) als Staatspräsident ab.
2016	Nach Grundsteinlegung im Oktober 2013 erfolgt im Sommer 2016 die Eröffnung der Cité des Civilisation du Vin in Bordeaux. Ebenfalls in Bordeaux finden zur selben Zeit fünf Spiele der Fußball-Europameisterschaft statt.

Strand und Wasser en masse – die Côte d'Argent

Warum nur? Beim Blick von Soulac hinaus aufs Meer wirkt ausgerechnet dieser Ort wie der Auftakt aller Ozeane. Nur wenige Kilometer nördlich spült die Gironde ihr Brackwasser in den Atlantik, um zu vergessen, wie beengt es in ihrem Bett war. Freiheit, Wildheit, Wagemut peitschen fortan die Wellen, die zum Menschen grausam sein können. In Soulac stehen dem Badegast die Extreme zur Wahl: Rückzug in den Schoß der Gironde oder Dialog mit den Elementen? Zu Wasser und Wind gesellt sich als unerbittliche Urmasse der Sand, dessen Kraft die Einwohner zu spüren bekommen. Im 19. Jh. war das mittelalterliche Soulac bereits untergetaucht – in den Dünen.

Zwischen Gironde und Pyrenäen formt das feine Sandgewebe einen Küstensaum, der schnurgerade Richtung Spanien weist. Die Natur hat dort keinen plausiblen Grund dafür hinterlassen, dass ein Ort dem anderen vorzuziehen wäre. So könnte man über 250 km südwärts wandern und sich an jeder beliebigen Stelle zum Baden niederlassen. Tatsächlich aber zeigen kleine Vorposten der Zivilisation, dass hier und dort die Wahl längst getroffen ist. Die Position der Strandbäder folgt mittelalterlichen Gesetzen: Im einstigen Hafen Soulac landeten britische Jakobspilger, die von dort aus den Rest des Weges nach Santiago zu Fuß zurücklegten. Ihre Etappenziele wurden in der Neuzeit per Straße mit dem Meer verbunden. Als feinsinnige Pointe bleibt, dass sich Grayan und Montalivet im Kontrast zur christlichen Wallfahrt ausgerechnet auf FKK-Urlaub kaprizieren. Bekleidete bleiben dort Zaungäste.

Sand, Düne, Fels und Brandung

Brechen wir dorthin auf, wo sich das pralle Leben nicht verschanzt. Mit Lacanau und Arcachon leistet sich Bordeaux gleich zwei große Seebäder. Lacanau ist die volkstümliche Variante, ein Dorf aus Bars, Diskotheken und Spielhallen. Arcachon verfügt dagegen als traditioneller Treffpunkt der

ne. Den schweißtreibenden Anstieg zu ihrem Kamm und den Blick von oben aufs Meer muss jeder erlebt haben, der Aquitaine verstehen möchte. Weiter südlich löst nur noch die schiere Weite der Sandmassen und nicht mehr ihre Höhe Begeisterung aus.

Die Wahl zwischen Surfen und Kaffeeschlürfen belässt Biarritz. Als müsse man das teure Getränk ausgiebig genießen, verharrt die Kundschaft gerne mal länger vor dem Strandsze-

Schönen und Reichen über mehr Flair und sogar einige architektonische Schätze aus dem 19. Jh.

Im Vogelreservat von Le Teich gilt es, viel Beschwingtes vom Kormoran über die Möwe bis zum Storch zu entdecken. Solche paradiesischen Zustände verdankt die Region der Tatsache, dass bei Arcachon der gerade Küstensaum durch eine weite Bucht unterbrochen wird. Dieses flache Wasserbecken an der Mündung der Leyre blieb wegen starker Meeresströmungen zum Atlantik hin offen, während andere Flüsse in Binnenseen *(étangs)* und Kanäle auslaufen. Dem Menschen bietet das Bassin einen gänzlich anderen Wassergenuss mit Ebbe und Flut, aber handzahmen Wogen.

Der gleiche Meeresstrom, der die Bucht offen hält, türmt nebenan ein sandiges Ungetüm auf. Mit 3 km Länge und 114 m Höhe ist diese Dune du Pilat Europas mächtigste Wanderdü-

nario, das von Badenixen über muskulöse Wellenreiter bis zur grandiosen Felskulisse keine Augenweide auslässt. Den Dreierpack von Badefreuden, Shopping und Kultur steuert das Fachwerkstädtchen St-Jean-de-Luz bei – letzter Ruhepol in Frankreich, erster Ausguck auf Spanien.

Kinderfreundliche Alternative mit Bodensatz

Étangs, Lagunen, haben sich als Freizeitparadies für alle bewährt, die auf allzu stürmisches Wasser verzichten können. Windsurfer oder Familien mit Kindern machen dort Urlaub und müssen nicht mal auf den Sandstrand verzichten. Als Landebahn für Wasserflugzeuge diente die Lagune von Biscarrosse. Der Staat schielt nach ihr, weil dort Erdöl lagert.

Höhlen, Schluchten, Bergkämme – die Pyrenäen

Aquitaniens drittgrößter Fluss, der Adour, schneidet die flachen Landes im Süden wie mit der Schere ab. Am anderen Ufer schwingen sich die grünen Hügel empor, als müsse es bald zum Himmel gehen. Je schroffer die Gipfel, desto einsamer und rauer wird es. Das wahre Bergabenteuer mit Gletschern und Felszinnen ist erst weiter landeinwärts zu finden, doch bietet das Baskenland einen imposanten Vorgeschmack auf die Natur der zentralen Pyrenäen.

Helm auf, denn es will gefährlich werden. Das sagen jedenfalls die Damen und Herren an der Kasse zu den Gorges de Kakouetta. Ob mit oder ohne Helm, der Preis ist immer der gleiche. In der Hochsaison wird der Pfad durch die Schlucht zur Wanderautobahn. Dabei ist die Dramatik des Naturschauspiels nur recht zu begreifen, wenn nicht die Besucherschar, sondern die Schlucht selbst ein Gefühl der Enge auslöst. 5 m sind es von Wand zu Wand, 300 Meter aber vom Talgrund bis hinauf zur Felskante, über die sich kaum ein Sonnenstrahl schiebt.

Der 2 km lange, teils rutschige Pfad macht mit einer sehr eigenen Flora vertraut, darunter seltene Farne, die dort

Atemberaubende Verschnaufpause in den Pyrenäen

dank feucht-warmer Luft gedeihen. Ein Wasserfall am Ende der Schlucht erscheint wie eine schier unbezwingbare Hürde am Schlund zur grünen Hölle, aber man sieht mitunter Sportler, die sich in Gummikluft von oben herunterhangeln. Canyon Althagneta heißt der abenteuerliche Wurmfortsatz in der oberen Etage. Er ist das untrügliche Zeichen dafür, dass sich das Baskenland so oder so erleben lässt: riskant oder wohlbehütet, auch wohlbehelmt.

Stein um Stein bis zum Meer

Pic du Midi ist die felsige Versuchung, die weiter östlich nahezu 3000 m aufragt. Aus baskischer Sicht ist das längst fremdes Land, Gebiet des Nachbarn Béarn, der weltweit ausgerechnet durch eine Sauce bekannt wurde. Wie alle Natur-Highlights der Pyrenäen, so liegt auch dieser Gipfel am Fernwanderweg GR 10, der zudem die Gorges de Kakouetta touchiert, um sich im Westen in die Crevasses de Holzarte zu bohren. Wohlgemerkt: Crevasses, nicht Gorges, handelt es sich doch um keine Schlucht, sondern um den Bruch in einem uralten Gletscher. Hoch oben schwingt eine Brücke, die es gestattet, von hoher Warte in das Naturwunder hinabzusehen und zu staunen.

Nur wenige Kilometer sind es von dort noch zur spanischen Grenze, wo bei Larrau der Pic d'Orhy als höchster baskischer Gipfel mit 2017 m gerade mal an die Baumgrenze ragt. Frostresistente Kiefern halten sogar noch die schneidenden Winde in größerer Höhe aus, während Tannen und Buchen nur bis auf 1700 m, Eichen bis 800 m klettern. Unterbrechen an der Grenze zum Béarn noch kahle Kämme das satte Grün, so bestimmen Almen, Laub- und Nadelwälder das Bild, je näher wir ans Meer gelangen. Kalkboden zeugt dort von einem Ur-Ozean, bestes Terrain für Höhlenforscher. Tropfsteine wie auch Höhlenzeichnungen des Frühmenschen machen bei Hasparren und Sare den Bergurlaub zum Abenteuer.

Die Pyrenäen – eine Erdgeschichte

Auf einer Länge von 430 km trennt die Pyrenäenkette Frankreich von Spanien. Das Gebirge ist – wie Alpen, Anden und Himalaja – eine junge Faltung, die sich erst vor rund 60 Mio. Jahren aufschob, als der iberische auf den mitteleuropäischen Sockel driftete. Das härtere Gestein eines älteren Gebirges brach dabei mit schroffen, bizarren Kanten auf, wogegen sich der Kalkboden des Meeres, das sich zuvor dort ausbreitete, nur sanft wellte. Die Erosion während der anschließenden Eiszeiten gab dem Relief seine heutige Form. Gletscher gibt es in den Zentralpyrenäen heute noch, aber auch sie schmelzen derzeit dramatisch ab.

GR 10: Kürzel für Wanderer
Die Grande Randonnée 10 zwischen Hendaye am Atlantik und Banyuls am Mittelmeer ist auf ganzer Länge markiert, das sind 790 km, für die stramme Wanderer acht Wochen veranschlagen. Als preiswerte Unterkünfte entlang der Route stehen einfache *gîtes d'étape* zur Verfügung. Bei einem Pensum von täglich sechs bis acht Stunden sind es von Hendaye bis St-Jean-Pied-de-Port fünf, bis zum Ravin d'Apidia an der Grenze zum Béarn zehn Tage.

Von Cäsar bis Ausonius – die Römer in Aquitanien

Den Aquädukt, die Kanalisation, die Straßen, Medizin, Bildung, den Wein, öffentliche Bäder. »Na gut, zugegeben. Aber von all dem einmal abgesehen: Was haben die Römer jemals für uns getan?« So wie im Film »Leben des Brian« sieht die Rechnung auch für Aquitanien aus. Es gibt aber nur wenige steinerne Zeugen der Errungenschaften: der Rest eines Amphitheaters in Bordeaux, Fundamente der Bäder in Dax und Bodenmosaike im Weinland an der Garonne. Weder Natur noch Mensch gingen gnädig mit den Spuren der Römer um. Dennoch lebt in Kultur, Sprache und Weinbau das Erbe der Antike fort.

»Hier weht freier die Luft im Gefild, es erschließt uns der Sonne heiterer Strahl nun wieder das leuchtende Himmelsgewölbe.« Man möchte Krokodilstränen vergießen über solche Zeilen und staunt, dass ein Römer sie schrieb. Aber Decimus Magnus Ausonius war keiner jener kühlen Strategen der Antike, sondern mit allen Wassern und Weinen von der Garonne zum puren Sonnenkind gewaschen. In Bordeaux' Rue Ausone tropft das goldene Manna des Morgenlichts auf das Antlitz des Dichters, den Bertrand Piechaud eigens für diese quirlige Straße in Bronze goss. Ausonius wurde um 310 in Burdigala (Bordeaux) geboren. Er war Politiker und Winzer, später Erzieher des Thronfolgers Gratian in Trier und starb 393 in seiner Heimat.

Römische Verwaltung

Sein Vorfahre, Cäsars Feldherr Crassus, hatte 56 v. Chr. die Bituriger besiegt und ihren Flusshafen an der Garonne vernichtet. Inmitten von Sümpfen entstand hernach genau das, was sich dort rein gar nicht fügt: arithmetische Ordnung. Mit Cardo kreuz und Decumanus quer ließ der Imperator das gängige Straßenraster ziehen, gegen das sich Bordeaux später drehte und wand, um sich in die natürliche Logik des Flusslaufes zu schmiegen.

Hatte Cäsar die Grenzen Aquitaniens noch zwischen Pyrenäen und Garonne gelegt und die heutige Situation

vorweggenommen, so wurde Aquitania, das ›Land des Wassers‹, später in einem größeren Rahmen gesehen. Die Ausmaße machten es erforderlich, die Provinz verwaltungstechnisch zu teilen in prima, secunda, tertia. Zum Sortierwesen gesellte sich der Wille, das Land wirtschaftlich zu stärken. Dabei half der Wein, anfangs nur importiert, um die Soldaten zu versorgen, später in der Region selbst angebaut und zum Exportgut entwickelt.

Das Erbe auf der Zunge

Die Sprache der Provinz blieb eine vulgäre, aber lebendige Form des Lateinischen, gepaart mit Satzgefügen aus dem Keltischen, aus der schließlich das Okzitanische hervorging. Dante schied nach der Art, wie die lateinische Bejahung ›hoc ille‹ regional ausgeformt worden war, die Langue d'oc im Süden von der Langue d'oil im Norden Frankreichs. An der Sprachlinie trafen sich zwei grundverschiedene französische Geister, grob gesagt: südliche Leichtigkeit und nördliche Schwermut. Das Okzitanische, dessen Wortschatz immerhin 180 000 Begriffe umfasste, wurde die Sprache der Troubadoure, die nach orientalischer Manier über Liebe, Leid und Zeitgeschehen fabulierten, bis ihnen der Hundertjährige Krieg den Garaus machte. 1539 wurde das Französische zur Amts- und 1882 zur Unterrichtssprache erklärt.

Das römische Amphitheater in Bordeaux fügt sich ins moderne Stadtbild

Traumfrau des Mittelalters – Eleonore von Aquitanien

500 Ritter im Gefolge, dazu ein Tross Bediensteter, die Edelsteine, Brokat, Samt und Gold mitbrachten – Louis, Thronerbe der Kapetinger, wollte beeindrucken, als er 1137 in Bordeaux erschien. Ein Coup seines Vaters hatte dem blassen Klosterschüler zu einer Frau verholfen, deren herausragende Qualitäten noch heute gelobt werden. Doch die Ehe mit Eleonore von Aquitanien geriet zum Fiasko und legte den Grundstein für Frankreichs blutigsten Krieg des Mittelalters.

Seit Mitte des 11. Jh. bildeten die Herzogtümer Gascogne und Aquitanien eine Union, die mit den Wallfahrten zum Jakobusgrab zur Großmacht avancierte. Herzog Guillaume X bewies allerdings wenig Geschick, als er sich im Streit um die Papstnachfolge auf die Seite des rechtmäßig gewählten Anaklet schlug. Der siegreiche Gegenpapst Innozenz II. erlegte dem Herzog zur Strafe eine Pilgerreise auf. Guillaume starb unterwegs, doch hinterließ er einen letzten Willen: Seine Tochter Aliénor (Eleonore) solle den Sohn des französischen Königs Louis VI heiraten.

Am 25. Juli 1137 schritten die etwa fünfzehnjährige Aliénor und der um ein Jahr ältere Kronprinz Louis in Bordeaux zum Traualter. Als nur wenige Tage später König Louis VI starb, fielen dem jungen Paar die Regierungsaufgaben im neuen Großreich zu. Aliénor war entsetzt vom schmutzigen Paris, das sich kaum mit dem Süden messen konnte. Der Kontrast spiegelte sich in den Charakteren der Ehepartner: Aliénor heiter, exzessiv, schwelgerisch, Louis einsilbig, gottesfürchtig, farblos. Und doch erfüllte das Paar seine Staatspflichten und brach 1147 gemeinsam zum zweiten Kreuzzug auf.

In der Fremde traf Aliénor ihren Onkel Raymond von Poitiers, mit dem sie eine Liaison eingegangen sein soll. Auf der Heimreise legte der eifersüchtige Gatte Station in Rom ein, um bei Papst Eugen III. in Rom die Möglichkeiten einer Scheidung zu sondieren. Schließlich hatte das Paar seit 1145 zwar eine Tochter, doch wartete der König vergeblich auf einen Thronerben. Der Papst konnte den Rosenkrieg schlichten, König und Königin zogen 1149 gemeinsam zurück nach Paris. Als Aliénor dort abermals ein Mädchen gebar, drängte das Paar auf Scheidung. Am 21. März 1152 wurde die Ehe in Beaugency aufgelöst mit der Begründung, dass eine entfernte Blutsverwandtschaft bestand.

Königin zweier Länder, Mutter zweier Könige

Zwei Monate nach der Trennung, am 18. Mai, heiratete sie abermals. Ihr neuer Gatte hieß Henri Plantagenêt, war Herzog der Normandie, Graf von Maine, Touraine und Anjou und erbte 1154 den Thron von England. Mit diesem Streich war ein Angevinisches Großreich aus der Taufe gehoben, gegen das Louis' per Scheidung geschrumpftes Frankreich geradezu armselig erschien. Einnahmen aus den Pilgerfahrten und dem aufkeimenden Weinhandel stärkten das Reich zwischen Schottland und den Pyrenäen, durch Heiratsverträge für die fünf Söhne und zwei Töchter des Paares wurden weitere politische Bande geknüpft.

Aliénor kam dennoch nicht zur Ruhe. Mit ihrem Sohn Richard Cœur de Lion (Richard Löwenherz) seit 1169 Herzog von Aquitanien, schmiedete sie Intrigen gegen ihren ausschweifenden Gatten, der Aliénor schließlich in Winchester einkerkern ließ. Erst mit seinem Tod 1189 endete die quälende Haft, doch begann nun der Zwist zwischen Richard, jetzt König von England, und seinem Bruder Jean sans

Eleonore fürs Regal

Im Gegensatz zu Johanna von Kastilien, die als ›Wahnsinnige‹ ins Kloster abgeschoben wurde, weil sie den Männern im Weg stand, fand Eleonore viele Verehrer. Über sie schrieben Régine Pernoud (»Königin der Troubadoure«, 1966), Tanja Kinkel (»Löwin von Aquitanien«, 1989), Ursula Vones-Liebenstein (»Eleonore von Aquitanien«, 2000) und Leo G. Linder (»Was alles in ein Leben passt«, 2002). Für Enthusiasten gibt es dazu die passende CD: »Musique en Aquitaine au temps d'Aliénor« (Éditions Plein Jeu DMP 9105 C).

Terre (Johann Ohneland). Als Richard 1199 starb, zog sich Aliénor in die Abtei Fontevraud an der Loire zurück. Dort starb sie am 1. April 1204.

Das Grabmal der »Grande Dame« des Hochmittelalters in Fontevraud

Mit den Jakobspilgern unterwegs

Der wahre Jakob hat mit dem Erbsenzähler gemein, dass er Ausbeute mittelalterlicher Schrullen ist. Wer nämlich nicht selbst auf dem Jakobsweg wandelte, sondern andere für sich ›pilgern‹ ließ‹, war ein falscher Jakob. Wie viele Jakobs durchs Stadttor gingen, zählten die Münchner, indem sie für jeden Durchreisenden eine Erbse in ein Fass plumpsen ließen. Die Wallfahrt nach Santiago prägte das Mittelalter und hinterließ der Nachwelt Bruchstücke, die zur Orientierung wie auch zur Fehlorientierung dienen.

Zottelig und abgerissen, einen Esel im Schlepptau und im Handkarren der Nachwuchs. Wir sind in St-Jean-Pied-de-Port, am Fuß des Pyrenäenpasses, der Pilgern seit Jahrhunderten Einlass nach Spanien gewährt. Er sei, sagt der Däne Erik Joensen, vor gut sieben Wochen mit der Familie nach Santiago aufgebrochen, weniger aus religiösen Gründen als um der Reise willen. Der in Felle gekleidete Erik und sein Anhang bieten einen verwegenen Anblick, Kontrastprogramm für die Gäste im Hôtel des Pyrénées, die soeben ihr poulet basque verspeisen. In St-Jean scheiden sich die Geister, streben die einen zu Fuß den Bergen entgegen, während die anderen ihr baskisches Abenteuer im Auto fortsetzen. Die Neuzeit begegnet Splittern des Mittelalters und fragt sich, wie weit sie es wirklich gebracht hat.

Ein Apostel als Führer der Reconquista

Der Legende nach wurde das Grab des hl. Jakobus im frühen 9. Jh. nahe dem nordspanischen Santiago de Compostela aufgefunden. Nach allem, was bekannt ist, missionierte Jakobus d. Ä. jedoch in Jerusalem und Umgebung, wo er laut Apostelgeschichte enthauptet wurde. Noch im 7. Jh. folgte die spanische Kirche dieser Überlieferung, dann aber machte sich der Islam auf der Iberischen Halbinsel breit. Auf der Suche nach spirituellem Rückhalt ›fanden‹ Asturiens König Alfonso II und Bischof Theodemir die Gebeine

Zu Picauds Zeiten begaben sich jährlich etwa 500 000 Pilger aus ganz Europa auf den Weg nach Santiago. Die meisten zogen auf ein Nadelöhr in den Pyrenäen zu, ebenjenes St-Jean-Pied-de-Port am Fuß des Ibañeta-Passes. Stationen der Wallfahrer waren die Klöster, die – vor allem von den Benediktinern – im Abstand von Tagesetappen entlang der Routen errichtet wurden. Den Dienst am Nächsten verrichteten die Mönche keineswegs

des Jakobus. Sie ruhten in einem Mausoleum, wahrscheinlich die Grabstätte eines Westgoten.

Nach dem Sieg über die Normannen nahmen auch ausländische Wallfahrer das Apostelgrab in Augenschein. Es sollte aber noch mehr als 100 Jahre dauern, bis aus solch zaghaften Vorstößen eine Massenbewegung wurde. Voraussetzung war politische Stabilität, die sich einstellte, als den Muslimen vom frühen 11. Jh. an die spanischen Landstriche entrissen wurden.

Pilgerfahrten und Profit

Wegen der Gefahren wurden viel begangene Routen bevorzugt, insbesondere die vier Strecken, die der Mönch Aimeric Picaud um 1138 in seinem »Guide du Pèlerin« beschrieb: über Tours, über Vézelay, über Le Puy und über St-Gilles.

uneigennützig, vielmehr strichen sie Spenden in beträchtlicher Höhe ein. Dieser Wohlstand war dahin, als der Pilgerstrom mit dem Hundertjährigen Krieg versiegte.

Zeugnisse damaliger Zeit

Trotz ihrer bedeutenden Rolle für den Pilgerbetrieb besitzt die Region Aquitaine nur wenige Denkmäler aus der

Devotionalien als Wegzehrung
Bücher, Medien, Kalender, Geschenke ›und mehr‹, das hat Manfred Zentgraf, ›Spezialist für den Jakobspilger‹. Darunter auch sein eigenes »Pilgerbüchlein« mit 28 kurzen Texten »zum Bedenken und Wiederkäuen«. Stöbern Sie unter www.vier-tuerme-verlag.de.

Station auf dem Weg nach Santiago de Compostela: St-Jean-Pied-de-Port

Epoche der Romanik. An der Weinstraße des Médoc finden sich einige Dorfkirchen mit teilweise hübschem Schmuck. Der einst bedeutende Hafen Soulac-sur-Mer und St-Paul-lès-Dax am Fuß der Berge waren Sammelpunkte mit ambitionierteren Gotteshäusern. Entlang schwer passierbarer Pfade wurden aber nur schlichte Andachtsstätten erbaut, so Belhade in den Sümpfen oder Ste-Engrâce in wild-romantischer Gebirgslandschaft. Wahre Meilensteine der Kunst sind die Abtei La Sauve-Majeure mit bedeutendem romanischem Reliefschmuck und die Felsenkirche in St-Émilion.

Pilgern heute

Redlich müht sich die Region Aquitaine um ein paar Krümel vom großen neuzeitlichen Pilgerkuchen. Doch es ist ein schwieriges Unterfangen, weil die meisten Pilger heute den spanischen Teil des Weges bevorzugen. Dabei bleibt allemal erstaunlich, wie sehr der alte Gedanke den Menschen der Moderne beseelt, ihn zu ungeahnten Strapazen treibt, die eine gewisse Leidensbereitschaft voraussetzen. Weil die meisten nur eine Teilstrecke gehen und den Rest der Reise im Kopf unternehmen, muss die Lektüre der Pilgerfahrten anderer als Schlüsselerlebnis herhalten. Das Geschäft dafür boomt.

Ein Teilstück wählte auch Hape Kerkeling, der »dann mal weg« war und mit seinem Bericht über die Abwesenheit einen wahren Sturm auf die Bücherregale auslöste. Da Kerkeling von Deutschland aus den Flieger nach Bordeaux nahm, nährte er das Missverständnis, wonach der Jakobsweg in St-Jean-Pied-de-Port beginnt.

Der Schöpfer der Essais –
Michel Eyquem de Montaigne

Bill Gates hat sich gewappnet. Rechtschreibprogramme kennen nicht nur seinen Namen, sondern inzwischen auch ›Essais‹ statt vormals nur ›Essays‹. Denn was so unverwechselbar amerikanisch und dazu journalistisch scheint, entstand in der Tat dort, wo mit jedem Jahr ein neuer Versuch reift, aus Trauben die Essenz der Erde zu gewinnen: »J'essaye – ich will's versuchen.« Meistens folgt darauf ein »Aber« und das Versprechen, es demnächst besser zu machen. Also: J'essaye! Suchen wir Montaigne und versuchen, die Absicht seiner Essais zu verstehen.

Ein Selbstversprechen versuchshalber gab sich Michel Eyquem de Montaigne am 28. Februar 1571, sein 38. Geburtstag – für ihn höchste Zeit zum Rückzug. Geboren auf dem Familiensitz St-Michel-de-Montaigne, hatte er im nahen Bordeaux Jura studiert und war dort 1557 Ratsmitglied geworden. Die Delegierten wählten ihn gar zum Bürgermeister, nur hatte sich Michel längst in seine Versuche vertieft und war unpässlich.

Er türmte
im wörtlichen Sinn

Ort des Geschehens: ein runder Turm inmitten der Weinberge an der Dordogne, im Erdgeschoss eine Kapelle, aus den Fenstern hoch oben der Blick

Von hier gingen die Essais um die Welt – die Kapelle in Montaignes Turm

auf die friedliche Landschaft. Michel kannte die Gegend rings um den Turm wie seine Westentasche, es war ja jene Heimat, in der ein deutscher Lehrer, der kein Wort Französisch verstand, ihm Bildung in lateinischer Sprache eingetrichtert hatte. Dieses Experiment gipfelte in einer steilen beruflichen Karriere.

Für das zweite Experiment kehrte Montaigne ins elterliche Schloss zurück. Allerdings verzichtete er auf die weiten Flure und hohen Hallen, den Garten, die Wiesen und die Weinhänge, sperrte vielmehr die Tür zum Turm hinter sich ab und verwehrte auch Frau und Tochter den Zutritt. Michel wollte sich nun mal ungestört den Fragen des Lebens widmen, ohne freilich verbindliche Antworten zu suchen. Seiner Auffassung nach gab es keine absolute Wahrheit, durfte es demnach auch keinen Dogmatismus geben, wie der Vatikan ihn propagierte. Die Essais, bei denen man die Teile einzeln und in beliebiger Reihenfolge lesen konnte, ›versuchten‹ lediglich, Lösungen zu entwerfen, in denen bewusst wieder neue Fragen steckten. Die Entwicklung der Gedanken war also wichtiger und reizvoller als das Ausgangsproblem – womit Montaigne eine neue Literaturgattung schuf, ohne zu ahnen, dass Generationen von Denkern immer wieder neue Interpretationen der Gattung selbst entwickeln sollten.

Dem König ein Buch

Die Essais gerieten zum Endloswerk, denn Montaigne stellte fest, dass der vorrangige Gegenstand seiner Schriften – er selbst – unablässig mutierte. Dabei formulierte er kluge wie nichtige Gedanken, poetische wie deftige Ergüsse. »Kaum gehören die Frauen uns, gehören wir nicht mehr ihnen«, wusste er und hatte Mitleid mit jungen Damen an der Seite von Tattergreisen: »Seh'n Fäden blauen Rotzes sie in seinem Barte stecken, wär's ihnen hundertmal wohl lieber, ihm den Arsch zu lecken.« Der pure Zufall darf Wegweiser durch das Buch sein, denn es besitzt weder Anfang noch Ende, weder Kohärenz noch Systematik. Gedanken kommen und gehen, Montaigne weinte ihnen keine Träne nach, überarbeitete und annotierte sie zeitlebens. Bei so viel innerem Aufruhr blieb kein Raum für eine aktive Auseinandersetzung mit der Politik.

1580 erschien die erste Ausgabe der »Essais«, ein Exemplar überreichte Montaigne persönlich dem König, als er auf seiner Reise nach Venedig und Rom in Paris Station machte. Zwölf Jahre später, am 13. September 1592, starb Montaigne am Ort seiner Geburt. Das Schloss seiner Familie brannte 1885 nieder, nur der Turm steht noch.

Des Kaisers neue Kiefern – Aufforstung der Landes

Nach seiner Blüte im Mittelalter war Aquitaine ein armes Land, teils deshalb, weil es wegen seiner Sümpfe und Wanderdünen keinen Anschluss an die landwirtschaftliche Entwicklung Frankreichs fand. Kaiser Napoléon III, der die Küste als Urlaubsquartier nutzte, förderte ein Aufbauprogramm. Gleichsam ›auf seinem Mist‹ sind die Kiefernwälder gewachsen, die heute viel vom Reiz der Region ausmachen.

Sie hieß Maria Eugénia Ignacia Augustina Palafox de Guzmán Portocarrero y Kirkpatrick und war zwölf Jahre alt, als sie 1838 in Begleitung ihrer Mutter an die baskische Küste reiste. Die Region besaß einen guten Leumund für spanisch-französische Beziehungen, denn dort, in St-Jean-de-Luz, hatte 1660 der Sonnenkönig die spanische

Infantin Marie-Theresia geheiratet. Eugénia sollte das zauberhafte Erlebnis ihrer Kindheit später als einen Wink des Schicksals sehen.

»Ich ziehe eine Frau, die ich liebe und achte, einer anderen vor, mit der eine Verbindung gleichzeitig Vorteile, aber auch Opfer bedeutet hätte.« So offen sprach Kaiser Napoléon III, als er Eugénia 1853 zur Frau nahm.

Unwirtliches Land

Ein gutes Jahr später setzte sich die charmante Kaiserin mit ihrem Wunsch durch, noch einmal ›ihr‹ Fischerdorf Biarritz besuchen zu dürfen. Eine Reise wie in Kindertagen war nicht mehr schicklich, darum ließ Napoléon eine prunkvolle Villa am Strand bauen. Ein solcher Palast, wie ihn die Region bislang nicht kannte, zog bald Adel aus ganz Europa an. So stieg das ehemalige Piratennest zu einer der nobelsten Adressen Frankreichs auf.

Umso ärmlicher wirkte dagegen das Hinterland. Seit dem Mittelalter war dort versucht worden, die Sümpfe landwirtschaftlich zu nutzen. Das war jedoch schwierig, denn das geringe Gefälle und die harten Gesteinsschichten in 50 m Tiefe ließen die Wassermassen kaum ablaufen. Hinzu kam das Problem der Wanderdünen, die jährlich bis zu 25 m landeinwärts zogen. Im 18. Jh. hatte Ingenieur Nicolas Brémontier die Idee, hölzerne Palisaden zu errichten, an denen sich der Flugsand fing und zu hohen Dünen türmte. Stabilisiert wurden sie meerseitig durch ein Kraut, das mit seinem netzartigen Wuchs rasch einen festen Teppich über den Sand wob. Landeinwärts wurden Ginster und Kiefern gepflanzt. Brémontiers Kollege François Jules Hilaire Chambrelent gelang es später, in den Landes einen künstlichen Abfluss zu schaffen, indem er den harten Untergrund durchbohrte.

Hoffnung aus Holz

Der Kaiser wollte die Entwicklung zur Nutzbarmachung des Gebietes wahrnehmen und erließ im Sommer 1857 ein Gesetz, das die Gemeinden zur Trockenlegung und Aufforstung der Landes nach dem Muster der beiden Ingenieure verpflichtete. Im Gegenzug sicherte er finanzielle Unterstützung und den Bau von Straßen zu. So entstand ein Forst aus Strandkiefern, Kork- und Steineichen, der heute mit 950 000 ha Europas größtes Waldgebiet ist. Ein großer Teil davon steht unter Naturschutz.

Für Fahrradfans, die Steigungen, Gegenwind und gleißende Sonne meiden und zugleich würzige Luft atmen möchten, ist der Regionalpark ein echtes Paradies. Die dörflichen Stationen entlang der Radrouten er-

Naturpark der Landes – wo früher Sumpf war, reicht heute Kiefernwald bis zum Strand

wecken jedoch den Eindruck, als hätten sie mindestens ein Jahrhundert verschlafen. Denn trotz aller Fördermaßnahmen hat die Bevölkerungsdichte in den Landes kaum zugenommen. Wie Stecknadeln im Heuhaufen verteilen sich die wenigen Dörfer im weiten Wald: nur 331 Gemeinden auf gut 9000 Quadratkilometern.

Traum und Wirklichkeit

Napoléons Traum von einem blühenden Wirtschaftszentrum war zu sehr seiner Zeit verhaftet. Das aufstrebende Kaiserreich hatte Holz für Eisenbahn und Kohlegruben benötigt. Mit dem Ende des Booms setzte erneut die Landflucht ein. 1949 machte ein Großbrand deutlich, dass die Monokultur ohnehin ihre Kehrseiten besaß. Die frei gewordenen Flächen wurden mit Mais bepflanzt, der als Viehfutter und Feuerschutz dient. Der verbliebene Teil des Kiefernwaldes liefert

Rad und Karte
Die *pistes cyclables* der Landes, die Fahrradwege also, messen Hunderte von Kilometern. Als Karte dient ign Blatt Nr. 55 im Maßstab 1 : 100 000. Räder kann man vielerorts zum Preis von ca. 12 €/ Tag mieten, etwa bei VTT Loisirs (Agenturen: 50, allées Marines, Capbreton; allée Pins tranquilles, Hossegor; Les Estagnots, Seignosse; 119, av. Tisserand, Soorts).

weiterhin Rohstoff für die Möbel- und Papierindustrie, während die ehemals lukrative Harzgewinnung fast in Vergessenheit geraten ist. Heute ist die Forstwirtschaft das wirtschaftliche Standbein und die Monokultur bleibt ein Los auch für die Zukunft.

An das Kaiserpaar erinnert die Siedlung Solférino, die der Regent 1863 als Musterdorf errichten ließ: Landaiser Tristesse in Reih und Glied.

Matmut Atlantique – Fußballtempel an der Garonne

Pünktlich zur EM 2016 stellte Bordeaux auf grüner Wiese im Vorort Lac ein neues Fußballstadion fertig. Mit seiner Lage an der Garonne, seiner luftigen Architektur und seiner Bestimmung als Arena des FC Girondins wird es über die Europameisterschaft hinaus eine bedeutende Attraktion in Bordeaux bleiben.

»Wat mutt, dat mutt«, lautet die norddeutsche Redensart, die dem Nouveau Stade in Bordeaux schnell einen Namensstempel aufdrücken könnte. Zugleich hat das Stadion angesichts des offiziellen Namens Matmut Atlantique das Zeug, sich im Ausland über Fehldeutungen wie Mahmud als Arena arabischer Sponsoren ins Bewusstsein zu schleichen. In Wahrheit steckt hinter Matmut ein biederes Versicherungsunternehmen aus der Normandie. Als die Mutuelle d'assurance des travailleurs mutualistes, wie sie sich vollständig schreibt, im September 2015 gegen kräftige Zahlung für zehn Jahre die Namensrechte erwarb, hatte man in Bordeaux schon allerlei Bezeichnungen für das Stadion durchdekliniert. Einer innigen Liebe stand dies im Wege. Hinzu kam Protest der Steuerzahler gegen die hohe Beteiligung der Kommune an den Baukosten.

Von Art déco gehemmt

Dabei waren – völlig untypisch für ein solches Projekt – weder die vorgesehenen 183 Millionen Euro noch die veranschlagte Bauzeit überschritten worden. Fast exakt zwei Jahre nach der Grundsteinlegung wurde das Stadion am 30. April 2015 eröffnet und erhielt im Mai

Mit scheinbar filigraner Leichtigkeit öffnet sich das Matmut Atlantique den Fans

mit einem Spiel des FC Girondins gegen den HSC Montpellier seine Weihe. Neben Bordeaux' Spitzenkickern werden dort künftig Rugby-Mannschaften, aber auch Musiker vor maximal 42 115 Zuschauern antreten.

Im Gefolge des UEFA-Entscheids, die EM 2016 in Frankreich auszutragen, erfüllte sich der lange gehegte Wunsch der Girondins nach einem modernen Stadion als Ersatz für das alte Chaban-Delmas. Was die Kapazität angeht, so wurde kein Quantensprung vollzogen: 40 000 Plätze hatte zuletzt das Stade Chaban-Delmas. 1923 war es als Stade Vélodrome mit Radrennbahn eröffnet worden. Später hieß es Stade du Parc Lescure und wurde zur WM 1938 im Stil des Art déco für 25 000 Zuschauer aufgerüstet. Knapp 50 Jahre danach entfernte man die Radrennbahn, um das Fassungsvermögen zu erhöhen. Zur WM 1998 erfolgte eine Sanierung und 2001 die Umbenennung nach dem früheren Bürgermeister Jacques Chaban-Delmas. Damit aber waren die Veränderungsmöglichkeiten angesichts der denkmalgeschützten Architektur vollends ausgeschöpft.

Luftig-grazile Schwere

Aber auch den Schweizer Architekten des Nouveau Stade, Jacques Herzog und Pierre de Meuron, waren engere technische und finanzielle Grenzen gesetzt als etwa bei ihrer Allianz Arena in München. Auf dem feuchten Grund am Ufer der Garonne mussten sie dem Stadionsockel zunächst eine kräftige Verankerung im Boden verschaffen. Schwerer Beton darüber wurde weitgehend vermieden, vielmehr tragen Hunderte schlanker Säulen das lichtdurchlässige Rechteck

des Daches. Sie lassen das eigentlich monumentale Werk zugleich grazil erscheinen. An die Stelle einer geschlossenen Fassade tritt luftige Offenheit. »Ein Band mit Imbissständen und Toiletten zieht sich durch diesen Säulenwald, der durch die bewegte Menschenmenge zum Leben erwacht«, schreiben die Architekten über die umlaufende Promenade, von der aus das gesamte Spielfeld einsehbar ist.

Als nüchtern, simpel oder gar einfallslos könnte man die Konstruktion bezeichnen. Aber die Reduktion auf die pure Form, das Spiel mit Gegensätzen und die Garantie für beste Sicht von allen Plätzen setzen doch hohe Maßstäbe. Matmut Atlantique ist einzigartig, auch wenn man sich diese Erkenntnis erst einmal erobern muss.

Girondins de Bordeaux

Die Girondins waren die Contras der Revolution und darum ihrer konservativen Heimat allemal genehm. 1881 schaute Bordeaux dann auch selig zu, wie sich ein Turn- und Schützenverein den Namen Girondins zulegte. Zum Fußball fand man dort erst 1919, um 1941 den Sieg beim Coupe de France einzufahren. Mehrfach scheiterte der Verein dann in den Endspielen um genau diesen Pokal und schien schließlich der meisterhafte Absteiger, bis 1979 der legendäre Claude Bez das Management übernahm. Mit seinen Stars Alain Giresse und Gernot Rohr erkämpfte er sich 1986 erstmals wieder den Coupe de France, der fortan noch mehrmals nach Bordeaux geholt wurde. Die Aktienmehrheit des Vereins besitzt heute der Sender M6 und damit letztlich die Bertelsmann AG.

Broken English – Aquitaniens Draht zur Fremdsprache

»Meine Suppe ess' ich nicht.« Mancher Franzose erinnert an den Suppenkasper, wenn er sich beharrlich weigert, das gebrochene Französisch eines Touristen zu verstehen. Fast scheint es, als würde mit der Sprache auch das Rückgrat gebrochen, und da sei der Nationalstolz vor. Schließlich wacht eine ›Grande Nation‹ über den Erhalt des Französischen und hat dazu eigens die Gelehrtengesellschaft der Académie française bestellt. Man mag Arroganz vermuten, aber es steckt mehr dahinter. Ein Schlüssel findet sich im Bordelais.

Jean sans Terre oder John Lackland, Richard Cœur de Lion oder Richard Lionheart? Ob man's französisch oder englisch wendet, in jedem Fall besaß der eine kein Land, dafür der andere ein Löwenherz. Die beiden Söhne Eleonores werden in England als englisch vereinnahmt. Doch Richard Löwenherz, der ›Dauerkreuzfahrer‹, war zunächst einmal Herzog von Aquitanien, bevor er mit dem Tod seines Vaters 1189 König von England wurde.

Die familienbedingte Allianz zwischen London und Bordeaux hat ein florierendes angevinisches Großreich hervorgebracht. Sie hat aber auch den Rivalen in Paris auf den Plan gerufen und 1337 zum Ausbruch des Hundertjährigen Krieges geführt. Das ausgeblutete Aquitanien musste sich hernach dem Diktat des Königs beugen und sich sogar die Sprache vorschreiben lassen. Von Englisch und Okzitanisch war tunlichst keine Rede mehr, nachdem Französisch 1539 zur Amtssprache erhoben wurde. Das

Die Académie française hält die Fahne der französischen Sprache hoch

sprachliche Band sollte die kulturell und historisch gespaltene Nation zur Einheit führen. Die Vereinheitlichung und Pflege der Sprache wurde dann auch Aufgabe der 1635 gegründeten Académie française.

Sprache ist Glatteis

Man spreche also Französisch. Aber nicht irgendwie, sondern korrekt und mit Feinsinn, was unter Ausländern nur einer Elite weit unter der Fünf-Prozent-Marke gelingt. Der Rest wird belächelt. Berichtet ein Bürger des Übersee-Départements Guadeloupe, staatsrechtlich also ein Franzose, über seine Insel, dann versorgt ihn das Fernsehen präventiv mit Untertiteln. Solche Stigmatisierung schmerzt und könnte auch einen Bretonen treffen, während man im Bordelais seine Lektion gelernt hat.

Dennoch kennt die Atlantikregion den Stachel aus einem früheren Leben und betrachtet die Basken, die noch um ihre Sprache ringen, mit gemischten Gefühlen. Sind sie verschroben oder heldenmütig? Zaghaft kramt Bordeaux sein *bordeluche* hervor, einen Dialekt, in dem noch das Okzitanische nachklingt. Es kostet ja nichts, stolz darauf zu sein, solange einem der Rückzug ins Hochfranzösische bleibt. Mehr kostet es allerdings, sich aufs Glatteis des Englischen zu begeben. Ein *bon weekend* oder *un parking* gestattet sich jeder mal so kurz, aber so etwas im ganzen Satz? *Mon Dieu,* was da alles zu bedenken ist!

Also bitte: Wenn Sie in Aquitaine mit ›broken English‹ empfangen werden, weil es da uralte ›connexions‹ gibt, dann lassen Sie nicht den Kritikaster an diesem Kommunikationsbemühen heraushängen. Schließlich ist

Sprache durch den Fleischwolf gedreht

Brignolet ist Brot, *fringale* ein Bärenhunger und *tiap* ein Tisch. Ein umfangreiches Lexikon zum **Bordeluche** enthält die Internetseite http://haillan-genealogie. org/bordeluche. Sie bringt leider nur denjenigen weiter, der das französische Pendant versteht. Allerdings bietet das Internet auch Gelegenheit zur abendfüllenden Posse, wenn man die Übersetzungsfunktion nutzt. *Aillet* aus dem *bordeluche* wäre demnach: »Knoblauch jung, die Hülse nicht geformt, die man führt Omelett«. Während sich die Académie française tapfer gegen Modernismen und Anglizismen wehrt, sammelt der »Petit Larousse« diese Kreationen mit gleicher Akribie von der Straße auf. Das Wörterbuch ist deshalb ein ergötzlicher Schmöker für alle Sprachwandler.

der aquitanische Gastgeber über einen Schatten gesprungen, der so lang ist wie Rapunzels Haar.

72

Wer den Hut zieht, ehrt den anderen, macht sich selbst einen Kopf kürzer, um soziale Stufen in ein verständliches Bild zu rücken. Doch die Baskenmütze, ›béret‹, bleibt auf dem alternden Haupt, egal wer da kommt. So steckt in der Kappe ein Anflug revolutionären Geistes, doch das macht aus David keinen Goliath. Vielmehr ist sie wie eine Tarnkappe der Älteren, die bei der letzten Meuterei vergessen wurde. Der ›béret‹ scheint eine vom Aussterben bedrohte Spezies zu sein – der Deckel über einem Topf, der, einmal angehoben, die baskische Kultur verfliegen lässt.

weilig in Hendaye und ließ sich dort zum Roman über den Pelotaspieler »Ramuntcho« inspirieren. Die literarische Ehre hat einen Grund: Die Basken dürften dort, wo sie leben, eigentlich gar nicht sein, denn, so Tucholsky, »man weiß nicht, wer sie sind, weiß nicht, woher sie kommen, was für eine Sprache das ist, die sie sprechen.«

Eine baskische Frage der Ehre

Von wirtschaftlichen Problemen, die den Nachbarn zu schaffen machen, ist

Die Männer mit der Mütze – was Basken zu Basken macht

»Hier will niemand erlöst werden, weil sich niemand bedrückt fühlt.« Kurt Tucholsky (1890–1935) schrieb ein amüsant-bissiges »Pyrenäenbuch« mit lesenswerten Momentaufnahmen. Sie beginnen beim Stierkampf in Bayonne, um in St-Jean-Pied-de-Port die ›baskische Frage‹ zu beleuchten, die es aber laut Tucholsky dort nicht gibt.

Vom Urwüchsigen waren viele Dichter angetan. Alexandre Dumas (1802–70) las seine helden- und schalkhaften Musketiere bei Tardets-Sorholus auf. Edmond Rostand (1868–1918) richtete sich mit den Erlösen aus seinem »Cyrano de Bergerac« in Cambo-les-Bains ein. Der Abenteurer und Vielreisende Pierre Loti (1850–1923) lebte zeit-

Farbenpracht auf Baskisch

im französischen Baskenland nichts zu spüren. Hier sichert allein der Tourismus einen beträchtlichen Wohlstand, sodass ethnisch begründete Konflikte wie überflüssiger Ballast erscheinen. Zwar genossen die Basken einst Sonderrechte, die sie während der Französischen Revolution verloren, doch einer radikalen Unterdrückung wie im Spanien Francos waren sie nie unterworfen. Im Wesentlichen ist es Sympathie mit den Brüdern und Schwestern jenseits der Grenze, die auf französischer Seite eine gewisse politische Radikalisierung begünstigte. Die Basken sind nun mal stolz auf ihre bäuerliche Kultur, deren Erhalt fraglos ein Gewinn für die Region Aquitaine ist.

Entlang der Reiserouten stehen die Denkmäler des baskischen Eigensinns: Als Religionskriege und Revolution andernorts Kulturgut zerstörten, brachte das traditionsverhaftete Baskenland eine letzte Blüte prächtiger Sakralarchitektur hervor. Seine Barockkirchen beeindrucken mit Deckengemälden und vergoldeten Altären, auch wenn die dreistöckigen Holzemporen, von denen die Männer während der Andacht ihre Frauen im Auge behielten, durchaus nicht von Emanzipation künden.

Zum markanten Profil des baskischen Lebens zählt darüber hinaus ein reicher Schatz an traditionellen Liedern. Den Tanz in baskischen Trachten untermalt Musik auf eigentümlichen Instrumenten. Fetzig geht es dabei nicht zu, dafür urig – ein Genuss für jeden, der sich in fremde, unverfälschte Klänge einhören mag. Die Musik der Basken, teilweise überhaupt nicht eingängig und teilweise dicht am Karnevalsschlager, ist längst auf zahlreiche CDs gebrannt. Die reichste Auswahl bieten Spezialgeschäfte in Bayonne.

Pelota – das schnellste Spiel der Welt

Der *frontón* gehört ebenso ins baskische Dorf wie die Kirche. In dieser Bezeichnung für das Pelota-Feld klingt an, dass sich die Wand am Kopfende befindet. Aber es gibt andere Konstellationen: Zwei Mannschaften mit zwei bis zehn Spielern stehen auf dem Platz und jagen den faustgroßen Ball gegen den *frontón*. Der Gegner muss das rasende Geschoss, nachdem es einmal aufgeschlagen ist, fangen und zurückschleudern. Verfehlt er den Ball, lässt ihn mehrfach den Boden berühren oder schlägt ihn unterhalb der gekennzeichneten Linie an die Wand, gibt es Minuspunkte. Das ist eine von rund 25 Varianten. Mal wirft und fängt man mit der bloßen Hand, mal mit einem Holzracket *(pala)* oder mit der bananenförmigen *chistera*. Gespielt wird an einer, aber auch über zwei oder drei Wände, sowohl im Freien als auch in der Halle *(trinquet)*. Besonders beliebt ist die Dreiwand-Spielart *cesta punta*, auch *jaï-alaï* genannt, bei der der Ball 300 km/h erreicht. Diese Variation stammt aus Lateinamerika, doch auch in Kanada und auf den Philippinen findet der Sport zahlreiche Anhänger, sodass im Baskenland auch internationale Wettkämpfe stattfinden.

Europas eigentliche Sprache?

Wird nichts mehr so gesprochen, wie man es schreibt, und erinnert kein Wort mehr an irgendwas, sondern erweist sich als wahrer Zungenbrecher, dann dürften die baskischen Berge nicht fern sein. Eine solche Sprache hat Generationen von Wissenschaftlern verblüfft. Über die Herkunft der Basken wird bis heute lebhaft diskutiert. Kamen die Basken vom Meer, aus Asien, aus dem Herzen Spaniens oder seinem hohen Norden? Damit wird also viel vermutet, aber nichts ist wirklich belegt. Neuerdings heißt es, in diesem Volk und seiner Sprache sei das Erbe des voreiszeitlichen Europa konserviert. Um den Beweis der Theorie bemühen sich einmal nicht die Linguisten, sondern die Genforscher. Eines scheint sich dabei zu bestätigen: Wer das Geheimnis unter der Baskenmütze lüftet, trägt dazu bei, die lebende in eine sterbende Kultur zu verwandeln.

Weinbau und Macht

Imposant ragen die Kreidewände zwischen Blaye und Bourg am Nordufer der Gironde auf. Der malerische Erdeinschnitt ist Beweis urzeitlicher Geschichte, als dieses Land noch am Grund eines tropischen Meeres lag. Kies und Sand landeinwärts künden ebenso vom Ur-Ozean, der kargen, wasserdurchlässigen Boden hinterließ. Viele Nutzpflanzen können dort kaum überleben, ganz im Unterschied zum Wein, der seine Wurzeln tief hinab ins Erdreich schickt. Wer die Quellen seiner Kraft kennt, kann ein Vermögen daraus ziehen.

Von der Gironde bis zur Garonne, vom nördlichen Médoc bis an die Grenzen des Périgord wachsen Reben, die je nach Sorte, Bodenqualität, Mikroklima und Keltermethode unterschiedliche Weine hervorbringen. Das Jonglieren mit diesen Parametern gleicht einer Wissenschaft, die der Sohn beim Vater studiert – seit der Römerzeit. Kommt der Korken auf die Bordelaise (0,75-l-Flasche), dann verschließt er den Erfahrungsschatz vieler Generationen. Der Genießer des Weines ist gleichsam Gast im Hörsaal einer Fakultät ohne Alma Mater.

Weinlese an der Gironde

Wächter über einen flüssigen Schatz

Mehr als 120 000 ha Boden sind im Bordelais mit Reben bepflanzt, das ergibt jährlich knapp 6 Mio. hl Wein. Der Löwenanteil zählt zu einer der 57 *Appellations d'Origine Protégée – A.O.P. (früher Appellation d'Origine Contrôlée – A.O.C.)*. Das ist die kontrollierte Herkunftsbezeichnung, die einen Rahmen für Rebsorten, Pflanzdichte, Ertrag und Alkoholgehalt setzt. Mit Tropfen unterhalb dieser Qualitätsmarke gibt man sich im Bordelais kaum zufrieden, würde das doch den Ruf als ausgezeichnete Weinregion und damit die bislang beträchtlichen Erlöse schmälern. Immerhin wird ein Drittel der Erzeugnisse exportiert (u. a. nach Großbritannien, Deutschland, in die Beneluxländer und USA), womit das Bordelais die Hälfte des französischen Weinexports bestreitet (s. S. 31).

Selbstverständlich ist ein so wertvoller Schatz zugleich auch Politikum. Schon früh zählte es zu den Aufgaben der *jurade*, des Stadtrats von Bordeaux, den Weinbau zu überwachen, den Beginn der Weinlese festzulegen und den Termin durch das Geläut der *grosse cloche* bekannt zu geben. Die meisten Stadträte besaßen selbst ein Weingut, das sie schließlich ihren Nachkommen vererbten. So bildete sich im Lauf der Jahrhunderte ein mächtiger Weinadel heraus, der durchaus die wirtschaftlichen Geschicke der Region zu seinen Gunsten zu lenken wusste.

Nicht gewappnet war man jedoch gegen die üblen Launen der Natur. Vor allem der Reblausbefall richtete ab 1869 gerade im Bordelais unvorstellbaren Schaden auf den Weinbergen an. So waren damals zahlreiche Winzer gezwungen auszuwandern. Viele zogen ins spanische Rioja. Dem ›Hochadel des Weins‹ wie auch rei-

Bourg: Weinberg mit Ausblick auf die Gironde

chen Spekulanten aus fremden Bran-
chen gelang aber mit resistenten Rebsorten ein neuer Anfang.

Inzwischen bestehen für Neuein-
steiger im Bordelais wenig Chancen.
Alteingesessene Familien bilden auch
heute eine Führungsschicht, die sich
gegenseitig Ämter und Würden zu-
schiebt. Diese Gemeinschaft vermoch-
te u. a. das Klassifizierungssystem
der Bordeaux-Weine von 1855 zu
zementieren. Damals wurden Weine
aus Médoc, Graves und Sauternes als
*Premier, Second, Troisième, Quatriè-
me* oder *Cinquième Grand Cru* (›Ge-
wächs‹, Auslese) eingestuft. Dabei hat
das Fiasko nach 1869 sämtliche Regeln
auf den Kopf gestellt. Aufschlussreich
ist die Tatsache, dass einige Weingüter zwar längst die Qualität der alten
Premiers Grands Crus erreichen oder
übertreffen, dass aber später nur ein
Château zusätzlich in die Führungsrie-
ge aufgenommen wurde: das millio-
nenschwere Haus Mouton-Rothschild.

Nur dank breiter Front gelangten in
den 1950er-Jahren auch Lagen aus
St-Émilion zur Ehrung.

Vor diesem Hintergrund ist jedem
Reisenden anzuraten, nicht nur die
bekannten Châteaux zu beachten,
sondern sich gerade auch bei den kleinen Weingütern umzuschauen, um die
Bandbreite schöner Weine kennenzu-
lernen und womöglich den einen oder
anderen edlen Tropfen zum angenehmen Preis aufzutun. Der Trumpf kleinerer Weingüter im Konkurrenzkampf
ist schließlich Qualität zum günstigen
Preis. Ob renommierte Leitfäden bei
einem solchen Streifzug die rechten
Wegbegleiter sein können, bleibt dabei fraglich. Erinnert sei hier an die
herbe Kritik, die der »Sud-Ouest« an
dem amerikanischen Weinpapst Robert Parker äußerte. Nach Auffassung
des Blattes vergibt er nämlich vor allem
hohe Benotungen an jene Winzer, die
zu seinem engen Freundeskreis zählen.
Parkers Punkte nehmen schließlich un-
mittelbaren Einfluss auf den Verkaufs-
preis der Weine.

Austern – Delikatesse aus dem Bassin d'Arcachon

Sieben große Austernregionen unterscheidet man in Frankreich, mit Ausnahme des Bassin du Thau liegen sie am Atlantik. Cancale, Belon, Marennes oder Oléron besitzen überhaupt nur in Gourmetkreisen nennenswertes Ansehen. Das aquitanische Arcachon dagegen genießt doppelten Ruhm: als Urlaubsparadies und als Austernrevier. Eigentlich ist beides schwer miteinander zu vereinbaren, denn das Drahtgewirr zum Schutz der Zuchtparks gegen natürliche Feinde trübt das Badevergnügen. Das weite Bassin von Arcachon ermöglicht allerdings, dass sich die beiden Seiten nicht in die Quere kommen.

L'Amour entfacht Bocksprünge. Im »Übungsheft der Liebe« serviert der Schriftsteller Silvio Huonder seinem Helden aus weiblicher Hand eine Auster und lässt ihn knorrig fluchen: »Ich Bergesel muss bei dem Geruch fast kotzen.« Die Fraktion der Angewiderten lässt kein gutes Haar am Glibbervieh. Entzückt dagegen jauchzte Casanova – man weiß, warum. Manneskraft kann es nie genug geben, demnach auch keine Überdosis Austern. Die These zum Quantum bestätigen Gourmets und verleihen der Muschel damit einen Sonderstatus, denn wer würde nach drei Dutzend Wiener Würstchen noch jubeln?

Austern machen Laune – das wusste nicht nur Casanova

Zu keiner Zeit ungenießbar

Was die Potenz angeht, so ist es wohl wie mit anderem Elixier: Glaube versetzt Berge. Vielleicht liegt es an der Fruchtbarkeit der Auster, dass sie als Aphrodisiakum gilt. Bis zu 3 Mio. Eier gibt sie pro Jahr ins Wasser ab, übrigens nur in den Monaten ohne ›r‹. Das macht sie vorübergehend schmächtig, aber keineswegs ungenießbar, wie oft behauptet. Keim der Irrlehre ist ein Gesetz von 1759, das zum Schutz der natürlichen Bestände den Verkauf zur Laichzeit untersagte. 100 Jahre später war es dennoch vorbei mit der unbeschwerten Austernlese. Hatte man die flachen *huîtres plates*, auch *gravettes* genannt *(Ostrea edulis)*, bisher einfach so aus dem Meer gefischt, so mussten nun zur Rettung der Leibspeise Zuchtmethoden erdacht werden. In Erinnerung an antiken Brauch fängt man seither die Larven an kalkbestrichenen Ziegeln auf und mästet sie vier Jahre lang in ›Austernparks‹. Nach der Mast erfolgt eine Reinigung in Klärbecken, aus denen man regelmäßig das Wasser ablässt. Diese Methode erzieht die Austern dazu, ihre Schalen zu schließen und so das lebensnotwendige Wasser im Inneren zu speichern – Voraussetzung dafür, die Austern transportieren und sie am Zielort frisch servieren zu können.

Riskantes Leben voller Trägheit

Das Tagwerk der Züchter, das Umschichten und Reinigen, bringt Bewegung in ein träges Muschelleben. Von Natur aus jedenfalls rückt die Auster, hat sie einmal festen Grund gefasst,

Metamorphose im Brotwickel
Gegrillt, überbacken, gratiniert und frittiert – Austernrezepte scheinen nur einen Zweck zu verfolgen: bloß kein Gewabbel im Mund. Paradebeispiele der Vertuschungsstrategie stammen aus dem Land von Chicken Nuggets, so auch Austernsandwich à la New Orleans. So wird's gemacht: Drei Weißbrote aufschneiden, aushöhlen, innen mit Knoblauch, außen und innen mit Butter bestreichen. Drei Dutzend Austern fünf Minuten anbraten, mit den ausgelösten Brotkrumen in die Sandwiches füllen und die Brote in milchgetränkten Tüchern eine halbe Stunde bei mittlerer Hitze backen. Danach sind die Austern garantiert nicht mehr wiederzuerkennen.

bis zum Tode keinen Millimeter mehr vom Fleck. Bei so viel Müßiggang muss Plankton als Nahrung reichen, doch nimmt die Auster mit dem Atemwasser auch Schadstoffe und Bakterien auf. Wer also zur falschen Muschel greift, ist am Ende mausetot. Im Übrigen leidet auch die Auster an Risiken und Nebenwirkungen ihrer Meereskost. *Ostrea edulis,* jene flache europäische Art, wurde durch Überfischung dezimiert und erlag schließlich 1920 einem Pilz. Nachzüchtungen sind als bretonische *belon* berühmt

und wegen ihres nuancierten Jodge-
schmacks so sehr geschätzt, dass sie
den dreifachen Preis anderer Austern
erzielen.

Andere Austern waren durch ein
Malheur nach Frankreich gelangt.
1868 musste sich das portugiesische
Schiff Morlaisien vor einem Sturm in
die Gironde retten und dort seine Ladung versenken: 600 000 tot geglaub-
te *Crassostrea angulata,* Diese robus-
tere Art aus Ostindien verbreitete sich
bald an der Atlantikküste, bis auch sie
an einem Parasiten krankte. Einge-
schleppt war er von der importierten
Crassostrea gigas, der japanischen Fel-
senauster, die heute den Löwenanteil
im Schlürfgeschäft ausmacht. Zwar
schmeckt sie viel salziger und herber,
doch konnten ihr bisher allenfalls
Krebse, Seeigel oder Seesterne gefährlich werden. Zum Schutz gegen die natürlichen Feinde spannt man zwischen
senkrecht aus dem Wasser stehenden
Holzpfählen Drahtgeflechte auf.

Schlürfen
will gelernt sein

Wer das Aroma in vollen Zügen genießen will, muss das lebende Tier zerbei-
ßen, denn geschlürft (und zwar leise!)
wird nur das Austernwasser. Beim Verzehr wird offenbar, wer die Kunst beherrscht. Mit dem Austernmesser wird
der Deckel am Scharnier ausgehebelt
und der Schließmuskel durchtrennt.
Die geöffnete Auster in der Linken,
löst man das Fleisch mit einer Gabel
und leichter Drehung. Gegessen wird
aber nur, wenn das Tier noch lebt. Die
Probe auf Vitalität machen vorsichtige
Naturen mit einem Tropfen Zitrone:
Ist der Muskel noch nicht durchtrennt,
zieht sich die lebende Auster zusammen.

Zitrone und Eis werten das unschö-
ne Etwas optisch auf, beeinträchtigen
aber den Geschmack. So ist schonen-
de Temperierung auf Zimmerwärme
angeraten und höchstens ein Tropfen
Saures erlaubt. Bei der tiefen Auster,
in Frankreich *huître creuse* genannt,
lassen sich Gourmets mitunter zu
frisch gemahlenem Pfeffer, einem
Hauch Räucherlachs oder Basilikum
hinreißen, während sie die flache
huître plate stets pur genießen.

Annähernd 100 Austernarten sind
weltweit bekannt, unter ihnen das
amerikanische Schwergewicht *Crassostrea virginica.* Beim Wettessen in der
Oyster Bay verdrückte Mike Chad-
kowski 168 Stück dieser Riesen, deren
Unterseite einem kleinen Kochtopf äh-
nelt. Die praktische Form und die Tatsache, dass der Austern-Herkules nicht
so leicht zu knacken ist, hat schon bei
den Indianern eine amerikanische Ver-

zehrvariante entstehen lassen: Nach wenigen Minuten auf dem Barbecue öffnen sich die Klappen, ohne dass die Auster gleich vertrocknet.

Ob Amerika oder Europa, beide Kontinente schätzten bereits zur Jungsteinzeit das nahrhafte Schalentier. Wie aber kam der Frühmensch darauf, dass die knochenharte Schale einen leckeren Kern birgt? Vielleicht war er klug genug, es anderen Bewohnern der Arche Noah abzuschauen: Die Möwe ›schält‹ Austern, indem sie sie aus luftiger Höhe zu Boden fallen lässt, während der Seeotter sie mit einem Stein auf seinem Bauch zertrümmert.

Fette Muschelbeute

Aquitanien hat mit der Auster eine ganz eigene Nuss geknackt: Kein Zuchtpark Europas ist so groß wie das Becken von Arcachon. 35 000 Menschen leben dort vom touristischen ›Fischzug‹, während 6000 Menschen durch die Austernzucht beschäftigt sind. Sauberes Wasser ist oberstes Gebot sowohl für Muscheln als auch für Badegäste, darum schielt die Region besorgt auf die Tanker, die durch den Golf von Biskaya tuckern und Gefahr in sich tragen. Die Havarie der Amoco Cadiz 1978 und der Prestige 2003 setzten dem Bassin gehörig zu.

In guten Jahren werden jedoch mittlerweile 15 000 t Austern gefischt, das ist etwa ein Zehntel der französischen Gesamtmenge. Europaweit ist Frankreich der größte Austernproduzent, allerdings ist es auch der wichtigste Konsument seiner eigenen Ware. In den Export wandert dagegen nur ein kleiner Teil der Muschelware, das meiste davon wird nach Italien verkauft.

Harte Arbeit für den Genuss an der Austernbank in Arcachon

81

Unterwegs in Bordeaux

Reizvolles Spiel der Schatten – Impressionen aus St-Jean-de-Luz

Bordeaux

Highlight !

Bordeaux: Nirgendwo ist die Stadt so schön wie am Ufer der Garonne. Unter der Herrschaft des Königs von Frankreich war das ehemals unabhängige Bordeaux im 18. Jh. in eine moderne Stadt verwandelt worden. Zwar musste das alte Fachwerk dem klassizistischen Umbau weichen, doch ist der Anblick der pompösen Häuserzeilen schlichtweg überwältigend. S. 86

Auf Entdeckungstour

Bordeaux – Prunkstück des Klassizismus: Das strahlende Bordeaux, das die Intendanten aus Paris bauen ließen, veranlasste viele Dichter zu Beifallsstürmen. Für Victor Hugo war die Stadt eine Mischung aus Versailles und Antwerpen: absolutistischer Luxus mit einem Hauch Morbidität. Städtebauliches Juwel ist Bordeaux, weil dort etwa 5000 Häuser die formale Klarheit des Klassizismus belegen. Herzstücke darin sind das Grand Théâtre und die Place de la Bourse. S. 94

Kultur & Sehenswertes

Cathédrale St-André: 1137 heiratete dort Eleonore von Aquitanien den französischen Thronfolger. Vom gotischen Turm hat man einen prächtigen Blick auf die Kathedrale. 25 S. 103

Musée d'Aquitaine: Auf 6000 m² bietet das Museum den umfassendsten Überblick über die Geschichte Aquataniens. 27 S. 103

La Flèche: Mit 114 m ist der Campanile der Basilika St-Michel der höchste Turm Südwestfrankreich. 28 S. 104

Aktiv unterwegs

Patinoire Mériadeck: Die Eissporthalle bietet die coolste Erfrischung unter südlicher Sonne und ist nebenbei eine Arena für Rockkonzerte. 2 S. 109

Guidon futé: Auf geführten Touren lernt man die Stadt und das Umland vom Fahrrad aus kennen. 3 S. 109

Genießen & Atmosphäre

Place du Parlement: Fürs Speisen unter dem Sternenhimmel haben mehrere Restaurants Terrassen auf dem hübschen Platz eingerichtet. S. 93

Triangle d'Or: Im ›Goldenen Dreieck‹ versammeln sich die großen Namen der Einkaufswelt. S. 98

Brasserie Le Noailles: Gern gesehener Gast war hier der Literat François Mauriac (1885–1970). »Der Romancier ist unter allen Menschen derjenige, der Gott am nächsten kommt. Er ist sein Affe.« Bei Austern und Grillgerichten mag man in der Brasserie darüber nachdenken. 7 S. 99

Abends & Nachts

Grand Théâtre: Auch wer Französisch in der Schule verschlafen hat, sollte eine Vorstellung besuchen. Geboten werden Oper, Ballett, Konzerte und eine überwältigende Innenarchitektur. 8 S. 110

Juwel am Flussufer – Bordeaux!

Am *bord d'eau*, am Ufer der Garonne-Wasser, erhebt sich eine elegante Häuserzeile, in die sich schon so mancher Reisende auf den ersten Blick verguckte. »Sans doute«, befand Stendhal 1838, »zweifellos die schönste Stadt Frankreichs«. Für Victor Hugo war sie eine Mischung aus Antwerpen und Versailles, absolutistischer Luxus mit einem Hauch Morbidität. Friedrich Hölderlin widmete ihr ein wehmüti-

Infobox

Reisekarte: ▶ E 5

Office de Tourisme
12, cours du XXX Juillet
33080 Bordeaux
Tel. 05 56 00 66 00
www.bordeaux-tourisme.com
Filialen am Bahnhof St-Jean (rue Charles Domercq, Tel. 05 56 91 64 70) und am Flughafen.

Verkehr
Anreise: Flug und Bahn s. S. 22, S. 111
Stadtverkehr: s. S. 111
Auto: Achtung! An jedem ersten Sonntag im Monat bleibt die Innenstadt autofrei. Falschparker kassieren hohe Strafen. Stellen Sie Ihr Fahrzeug in einem Parkhaus ab oder bemühen Sie sich um ein Hotel mit Parkplatz. Kurzbesucher parken das Auto am besten am rechten Garonne-Ufer. Über den Pont de Pierre ist es nur ein kurzer Weg in die City.

ges »Andenken«. Freilich rühmten die Dichter ein Stadtbild, das nicht historisch gewachsen war.

Das ursprünglich keltische Bordeaux hatte als römische Provinzhauptstadt und Weinmetropole Burdigala eine frühe Blüte erlebt, die erst im Mittelalter einen würdigen Nachklang fand. Mit der Niederlage im Hundertjährigen Krieg geriet der prachtvolle Sitz der Herzöge von Aquitanien jedoch unter die Aufsicht von Paris. Um die Zentralgewalt zu stärken, schuf Kardinal Richelieu das Amt der Intendanten, die im Sinne des Königs die regionale Politik überwachten. Sie waren es, die das alte Bordeaux im 18. Jh. abreißen ließen, um die neue, klassizistische und so oft bewunderte Stadt zu errichten.

Allerdings erlebte auch dieses gelobte Bordeaux seinen Niedergang. Man sprach von Ganovenvierteln, beklagte den Verfall der Fassaden und die abstoßende Patina von Ruß und Abgasen. Schon in den 1960er-Jahren wurde die Altstadt mit rund 5000 klassizistischen Häusern unter Denkmalschutz gestellt, doch erst zur Jahrtausendwende konnte sie ihr Erscheinungsbild mit EU-Geldern aufbessern. Heute bietet Bordeaux, mit ca. 241 000 Einwohnern (Großraum ca. 900 000 Ew.) Verwaltungssitz der Region Aquitaine und des Départements Gironde, wieder ein bezauberndes Bild.

Einen Quai »von der Art, dass man sich zwischen ... einem Wald von Masten ermüdet« (François de la Rochefoucauld, 1613–80), wird man heute freilich vermissen: Frankreichs sechstgrößter Hafen ist im Zeichen der modernen Schifffahrt weiter Richtung Meer gerückt. Hochseeschiffe fahren nur noch in die Trichtermündung der Gironde ein und löschen ihre Ladung in Le Verdon oder Blaye. Kleinere Frachter steuern weiter bis Bassens und Le Queyries. Dass über Bordeaux der kürzeste Anschluss zum Mittelmeer besteht, hat nur noch Belang für Sportkapitäne, die im Jachthafen beim Pont d'Aquitaine ankern.

Die seit Langem angestrebte Belebung des rechten Garonne-Ufers ist derweil noch immer nicht zufriedenstellend gelöst. Zwar wurden dort neue Wohnhäuser errichtet, Firmen angesiedelt, Sport- und Bildungsangebote erweitert, doch La Rive Droite bleibt entwicklungsbedürftig. Glanzpunkt ist dort der Ponton Yves Parlier mit seinen Restaurants, wo die Presse beim Bankett auf die High Society trifft und zur golden strahlenden Stadt am linken Ufer hinüberstaunt.

Orientierung

Die Sehenswürdigkeiten sind wie auf einer Perlenkette am linken Flussufer aufgereiht. Über die Garonne-Brücke Pont de Pierre steuert man geradewegs auf die Altstadt zu. Sie wird im Westen von der Einkaufsstraße Rue Ste-Catherine und dem Verwaltungszentrum Mériadeck begrenzt. Im Norden liegen das Triangle d'Or mit exklusiven Geschäften, die riesige Esplanade des Quinconces und dahinter das Chartrons-Viertel, einst Zentrum des Weinhandels. Im Süden der Altstadt befinden sich das Quartier St-Michel mit der gleichnamigen Basilika, deren Turm Bordeaux' Silhouette beherrscht, ferner der Bahnhof St-Jean und der Quai de Paludate. Zentrum des Nachtlebens.

Im Norden der Stadt ist die 1800 m lange Brücke Pont d'Aquitaine seit 1967 ein alternatives Einfallstor. Sie lässt sich aber auch dazu nutzen, Bordeaux zu umfahren und einen Weitblick auf das Häusermeer zu werfen.

Bummel durch die Altstadt

Pont de Pierre **1**

Das Stadtzentrum steuert man möglichst von Osten her über die N 10 an, um gleich Bordeaux' Schokoladenseite anzuknabbern. Der Verkehr mündet in ein Nadelöhr, die Brücke Pont de Pierre. Dort macht die Garonne einen Knick, poetisch gesprochen: Dort ist sie geformt wie eine Mondsichel. Darum nennt man den Hafen gern **Port de la Lune.** Die Brücke wurde auf Geheiß Napoléons gebaut, zunächst aus Holz, dann aus Stein *(de pierre),* und sollte Truppentransporte erleichtern. Der Kaiser war längst in die Verbannung geschickt und soeben gestorben, als dieser Pont de Pierre 1822 endlich den fast 500 m breiten Fluss in 17 Bögen überspannte. Bis 1965 (Bau des Pont St-Jean) blieb die flache Konstruktion die einzige Brücke über den Fluss.

Porte des Salinières **2**

Das pompöse Stadttor am Ende des Pont de Pierre heißt Porte des Salinières, auch Porte de Bourgogne, und ist ein Werk der Intendanten, die das Bild der Stadt im 18. Jh. veränderten. Gleich dahinter liegt rechts die **Rue de la Rousselle** in einem Viertel, das schon unter der Herzogin und späteren Königin Aliénor fest in der Hand von Kaufleuten war. An der Stelle der heutigen Häuser Nr. 23/25 stand einst das Wohnhaus der Familie Eyquem, deren Ahnherr Ramon mit Erlösen

Bordeaux

aus dem Wein- und Fischhandel ein Schloss außerhalb der Stadt in St-Michel-de-Montaigne erworben hatte. Denn der wahre Adel besaß im Umland seine Weinberge, galt und gilt doch erst das Keltern als wahrer Beweis von Bodenständigkeit. Auf dem Schloss kam 1533 Ramons Urenkel, der Literat Michel Eyquem de Montaigne zur Welt. Nach Schulbesuch und Jurastudium in Bordeaux wurde

Michel 1557 Ratsmitglied der Stadt. 1571 zog er sich auf den Landsitz der Familie zurück, um seine »Essais« zu schreiben (s. S. 63). In Abwesenheit berief ihn das Stadtparlament ins Amt des Bürgermeisters, das Montaigne 1582–84 bekleidete.

Maison de Jeanne de Lartigue 3

Die engen, kaum belebten Gassen im alten Viertel der wohlhabenden Wein-

Pont de Pierre – schönstes Einfallstor zu Bordeaux' Altstadt

und Lebensmittelhändler schieben ein Sonnendach über ihre Besucher, die sich schnell im Gewirr verirren, um im *impasse* ans Ende ihrer Möglichkeiten zu gelangen. *Impasse:* bis hierher und nicht weiter. Eine dieser Sackgassen (Impasse de la Rue Neuve) stößt jäh an eine Fassade mit Maßwerkfenstern. In diesem einzigen gotischen Haus der Stadt lebte einst Jeanne de Lartigue, die Gattin des Juristen, Stadtrats, Win-

zers und Schriftstellers Charles Louis de Secondat, Baron de la Brède et de Montesquieu (1689–1755). Der ausgemachte Gegner des Absolutismus legte mit seinem Buch »Vom Geist der Gesetze« 1748 den zweiten literarischen Meilenstein der Stadt. Im Zeitalter der Aufklärung entfachte sein Entwurf einer liberalen Gewaltenteilung zunächst Begeisterung. Mit den Vorahnungen der Revolution aber schlug sie in Kritik um.

Porte de la Grosse Cloche

Ab 1206 besaß Bordeaux mit der *jura-de* ein Privileg, nämlich einen gewählten Rat aus einem Bürgermeister *(mai-re)* und 50 Magistratsbeamten *(jurats).* Vom mittelalterlichen Rathaus und der Stadtmauer blieb aber nur das Fundament eines Turms, auf den im 15. Jh. die Porte de la Grosse Cloche gesetzt wurde. Die große Glocke dort oben gab dem 41 m hohen Stadttor seinen Namen und gilt den Bürgern als tönendes Symbol ihrer Freiheitsliebe. Alljährlich läutete sie die Weinlese ein und verstummte nur, wenn Frankreichs König wieder einmal beschlossen hatte, Glocke und Uhr entfernen zu lassen, um das aufsässige Volk von Bordeaux zu bestrafen. Einem solchen Wahrzeichen gebührt Ehre, entschied Bürgermeister Alain Marie Juppé und ordnete eine aufwendige Illumination für die Grosse Cloche an: In blauem Licht erstrahlt sie nun Abend für Abend im Kontrast zum gelb erleuchteten Mauerwerk des Stadttores.

Porte Cailhau 5

Tgl. 10–19, im Winter 10–12, 14–18 Uhr, 3,50 €

Vorbei am Palais des Sports, einem unschönen Betonklotz, geht es über die Rue Ravez zum belebten Cours d'Alsace et Lorraine und an seinem Ende links in die Rue Ausone. Sie führt zu

Bordeaux

Bordeaux

einem zweiten Stadttor, das die Intendanten nicht abreißen ließen, der Porte Cailhau. Erbaut als Denkmal des Sieges von Charles VIII über das Königreich Neapel 1495, dient es heute als beliebter Ausguck: Zur einen Seite blickt man auf die Garonne, zur anderen auf die Place du Palais. Der Name des Platzes bewahrt die Erinnerung an den Palais de l'Ombrière, einst Sitz der Herzöge von Aquitanien, in dem später der Rat von Bordeaux tagte. Das Gebäude aus dem 10. Jh. wurde 1800 Opfer der Städteplaner aus Paris.

Place St-Pierre

Am westlichen Ende der Place du Palais zweigt rechts die Rue des Argentiers ab. Sie führt zur idyllischen Place St-Pierre, wo zur Zeit der Römer noch

Schiffe ankerten. Heute wird auf dem Platz vor der gleichnamigen Kirche (14./15. Jh., Umbau im 19. Jh.) jeweils donnerstags vormittags ein **Markt** 1 mit ökologisch angebauten Produkten abgehalten.

Place du Parlement

Auch die Place du Parlement mit dem restaurierten Straßenpflaster war einst Marktplatz (seit 1670) und nicht etwa Adresse des Parlaments, wie der Name andeutet. Um den zentralen Brunnen (1865) gruppieren sich Restaurants und Cafés, die zu Bordeaux' beliebtesten Adressen fürs dîner zählen. Ohne Vorbestellung ist dort in den Sommermonaten kaum ein Platz zu bekommen. Wer vorsorgt, genießt aber einen herrlichen Abend bei durchschnittlichem bis gutem Essen.

Musée National des Douanes 6

1, place de la Bourse, www.musee-douanes.fr, Di–So 10–18 Uhr, 3 €
An der Place de la Bourse findet sich als Gegenstück zum **Palais de la Bourse** 7 (Börse) das **Hôtel des Fermes du Roi,** das bis heute die Zolldirektion beherbergt. Es dient zudem als nationales Zollmuseum, in dem Uniformen, Kupferstiche, historische Texte zum Thema und das nachgebildete Büro eines Zolldirektors zu besichtigen sind. Auf den Spuren des Klassizismus spaziert man vom Börsenplatz weiter zum **Grand Théâtre** 8 und **Grand Hôtel** 9 an der **Place de la Comédie** (s. Entdeckungstour S. 94).

Über die Quais nach Norden

Quai Louis XVIII

Bis Mitte der 1990er-Jahre wäre den Bürgern von Bordeaux ein Spaziergang entlang der Quais reichlich abwegig erschienen. Schäbige Lagerhallen verstellten den Blick auf das Wasser, verschmutzte Fassaden und Verkehrslärm machten auch den leisesten Anflug von Beschaulichkeit zunichte. Die Stadt lebte abseits ihrer Lebensader, und genau das wollte man im Zuge von ›Bordeaux les deux rives‹ an beiden Ufern ändern. Über das Ergebnis staunt jeder, der noch die alten Hafenanlagen kennt: Bordeaux hat zur Garonne zurückgefunden. Hier und da entstehen auch wieder *guinguettes*, jene gemütlichen Kneipen am Flussufer, die vom Flair alter Zeiten künden. Die wohl größte Attraktion ist aber der **Miroir d'eau** (Wasser-Spiegel), ein flacher Brunnen, dessen Wasserspiele zwischen Nebel, sanftem Sprudeln und Spiegelfläche changieren. Am Quai gegenüber der Börse gelegen, liefert er den willkommenen Vordergrund für den Prospekt der Häuser.

Esplanade des Quinconces

Die gewaltige Baulücke linker Hand ist Reminiszenz an Jahrhunderte währende Konflikte zwischen Paris und Bordeaux. Hier stand das Château Trompette, das König Charles VII als Wächter über Stadt und Hafen errichten ließ. Im frühen 19. Jh. wurde das Bollwerk abgerissen. Das über 12 ha große Areal dient heute als Freifläche unter dem Namen Esplanade des Quinconces vielen Zwecken: als Zirkus- oder Kirmesplatz, für Trödel- und Blumenmärkte, Ausstellungen, als Parkplatz.

Monument aux Girondins 10

Ein langer Marsch führt vorbei an Statuen Montaignes und Montesquieus zum Ende des Platzes, wo weithin sichtbar das 1902 fertiggestellte Monument aux Girondins aufragt. Zu Beginn der Französischen Revolution hatte die Stadt ihre Hoffnung in die ▷ S. 96

Auf Entdeckungstour:
Bordeaux – Prunkstück des Klassizismus

Das strahlende Bordeaux, das die Intendanten aus Paris bauen ließen, veranlasste viele Dichter zu Beifallsstürmen – Victor Hugo bezeichnete es als Mischung aus Versailles und Antwerpen. Städtebauliches Juwel ist Bordeaux, weil dort etwa 5000 Häuser die formale Klarheit des Klassizismus belegen. Herzstücke darin sind das Grand Théâtre und die Place de la Bourse.

Cityplan: s. S. 90
Zeit: 1 Std.
Planung: Anfahrt mit der Straßenbahnlinie B

Grand Théâtre: Besichtigung außerhalb des Spielbetriebs über das Office de Tourisme (s. S. 86)
Musée National des Douanes: Place de la Bourse, im Hôtel des Fermes du Roi (s. S. 93)

Die Tram beschreibt eine Linkskurve und hält inne: **Place de la Comédie**, ein aufgemöbeltes Stück Bordeaux und Startpunkt unserer Entdeckungstour. Über Jahre ertrug die Stadt Baugerüste auf diesem Platz, weil dort Göttliches geschaffen wurde. Architekt Michel Pétuaud-Létang und Dekorateur Jacques Garcia nämlich verwandelten bis 2008 den alten Palais Bordelais in das luxuriöse **Grand Hôtel de Bordeaux & Spa** 9 mit einer Einkaufsstraße namens ›Fashion Avenue‹. An der Fassade bleibt das Haus aus dem 18. Jh. derweil als klassizistisches Kabinettstück seiner Herkunft treu – denkmalschonende Umnutzung als Beispiel für den neuen Umgang der Stadt mit ihren Architekturschätzen.

Ganz im Geist der Antike

Nun ist Klassizismus auch ein Bekenntnis zur Symmetrie. Das korrespondierende Gegenstück zum Palais befindet sich gleich gegenüber, es erhebt Anspruch auf noch mehr Grandesse und hat obendrein an einem neuralgischen Punkt der Stadt Position bezogen. Genau hier schnitten sich die antiken Hauptachsen *cardo* und *decumanus*. Ein Tempel bezeichnete bis zu seinem Abriss 1677 die Lage des römischen Forums. Nachdem Bordeaux seine frühere Schauspielstätte durch einen Brand verloren hatte, ließen die Intendanten über dem historischen Zentrum ab 1773 ein neues Haus errichten. Architekt Victor Louis griff bei diesem **Grand Théâtre** 8 das Muster eines antiken Tempels auf, was auch der Laie beim ersten Blick auf die Fassade erkennt. Zwölf hohe Säulen mit korinthischem Kapitell tragen eine Balustrade, auf der neun Musen und drei römische Göttinnen stehen. »Der Anblick der Antike hat mir einen Eindruck gegeben, der mir nicht allein die Griechen verständlicher macht, sondern überhaupt das Höchste der Kunst«, schrieb Friedrich Hölderlin, der von seinem Arbeitsplatz an den Allées de Tourny das Théâtre bewundern konnte. 1780 fertiggestellt, war es mit einer Grundfläche von 88 m mal 47 m ein Gigant. Sein Foyer mit Glaskuppeln und doppelläufiger Treppe gab den Impuls für die inzwischen berühmtere Pariser Oper (1861–74).

Logenplatz an der Garonne

Schnurgerade verläuft der **Cours du Chapeau-Rouge**, Erbe des römischen *cardo*, Richtung Fluss. Die stattlichen Häuser entlang der Straße bedienen sich auch der antiken Formeln: Strenge, Symmetrie, Monumentalität, sparsames Dekor und klare Herausarbeitung der architektonischen Ordnung.

An der **Place de la Bourse**, nur etwa 300 m vom Theater entfernt, finden diese Prinzipien einen weiteren feierlichen Höhepunkt. Mit dem pompösen Platz, der sich wie ein Amphitheater zum Wasser hin weitet, eröffnete Intendant Claude Boucher 1730 die Umbauten der Stadt. Vom Garonne-Ufer aus erscheint das Ensemble aus **Palais de la Bourse** 7 und **Hôtel des Fermes du Roi** 6 als eine großartige Theaterkulisse, die in ihrem Zentrum eingeschnitten ist, um eine Sichtachse auf das Schauspiel der Stadt zu bewahren. Architekt Jacques-Ange Gabriel (1698–1782) erntete für den Entwurf solchen Ruhm, dass er später den Auftrag für die Place de la Concorde in Paris erhielt.

Derweil war Bordeaux' Prachtplatz als Place Royale ursprünglich Louis XV gewidmet. Die Reiterstatue des Königs ist freilich längst verschwunden – zertrümmert während der Französischen Revolution. Seit dem Jahr 1864 plätschert an ihrer Stelle der Brunnen der Drei Grazien.

Gesetzgebende Versammlung gesetzt, in der sich die Abgeordneten aus dem Département Gironde zunächst die Vormacht erkämpften. Doch mit dem Triumph der radikalen Jakobiner fiel der Schatten der Guillotine über die gemäßigten Girondisten, die sich für die Belange der aquitanischen Bourgeoisie ausgesprochen hatten. Ein Freiheitsmal schien das adäquate Bildnis für ihren Einsatz, und so thront auf der 43 m hohen Säule im Zentrum eine Statue, die ihre Ketten sprengt. Am Sockel findet sich ein Brunnenpaar mit allegorischen Figuren: Bronzene Pferde und eine Frau stehen für den Sieg der Republik über das Königreich; drei missgebildete Männer im Brunnenbecken für Unwissenheit, Laster und Lüge; eine Gruppe von Kindern wiederum für eine schulische Ausbildung, auf die der Klerus keinen Einfluss hat. Das gesamte kraftstrotzende Werk wurde 1943 vor den Deutschen wegen seines hohen Materialwerts auf dem Grund eines Sees versteckt und erst 1984 erneut hier aufgestellt.

Mein Tipp

Le K.baroque 8 – Kunst und Prominenz

Gegenüber der Tram-Station, die den Namen des Musée d'Art Contemporain trägt, probiert ein Restaurant, Speisen auf künstlerische Weise zu kredenzen. Das Dekor des Hauses ist in der Tat einen Blick wert. Mittlerweile stehen große Namen wie der ehemalige Premierminister Alain Juppé im Gästebuch. Das hebt ein wenig die Preise, aber das Essen in so angenehmer Atmosphäre bereitet Freude (8, 1, quai des Chartrons, Tel. 05 56 52 31 20, www.kbaroque.fr, Tram Linie B, So geschl., Menü ab 30 €).

Musée d'Art Contemporain 11

7, rue Ferrère, Di, Do–So 11–18, Mi 11–20 Uhr, Dauerausstellung 4 €, mit Sonderausstellung 6,50 €

Das 1990 gegründete Musée d'Art Contemporain (Museum für zeitgenössische Kunst) hat sein Domizil in einem Lagerhaus des Jahres 1824 gefunden. In diesem Entrepôt Lainé wurde einst die Hälfte aller im Hafen umgeschlagenen Kolonialwaren gelagert. Heute präsentiert das Museum dem Publikum hier in seiner Dauerausstellung wie auch in Wechselausstellungen Gemälde, Zeichnungen, Fotografien, Skulpturen, Installationen und Videos aus der Zeit seit Ende der 1960er-Jahre.

Cité Mondiale du Vin 12

18, parvis des Chartrons

Das Musée d'Art Contemporain zur Linken lassend, gelangt man zum Quai des Chartrons. Hier dient eines der ambitioniertesten Bauwerke neuerer Zeit, die 1992 eingeweihte Cité Mondiale du Vin, u. a. als Kongresszentrum. Der Glaspalast beherbergt noble Geschäfte und Restaurants sowie das komfortable **Hotel Mercure Cité Mondiale** 1 , dessen Gäste – und auf Anfrage auch Zaungäste – von der Frühstücksterrasse den schönen Blick auf Altstadt und Garonne genießen.

Marché Colbert 2

Quai des Chartrons

Bis 2007 dümpelte auf der Garonne ein Kriegsveteran, der 180 m lange Kreuzer Colbert der französischen Marine. Er hatte Charles de Gaulle nach Südamerika und Québec gebracht und war 1990 zum Einsatz in den Zweiten Golfkrieg ausgelaufen. Danach tat er in Bordeaux Dienst als Museumsschiff, anfangs von Besuchern bestürmt, dann immer weniger beachtet und schließlich nach Brest zur letzten Ruhe

Glaspalast mit reichem Innenleben – Cité Mondiale du Vin am Quai des Chartrons

überführt. Der sonntägliche Marché Colbert (7–16 Uhr) am Quai des Chartrons, einer der lebhaftesten Märkte der Region Aquitaine, hat damit seine Kulisse und leider auch einen Teil seines Charmes verloren. Während es nun offiziell Marché des Chartrons, inoffiziell weiterhin Marché Colbert heißt, dient der Treff an sich nach wie vor dem Verkauf wie auch dem sofortigen Verzehr regionaler Spezialitäten. Die Kundschaft sitzt zwanglos an Holztischen, plaudert über die Ereignisse der Woche und genießt Austern, Fisch und Käse bei einem Glas Graves.

Quartier des Chartrons

Kartäuser (chartreux) gründeten im 14. Jh. in den Sümpfen vor der Stadt ein Kloster, um das sich später viele Weinhändler scharten, weil das Gebiet außerhalb des staatlich überwachten Hafens lag. Ihnen folgten englische, flämische, deutsche und skandinavische Kaufleute, überwiegend Protestanten, denen Bordeaux' katholische Bevölkerung nach den Hugenottenkriegen keinen Raum mehr in der Innenstadt überlassen wollte. Die Einwanderer machten ihr Glück als ›Korkenadel‹, als Weinhändler also, die nicht selbst produzierten, sondern den Rebensaft lediglich abfüllten und vermarkteten.

Nicht alle Häuser hatten Bestand, denn nach dem Zweiten Weltkrieg begannen die Winzer, ihre Weine selbst abzufüllen, und inzwischen gilt es sogar als Makel, wenn die Tropfen nicht vom Erzeuger auf Flaschen gezogen wurden. Das **Musée du Vin et du Négoce** 13 (41, rue Borie, Tel. 05

56 90 19 13, www.mvnb.fr, ganzjährig tgl. 10–18 Uhr, 10 €) widmet sich dem Wein und dem Weinhandel.

Mit der Krise des Korkenadels verblasste auch der Glanz des ehemals so pompösen Stadtteils. Andere Gebäude im Quartier des Chartrons wurden zu begehrten ›Wohnobjekten‹. Ein Gang durch die (sonntags allerdings öde) **Rue Notre-Dame** macht mit den Entwicklungen des Viertels vertraut. Vor allem Antiquitätenhändler haben hier ein stimmiges Ambiente für ihr Warenangebot gefunden. Nach einigen Stippvisiten in den Läden gelangt man zur Place du **Marché Chartrons** 3 , die von anheimelnden Kneipen und einladenden Restaurants umgeben ist.

Am Jardin Public 14

Nov.–Mitte Febr. tgl. 7–18, Mitte Febr.–Ende März und Okt. 7–19, April/ Mai und Sept. 7–20, Juni–Aug. 7–21 Uhr, Eintritt frei

Im 18. Jh. öffnete sich Bordeaux dem Welthandel – ein großer Schritt vorwärts in der Geschichte der Stadt, ein Fiasko freilich für die Menschlichkeit, denn westafrikanische Sklaven wurden nun zu ›schwarzem Elfenbein‹. Zu den Mitbringseln, die die Seefahrer im Rumpf ihrer Schiffe von all den exotischen Reisen heimführten, zählten auch Pflanzen, von denen einige dem atlantischen Klima standhielten. Um sie dem einheimischen Adel und Geldadel angemessen zu präsentieren, ließ Intendant Tourny zwischen 1746 und 1756 vom Architekten Jacques-Ange Gabriel einen Garten anlegen. Während der Revolution verfiel die architektonische Ordnung, die Pflanzen verwilderten. Nachdem hier bereits Napoléons Soldaten exerziert hatten, wurde die Anlage 1856 zu ei-

nem englischen Landschaftspark umgestaltet. An seiner Westseite befinden sich ein botanischer Garten und das Naturhistorische Museum.

Muséum d'Histoire Naturelle 15
5, place Bardineau (an der Westseite des Jardin Public), www.bordeaux.fr, bis voraussichtlich 2016 geschl.
In einer Villa von 1778 befindet sich das Naturhistorische Museum mit einer zoologischen Sammlung. Nach Renovierung und Neuordnung der Sammlung wird im Verlauf des Jahres 2016 mit einer Wiedereröffnung des Museums gerechnet.

Palais Gallien 16
Ein klobiger Mauerrest an der Rue Docteur Albert Barraud ist das Überbleibsel des Amphitheaters, das als einziges Denkmal von der römischen Vergangenheit der Stadt kündet. Das Theateroval wurde im 3. Jh. für 15 000 Zuschauer angelegt und konnte somit beinahe die gesamte Bevölkerung von Burdigala aufnehmen. Als Regierungssitz der Provinz Aquitania secunda war die Siedlung auf eine Fläche von 120 ha angewachsen, das entsprach dem Zehnfachen der heutigen Esplanade des Quinconces.

Triangle d'Or und Rue Ste-Catherine

Place de Tourny
Im Lexikon sucht man ihn vergeblich, in Bordeaux hat er seinen angestammten Platz: Louis-Urbain Aubert, Marquis de Tourny. Unverrückbar steht der steinerne Intendant (regierte 1743–57) auf seinem Sockel an der Place de Tourny, dem Scheitelpunkt eines Straßendreiecks, das Gold wert ist. Wahrhaftig, innerhalb dieses *triangle d'or* funkelt die Welt des schö-

Mein Tipp

Brasserie Le Noailles – ein Literat zum Kaffee 7

»Le Noailles« verkündet – in Anspielung auf das Künstlerleben der 1920er-Jahre an der Côte d'Azur – eine Reklame im Bannkreis des Grand Théâtre, das sein Schauspiel auf die Stadt ausdehnt. Die Akteure, ob Schauspieler auf der Bühne oder nur im richtigen Leben, treffen sich in der Brasserie, die 1932 ihren Spiegelsaal eröffnete und einen distinguierten Gast einließ. Er hieß François Mauriac (1885–1970) und wurde nach Montaigne und Montesquieu das dritte literarische M der Stadt. Mauriac war katholisch genug, um sich einen Ehrenplatz im Kirchenlexikon zu erobern. Er war zudem Weinbauer und wurde als allzu gemäßigter Geist von einer stürmischeren Jugend Frankreichs bald zu den Akten gelegt. In Bordeaux' Buchhandlungen aber türmen sich bis heute seine Werke, in denen es heißt: »Der Romancier ist unter allen Menschen derjenige, der Gott am nächsten kommt. Er ist sein Affe.« Bei Austern und Grillgerichten mag man in der Brasserie darüber nachdenken (12, allées de Tourny, Tel. 05 56 81 94 45, tgl. 9–23 Uhr, wechselnde Tagesgerichte ab etwa 17 €).

nen Scheins, florieren die großen Namen der Mode- und Schmuckbranche. Doch außer den ruhmreichen Häusern, die angesichts weltweiter Verbreitung keiner weiterer Empfehlung bedürfen, gibt es im Umkreis des Platzes noch die außergewöhnlichen Adressen, die das Flair der Stadt mitbestimmen: **Baud et Millet** 7 etwa reichen die Mischung aus Wein und Käse, die Gott in Frankreich genießt. Am Cours Georges Clemenceau schmilzt man dahin vor den Kreationen des Schokoladenmeisters **Saunion** 8, dessen Kollege **Cadiot-Badie** 9 nicht weit davon ebenfalls im Interieur des 19. Jh. auftrumpft.

Maison du Vin 17
1, cours du XXX juillet, www.borde aux.com/de, Mo–Fr 9–17.15 Uhr
Angelpunkt aller Weingelehrsamkeit ist das imposante Bügeleisenhaus an der Ecke Allées de Tourny/Cours du XXX Juillet. In dieser Maison du Vin

kann man einen Besuch in einem der Châteaux des Bordelais vereinbaren, große Weine degustieren oder in der *École du Vin*, der ›Schule des Weins‹, an Lehrgängen teilnehmen.

Casa de Goya 18
57, cours de l'Intendance
1824 richtete sich Francisco José de Goya y Lucientes nicht weit vom Theater ein. Der alte Hofmaler war müde geworden und nicht mehr willens, den Terror seines Königs Fernando VII zu ertragen. So zog er von Spanien nach Bordeaux, wo der Meister der »Caprichos« vier Jahre später beigesetzt wurde. 1919 hat man sein Gebein in die ungeliebte Heimat überführt. Des Menschen Wille ist nun mal nicht immer sein Himmelreich.

Marché des Grands Hommes 4
Von großen Männern ist auf den Schildern die Rede: Voltaire, Montaigne, Montesquieu, Rousseau; ihnen hat

man im Goldenen Dreieck von Bordeaux jeweils eine Straße gewidmet. Im Knotenpunkt dieser Verkehrswege liegt der **Marché des Grands Hommes**, ein modernes Einkaufszentrum mit Supermarkt und einigen exklusiven Boutiquen. Eine Filiale der Konditorei Baillardran offeriert *canelés*, die bekannteste Kuchenspezialität der Stadt: innen weich, außen knusprig. Es gibt die *canelés* in den Filialen des Unternehmens, aber auch an einigen fahrbaren Verkaufsständen. Unbedingt probieren!

In der Rue Montesquieu erschnuppert man im Haus Nr. 2 die stadtbekannte Käsehandlung **Jean d'Alos** 10, wo altmodisch gekleidete Bedienstete nach traditioneller Manier die vom Kunden ausgewählte Ware in Weidenkörben sammeln, um sie dann zur Kasse zu tragen.

Église Notre-Dame 19
Die Rue Martignac mündet in die Place du Chapelet mit der Kirche Notre-Dame. Das Relief über dem Eingangsportal zeigt Maria, wie sie den Rosenkranz (*chapelet*) an Dominikus übergibt. Dies erklärt den Namen des Platzes und deutet zugleich an, dass das Gotteshaus einst die Kapelle eines Dominikanerklosters war. Zwischen 1684 und 1707 wurde es von Jesuiten nach dem Vorbild von Il Gesù in Rom umgestaltet – Bordeaux' einziges Beispiel für den Stil des Barock. Ihrer hervorragenden Akustik wegen wählt man Notre-Dame gern als Veranstaltungsort für Konzerte.

Rue Ste-Catherine
Die lange Nord-Süd-Achse, die zwischen Place de la Comédie und Place de la Victoire verläuft, heißt Rue Ste-Catherine und ist Bordeaux' Haupteinkaufsstraße. In der Fußgängerzone entdeckt man allerdings nur das Einheitsangebot moderner Großstädte. Da gibt es Kaufhäuser und Fast-Food-Filialen, Wein-, Mode- und Souvenirgeschäfte. Ein lohnendes Ziel im oberen Abschnitt der Straße ist die Galerie Bordelaise, eine Einkaufspassage aus dem Jahre 1833; leider wirkt sie ein wenig verwahrlost.

Rue de la Porte Dijeaux
Von der Passage schwenkt man in die Rue de la Porte Dijeaux ab, die mit weiteren Geschäften aufwartet. Eine der vornehmsten Adressen, die **Librairie Mollat** 12, Bordeaux' größte und Frankreichs zweitälteste Buchhandlung, erstreckt sich über mehrere Häuser an der Ecke Rue Vital-Carles. Am Ende der Einkaufsstraße zweigt vor der **Porte Dijeaux** 20 aus dem Jahre 1748 die Rue des Remparts ab, in der sich einige Antiquitätengeschäfte von Rang befinden.

Zwischen St-Seurin und St-André

Basilique St-Seurin 21
Rue Capdeville, Kirche Di–Sa 8.30–19.45, So 9–20.15 Uhr; Museum Juni–Sept. 13–18 Uhr, 3,50 €

Dubiose Quellen berichten von einem hl. Severinus, der im 5. Jh. Bischof von Bordeaux war – die Legendenbildung sollte der Stadt wohl einen Patron von Rang und Namen schaffen. Gewiss ist aber, dass um die heutige Basilique St-Seurin ein frühchristliches Zentrum bestand. Denn unter der Kirche, die im 11. Jh. erbaut, im 13./14. Jh. erweitert und im 19. Jh. restauriert wurde, kam ein bedeutender Fund von Sarkophagen zutage, der Hinweis auf eine große gallo-römische Nekropole gab. Als ältestes christliches Zeugnis erwies sich das Epitaph einer jungen Frau namens Domitia aus dem Jahre 260.

Die Grabdenkmäler, Amphoren und Fresken sind im unterirdischen **Musée Paléochrétien** zu besichtigen.

Hôtel de Ville 22

Place Pey-Berland, Mo–Fr 8.30–18 Uhr, Führung Mi 14.30 Uhr, 5 €

In drei Kriegen (1870, 1914, 1940) war Bordeaux Refugium für die aus Paris geflohene Regierung. Gegen Ende des Zweiten Weltkriegs entdeckte ein Mann aus den Reihen der Résistance seine Liebe zu dem Exilort: Jacques Chaban-Delmas, später Ministerpräsident und jahrzehntelang Bürgermeister von Bordeaux (1947–77, 1983–95). Mit dem Verwaltungszentrum Mériadeck hat er der Stadt einen ähnlich prägenden und umstrittenen Stempel aufgedrückt wie seinerzeit die Intendanten. Das Viertel erstreckt sich südlich der Basilika, sein Name erinnert an Erzbischof Ferdinand-Maximilien de Mériadeck, für den hier im 18. Jh. ein Palais errichtet wurde. Der Prachtbau dient seit 1835 als Rathaus. Bei einer Führung kann man die prächtige Ehrentreppe und die kunstvoll vertäfelten Innensäle besichtigen. Ein schöner Ort zum Verweilen ist der Rathausgarten, in dem u. a. ein alter Ginkgobaum steht.

Musée des Beaux-Arts 23

20, cours d'Albret, www.musba-bordeaux.fr, Mi–Mo 11–18 Uhr, 4 €, mit Sonderausstellung 6,50 €

Nächster Glanzpunkt ist das 1801 von Bonaparte gegründete Musée des Beaux-Arts, untergebracht in den beiden Galerien, die den Rathausgarten flankieren. Der Nordpavillon ist der Moderne gewidmet, während im Südpavillon Gemälde der italienischen Renaissance, der französischen, niederländischen und flämischen Schule des 17. Jh. sowie Arbeiten aus dem 18. und frühen 19. Jh. ausgestellt

sind. Zu den Meisterwerken zählen »Tarquinius und Lucrezia« von Tizian, der »Hochzeitstanz« von Jan Bruegel, das »Martyrium des hl. Georg« von Peter Paul Rubens und »Griechenland auf den Trümmern von Missolunghi« von Eugène Delacroix. Das Gemälde zum verlorenen Freiheitskampf ist ein schöner Künstlerstreich an der Schwelle zum Impressionismus. Einblick in Leben und Kultur der Stadt geben die Werke von Bordelaiser Künstlern, unter ihnen der symbolistisch-visionäre Odilon Redon (1840–1916) und der Fauvist Albert Marquet (1875–1947).

Musée des Arts Décoratifs 24

39, rue Bouffard, www.bordeaux.fr, Mi–Mo 14–18 Uhr, 4 €, mit Sonderausstellung 5 €

Ein kurzer Weg führt vom Rathaus zum Musée des Arts Décoratifs im Hôtel Lalande. Das Haus wurde 1779 von dem einheimischen Architekten Étienne Laclotte für den Parlamentarier Pierre de Raymond de Lalande gebaut und besitzt noch die damals beliebten hohen Schieferdächer. Die teils im Original erhaltenen, teils aus anderen Häusern bestückten Salons spiegeln die Wohnkultur der betuchten Gesellschaft im 18. Jh. wider. En vogue waren beispielsweise die blau-weißen Wandtäfelungen, wie man sie in den Vorzimmern des Salon Guestier entdeckt. Weitere sehenswerte Räume im Erdgeschoss sind der Speisesaal (mit Fayencen aus Bordeaux) und das Gesellschaftszimmer (u. a. mit einer Marmorbüste Montesquieus von Jean Baptiste Lemoyne). In der ersten Etage werden Keramiken aus Frankreich und anderen Ländern gezeigt, im zweiten Stockwerk Steingut aus Aquitanien und im Dachgeschoss schließlich Kunstschmiedearbeiten.

Empfehlenswert ist das **Café-Restaurant** im Innenhof, das preiswerte

Mittagsmenüs anbietet (Mo–Sa 12–18 Uhr).

Cathédrale St-André 25

Place Pey Berland, Mo–Sa 7.30–11.30, 14–18.30, So 8–12.30; Turm· http://pey-berland.monuments-nationaux.fr, Juni–Sept. tgl. 10–13.15, 14–18, Okt.–Mai Di–So 10–12.30, 14–17.30 Uhr, 5,50 €

Am 25. Juli 1137 wurde in der Kathedrale von Bordeaux die Ehe zwischen Aliénor, Herzogin Aquitaniens, und Louis, dem Thronerben der Kapetinger, geschlossen. Das mit 124 x 44 m Grundfläche durchaus imposante Bauwerk hat seine Wurzeln wahrscheinlich im 6. Jh., als der Bischofssitz von St-Seurin hierher verlegt wurde. Das heutige Kirchenschiff stammt aus der Zeit des 11./12. Jh., der Blütezeit des Herzogtums Aquitanien. Im 13. Jh. wurden erste Veränderungen des Langhauses vorgenommen, im 14./15. Jh. Chor und Querschiff erneuert. Man hatte anspruchsvolle Pläne für ein gotisches Meisterwerk, musste sich aber, da es an Geldmitteln mangelte, mit einer bescheideneren Lösung begnügen, bei der die bestehenden Baukörper auf fast provisorische Weise miteinander verbunden wurden. Um der Einsturzgefahr vorzubeugen, wurden Gewölbepfeiler eingezogen und außen gotisches Strebewerk gesetzt.

Hervorragenden Skulpturenschmuck besitzt das sogenannte Königsportal aus dem 13. Jh. Dargestellt sind zehn Apostel (Gewände), die Auferstehung (Türsturz), das Jüngste Gericht (Tympanon), das Himmelreich (Torbogen) sowie sechs Bischöfe und ein unbekanntes Königspaar (Galerie über dem Torbogen). Abendmahl, Himmelfahrt und Triumph Christi zählen zu den Themen des ebenfalls bedeutenden Nordportals aus dem 14. Jh.

Den schönsten Blick auf die Kathedrale hat man von der Spitze ihres frei stehenden Glockenturms, der knapp 50 m hohen **Tour Pey-Berland**. Der Campanile aus dem 15. Jh. trägt den Namen des Erzbischofs, dem Bordeaux die Gründung seiner Universität im Jahre 1443 verdankt (die päpstliche Erlaubnis hierzu wurde bereits 1441 erteilt, das oft als Gründungsjahr genannt wird). Die heute zweitgrößte Uni des Landes ist übrigens führend auf dem Gebiet der Biotechnologie und – wen wundert's? – der Weinkunde.

Centre National Jean Moulin 26

Di–So 14–18 Uhr, Eintritt frei

Ein unscheinbares Gebäude an de Place Jean Moulin beherbergt seit 1967 ein Museum zum Wirken der Résistance im Zweiten Weltkrieg. In diesem Centre Moulin ist neben Flugblättern, Druckmaschinen, Briefen und Fotografien eine Nachbildung der Zentrale zu sehen, von der aus der französische Widerstandskämpfer Jean Moulin seine Aktionen plante.

Musée d'Aquitaine 27

20, cours Pasteur, www.musee-aquitaine-bordeaux.fr, Di–So 11–18 Uhr, Dauerausstellung 4 €, mit Sonderausstellungen 6,50 €

Seit 1987 ist das Musée d'Aquitaine in den Räumen der ehemaligen philosophisch-naturwissenschaftlichen Fakultät untergebracht; die rund 6000 m^2 Ausstellungsfläche des Museums sind vorwiegend der Geschichte Aquitaniens gewidmet.

Der Rundgang beginnt in der zweiten Etage, wo neben Exponaten aus Ägypten und dem Mittelmeerraum

Filigrane Spitzenarchitektur der Gotik kennzeichnet Bordeaux' Kathedrale St-André

insbesondere die prähistorische Abteilung Beachtung verdient. Hier entdeckt man nicht nur bedeutende Werke aus berühmten Stätten (etwa die »Frau mit Bisonhorn« aus Laussel, um 20 000 v. Chr.), sondern auch eine Reihe unbekannter Stücke. Zu ihnen zählen Beile der Bronzezeit sowie Grabbeigaben und Urnen der nachfolgenden Eisenzeit, allesamt aus dem Médoc, einem Gebiet also, dem man gemeinhin keine bedeutende vor- und frühgeschichtliche Vergangenheit zuschreibt.

Auch die gallo-römische Abteilung wartet mit interessanten Fundstücken aus Aquitania auf, darunter die 1832 an der Place St-Pierre entdeckte Herkulesstatue aus Bronze (2./3. Jh.), ein Marmoraltar der keltischen Bituriger und der sogenannte Schatz der Garonne: 4000 Bronzemünzen mit den Köpfen der römischen Kaiser. Sarkophage und Mosaike unterrichten über das frühe Mittelalter und die Anfänge des Christentums. Vielfältiger sind die Exponate zur sakralen Kunst in romanischer und gotischer Zeit. Besonderes Augenmerk verdienen die Alabasterreliefs des 14./15. Jh. aus der Kathedrale St-André. Alabasterarbeiten finden sich in mehreren Kirchen Bordeaux' und des Médoc; sie sind ein Erbe aus der Zeit der Engländer, die ein Faible für diese weiche Gipsart hatten.

Im dritten Stock des Museums lohnt ein Blick auf Keramiken, Möbel und andere Gegenstände, die Bordeaux' Geschichte als Hafenstadt und Zentrum des Kolonialhandels dokumentieren. Eine Ausstellung zu den regionalen Erwerbszweigen schließlich macht mit dem Weinbau, der Forstwirtschaft oder der Austernzucht vertraut und vermittelt dem Besucher auf diese Weise erste Eindrücke von der Region.

Quartier St-Michel

Basilique St-Michel 28
Place Canteloup et Meynard, Kirche tgl. 9–19 Uhr; Turm April–Okt. tgl. 10–12, 13–18 Uhr, 5 €

Victor Hugo hatte Bordeaux als Mischung aus Versailles und Antwerpen bezeichnet. Die Antwerpener Zutat, das war kein bauliches Element, sondern der alte Lebensnerv, der ungebrochen die neuen Häuser bezog und neben Licht auch Schatten warf. Nichts hätte seine Beharrlichkeit einprägsamer in Szene setzen können als das Schauerbild, das Hugo unter dem 114 m hohen Campanile der Basilika St-Michel erblickte. Grimassen starrten ihn dort aus leeren Augenhöhlen an, verzerrte Gesichter, die ebenso zu grinsen wie zu schreien schienen. Es waren erst wenige Jahrzehnte vergangen, seit die Arbeiter, die ein neues Bordeaux errichten wollten, bei St-Michel ein vergessenes Gräberfeld entdeckt hatten. Niemand wusste, warum die Leichen mumifiziert waren. Sie wurden als anschauliches Vanitas-Motiv in der Krypta unter dem höchsten Glockenturm Südwestfrankreichs aufgebahrt und Touristen gegen einen Obolus gezeigt.

Die Basilika wurde Mitte des 14. Jh. begonnen und im 16. Jh. vollendet, der Campanile, genannt **La Flèche**, ›der Pfeil‹, stammt aus den Jahren 1472–92. Er ist bis auf 47 m Höhe begehbar und bietet einen herrlichen Blick auf Bordeaux.

Place Canteloup
Ringsum herrscht allmorgendlich lebensvolle Betriebsamkeit, wenn hier Verkaufsstände mit Trödel und Antiquitäten aufgebaut werden. Ergänzt wird das Angebot durch die Antiquitätenläden in der benachbarten **Passage St-Michel** 13 .

Église Abbatiale Ste-Croix 29
Place Pierre Renaudel
Südlich von St-Michel liegt ein bedeutender Markt, der überdachte **Marché des Capucins** 5 . Richtung Flussufer trifft man auf einen weiteren kulturellen Glanzpunkt, die romanische Abteikirche Ste-Croix, die im frühen 7. Jh. gegründet wurde. Das Portal der ehemaligen Benediktinerabtei weist noch Skulpturenschmuck der Romanik auf, das Gebäude selbst wurde im 19. Jh. grundlegend umgestaltet.

Am Stadtrand

Cité des Civilisations du Vin 30
Quai de Bacalan, www.citedescivilisationsduvin.com
Mit 14 000 m² ist die Cité das, was ihr Name verspricht: ein Städtchen für sich. Fertiggestellt zur EM 2016, widmet sich das futuristische Bauwerk am Garonne-Ufer als weltweit erstes Museum seiner Art der Kultur des Weines. Ein Multimedia-Parcours schafft dabei auf spielerische Weise Zugang zum Thema. Vom Dach hat man einen Blick über die Garonne bis hin zu den Weinfeldern in der Ferne, die der Stadt den Reichtum zutrugen.

Base Sous-Marine 31
Bd. Alfred-Daney, nur bei Ausstellungen geöffnet, wechselnde Zeiten und Tarife
Die einstige U-Boot-Station der deutschen Marine wird seit 1999 für Ausstellungen zu Meeresthemen wie auch für Theateraufführungen und Konzerte genutzt.

Cimetière de la Chartreuse 32
Rue François de Sourdis
Westlich von Mériadeck lohnt ein Spaziergang über den Friedhof La

Bordeaux im Fußballfieber
Das 1938 erbaute **Stade Chaban-Delmas** (Place Johnson) 1 war bis Mai 2015 Heimat des FC Girondins (www.girondins.com). Inzwischen ist er dem Rugby vorbehalten, während die französische Top-Fußballmannschaft im **Matmut Atlantique** 9 kickt. Dieses Stadion mit einer Kapazität von mehr als 42 000 Zuschauern wurde am Cours Ladoumegue im Stadtteil Lac für die EM 2016 neu errichtet.

Chartreuse mit Grabanlagen aus dem 19. Jh. (Fotografieren untersagt).

Cité Frugès 33
Pessac, rue le Corbusier
Letzter Stopp in den Vororten ist die Cité Frugès mit 49 Häusern von Le Corbusier. Den Auftrag zu dieser Satellitenstadt erteilte 1926 der Zuckerindustrielle Frugès. Die Cité ist, nachdem ihre Bewohner im Laufe der Zeit vielerlei Umgestaltungen vorgenommen hatten, inzwischen wieder in den Originalzustand zurückgeführt worden.

Übernachten

In den Vororten gibt es zwar einige sehr günstige Hotels, doch ist Bordeaux nur dann ein großartiges Erlebnis, wenn man im Zentrum wohnt. Vom eher schmutzigen Viertel zwischen Basilique St-Michel und Gare St-Jean sei abgeraten. Die wohnlichsten Adressen finden sich zwischen Mériadeck, Esplanade des Quinconces und Garonne.
Modern und zentral – **Mercure Cité Mondiale** 1 : 18, parvis des Chartrons, Tel. 05 56 01 79 79, www.mercure. com/de, Haltestelle mehrerer Busse am Quai Louis XVIII, Tram-Linie C bis Place de la Bourse, Linie A bis Station CAPC, öffentlicher Parkplatz in der

Tiefgarage unter dem Haus, 97 Zimmer, DZ ab 119 € (bei Buchung über das Internet oft preiswerter). Im Glaspalast der Cité Mondiale wohnt es sich äußerst komfortabel. Das Haus ist in erster Linie auf Geschäftskunden spezialisiert, wird aber auch für offizielle Gäste der Stadt gebucht und ist deshalb auf seinen guten Ruf bedacht. Von der Frühstücksterrasse hat man einen grandiosen Blick über die Dächer der Stadt.

Für Opernfreunde – **Hôtel des 4 Sœurs et L'Opéra 2** : 6, cours du XXX Juillet, Tel. 05 56 81 19 20, www.hotel-bordeaux-centre.com, Tram-Linie B bis Grand Théâtre, 34 Zimmer im Hotel plus 28 Zimmer im Anbau L'Opéra, DZ ab 95 €, im Anbau ab 54 €. 1850 wohnte Richard Wagner im traditionsreichen Stammhaus, dessen Zimmer inzwischen aber modernisiert und leider auch verkleinert wurden. Es bleibt aber die angenehme Atmosphäre im Haus. Für den schmaleren Geldbeutel stehen im Annex L'Opéra weitere Zwei-Sterne-Zimmer bereit.

Gediegene Atmosphäre – **Continental 3** : 10, rue Montesquieu, Tel. 05 56 52 66 00, www.hotel-le-continental.com, Tram-Linie C bis Quinconces, 51 Zimmer, DZ ab 81 € (Internetbuchung sei empfohlen). Das Haus aus dem 18. Jh. mit Aufzug und Klimaanlage liegt zentral und dennoch ruhig. Zur Wahl stehen kleine Standardzimmer und geräumigere Appartements mit Frühstücksbalkon. Internet gratis.

Preiswunder – **Acanthe 4** : 12–14, rue St-Rémi, Tel. 05 56 81 66 58, www.acanthe-hotel-bordeaux.com, Tram-Linie C bis Place de la Bourse, 20 Zimmer, DZ 76–98 €. Saubere, helle Zimmer für Nichtraucher. Das nette Haus in der Nähe der Börse verfügt auch über WLAN.

Am Puls der Stadt – **De la Presse 5** : 6–8, rue Porte Dijeaux, Tel. 05 56 48 53 88, www.hoteldelapresse.com, Tram-Linie C bis Place de la Bourse, 27 Zimmer, DZ 75–144 €. Traditionshaus in der belebten Fußgängerzone. Die Zimmer sind über vier Etagen verteilt, was ältere Gäste nicht abschrecken muss, denn es gibt einen Lift. Weniger erquicklich ist das Kaufhausmobiliar in den teils recht kleinen Räumen.

Spartanisch – **Auberge de Jeunesse 6** : 22, cours Barbey, Tel. 05 56 33 00 70, www.auberge-jeunesse-bordeaux.com, Bus-Linie 16 und 35, 108 Betten, teils im DZ, 23 € pro Person mit Frühstück. 500 m vom Bahnhof gelegene Herberge mit dem Standardangebot für Jugendliche und Junggebliebene: Küche, Lesesaal, Internet, Tischfußball, TV-Raum, Bar-Restaurant mit Terrasse.

Essen & Trinken

In der Altstadt (z. B. Place St-Pierre, Place du Parlement) liegt die Betonung auf Genuss unter freiem Himmel, wobei das Speiseangebot in Qualität und Rezeptur von Haus zu Haus nicht sonderlich variiert. Gourmetadressen und exotische Küchen finden sich eher in den Häusern rings um die Place de Tourny. Die Restaurants am rechten Flussufer setzen auf gehobene Küche und Panoramablick.

Authentisch – **L'Oiseau Bleu 1** : 127, av. Thiers, Tel. 05 56 81 09 39, www.loiseaubleu.fr, Tram-Linie A bis Jardin Botanique, So, Mo geschl., Menü 38–100 €. Die ehemalige Polizeiwache liegt am anderen Ufer der Garonne und damit leider recht weit abseits des Geschehens. Dafür kann man in himmlischer Ruhe von der Terrasse aus auf den Garten schauen. Sophie und Frédéric Lafon servieren sehr kreative Gerichte, die sie ebenso einfallsreich anrichten. Der Weinkeller besitzt einen guten Ruf.

Am Wasser gebaut – **Café du Port** 2 : 1, quai Deschamps, Tel. 05 56 77 81 18, www.lecafeduport.com, Tram-Linie A bis Station Stalingrad, tgl. geöffnet, Menü 37 €, mittags 17 €. Ob *plat du jour* am Mittag, Erfrischungen am Nachmittag oder Tanz am Abend – den ganzen Tag lockt das Lokal Gäste zum Verweilen. Die Terrasse zur Garonne bietet einen herrlichen Blick auf die Stadt. Klassische und regionale Küche, darunter Austern aus der Bucht von Arcachon.

Très chic – **Chez Greg Le Grand Théâtre** 3 : 29, rue Esprit des Lois, Tel. 05 56 31 30 30, www.chezgreg.fr, Tram-Linie C bis Place de la Bourse, Mo–Sa geöffnet, Menü ab 25 €. Gambas mit Ingwer und Limone in einem knusprigen Teigmantel – dieses leichte Entrée ist Gregs Spezialität und öffnet die Sinne für eine hochgelobte Luxus-Brasserie mit moderner Einrichtung. Die wahre Kunst offenbart sich erst bei den teureren Menüs, die es nur auf Vorbestellung für Gruppen gibt.

Kultiviert – **Le Mably** 4 : 12, rue Mably, Tel. 05 56 44 30 10, www.le-mably.com, Tram-Linie B bis Grand Théâtre, So geschl., Menü ab 18 €. Die Terrasse auf dem Platz vor der Kirche Notre-Dame ist verlockend, doch auch das Interieur aus dem 19. Jh. besitzt überwältigenden Charme. Der unterkühlte Service kann da leider nicht mithalten, wohl aber die Küche, die u. a. auf Ente spezialisiert ist. Die Weinkarte legt viel Wert auf Burgunder, offenbar ein Zugeständnis an britische Gäste.

Exotisch und vegetarisch – **Madura** 5 : 55, rue Huguerie, Tel. 05 56 79 33 75, http://restaurantmadura.fr, Bus-Linie 10 bis Place de Tourny, So geschl., Menü 15–24 €. Auf dem Speiseplan steht südindische Küche mit Masala Dosa, Idlis und Curry Madras, die einigermaßen authentisch zubereitet

Mein Tipp

Jacques Pouquet – Korken vom Konditor 6

Bouchon sagt der eine und stöhnt. Nach Korken darf Wein nicht schmecken. Ein anderer flucht gar, weil er mit *bouchon* einen saftigen Verkehrsstau meint. Nur der dritte *bouchoniste* ist rundum zufrieden mit den *Bouchons de Bordeaux*. 1976 erfand Jacques Pouquet diese Spezialität in Korkenform, eine Art Petit Four aus Mandeln und Rosinen. Man erhält sie am frischesten beim Erzeuger (12, chemin de Bacchus, Bruges, Tel. 05 56 43 06 06, Mo–Fr 8–18 Uhr).

werden. Dank seiner Beliebtheit hat sich das kleine Restaurant seit 1996 behaupten können.

Zünftig – **Chez Dupont** 6 : 45, rue Notre-Dame, Tel. 05 56 81 49 59, www.chez-dupont.com, Tram-Linie B bis Chartrons, So und Mo geschl., Menü ab 25 €. Brasserie mit regionaler Küche im Chartrons-Viertel. Man hat die Wahl zwischen einfacher Hausmannskost zu niedrigen Preisen und einigen anspruchsvolleren Gerichten. Brotzeitatmosphäre auf der Terrasse.

Ein Literat zum Kaffee – **Brasserie Le Noailles** 7 : s. Mein Tipp S. 99.

Kunst und Prominenz – **Le K.baroque** 8 : s. Mein Tipp S. 96.

Einkaufen

Als Shopping-Paradies kann Bordeaux gut neben anderen europäischen Metropolen bestehen. In Modefragen liegt die Betonung mehr auf Stil als auf Extravaganz, wie man vor allem im Triangle d'Or feststellen wird. Dort sind zudem viele Feinkostgeschäfte beheimatet. Altstadt und Chartrons-Viertel liefern das Marktangebot für den täglichen Lebensmittelbedarf. St-Michel und Rue des Remparts seien Antiquitätenjägern empfohlen. Sonstige Einkäufe, vor allem im mittleren Preissegment, werden rings um die Rue Ste-Catherine getätigt.

Märkte, Einkaufsgalerien

Wochenmarkt – **Marché Place St-Pierre 1**: Do 7–14 Uhr. Regionale Produkte aus Öko-Anbau.

Bio- und Agrarprodukte – **Marché Colbert 2**: Quai des Chartrons, So 7–16 Uhr. Es lohnt, sich die Marktstände genauer anzuschauen, man entdeckt erlesene Agrarprodukte zu günstigem Preis.

Obst und Gemüse – **Marché Chartrons 3**: Place du Marché Chartrons, Di–Sa 7–14 Uhr. Herkömmlicher Markt.

Einkaufsgalerie – **Marché des Grands Hommes 4**: Marché des Grands Hommes. Modernes Einkaufszentrum u. a. mit Supermarkt.

Überdachter Markt – **Marché des Capucins 5**: Place des Capucins. Di–So 7–14 Uhr. Auf diesem Markt kann man taufrische Lebensmittel erstehen.

Delikatessen

Korken vom Konditor – **Jacques Pouquet 6**: s. Mein Tipp S. 107.

Wein und Käse – **Baud et Millet 7**: 19, rue Huguerie. Die Inhaber MM. Baud et Millet reichen die Mischung aus Wein und Käse, die Gott in Frankreich genießt.

Chocolaterie – **Saunion 8**: 56, cours Georges Clemenceau, www.saunion.fr. Man schmilzt dahin vor den Kreationen des Schokoladenmeisters.

Schokolade und mehr – **Confiserie Cadiot-Badie 9**: 26, allées de Tourny, http://cadiot-badie.com. Schokoladenmeister, der ebenso wie Kollege Saunion mit seinen Produkten im Interieur des 19. Jh. auftrumpft.

Käsehandlung – **Jean d'Alos 10**: 2, rue Montesquieu. Stadtbekannter Laden mit breit gefächertem Sortiment, in traditioneller Manier geführt.

Wein – **L'Intendant 11**: 2, allées de Tourny. Hier reihen sich die Herkunftsgebiete und Jahrgänge, übersichtlich in Regalen aufgestapelt, die auf fünf Etagen durch eine Wendeltreppe erschlossen werden.

Shopping in elegantem Ambiente – in der Fußgängerzone von Bordeaux

Sonstiges

Bücher – **Librairie Mollat** 🖸 : 15, rue Vital-Carles, www.mollat.com. Bordeaux' größte und Frankreichs zweitälteste Buchhandlung, das Geschäft erstreckt sich über mehrere Häuser an der Ecke Rue Vital-Carles.

Antiquitäten – **Passage St-Michel** 🔢 : 14–15, place Canteloup, www.lesbrocanteursdupassage.fr, D –Sa 10–18, So 9–14 Uhr. In einem umgebauten ehemaligen Speicherhaus bieten auf drei Etagen fast 50 Händler Waren aus zweiter Hand an.

Aktiv

Berühmte Stadien – **Stade Chaban-Delmas** 🔳 und **Matmut Atlantique** 🔳 : s. Kasten S. 105.

Eissport – **Patinoire Mériadeck** 🔳 : 95, cours du Mar. Juin, Tel. 05 57 81 43 75. Die öffentliche Eissporthalle besitzt eine der besten Olympiabahnen Frankreichs und ist gelegentlich Schauplatz von Rockkonzerten.

Bordeaux mit dem Rad – **Guidon futé** 🔳 : 4, rue Maubec, Tel. 06 08 72 01 95. Durch Bordeaux und sein Umland führen 700 km Radwege. So kann man die Stadt auf geführten Touren vom Sattel aus entdecken. Auch Ausflüge ins Umland.

Radsport – **Vélodrome Bordeaux-Lac 4** : Cours Ladoumègue, Tel. 05 56 43 16 05 www.axelvega.fr. Früher der Rad-Elite vorbehalten, ist das Vélodrome heute Mo–Fr auch der Öffentlichkeit zugänglich; Bahn und Rad können für etwa 12 €/Std. gemietet werden.

Golfen lernen – **Golf Bordeaux-Lac 5** : www.bluegreen.com/fr/les-golfs/sudouest/golf-de-bordeaux-lac. An ausgewählten Tagen werden kostenlose Einführungskurse angeboten.

Golf am Stadtrand – **Golf du Pessac 6** : www.bluegreen.com/fr/accueil-pessac. Einer von acht Plätzen in und um Bordeaux – die Stadt ist ein Mekka für Golfer.

Flussfahrt mit Dinner – **Burdigala 7** : Ponton gegenüber 7, quai de Queyries. Hafenrundfahrten und Ausflüge auf Garonne und Gironde mit dem Restaurantschiff Burdigala, Tel. 05 56 49 36 88, www.evolutiongaronne.fr. Preise für Kurzausflüge ab 15 €, ganztägiger Ausflug nach Blaye 30 €.

Musik – **Rock School Barbey 8** : 18, cours Barbey (nahe Bahnhof St-Jean), Tel. 05 56 33 66 00, www.rockschool-barbey.com. In den Urlaub mit der Gitarre? Wäre eine Möglichkeit, denn in Bordeaux bildet diese Schule der Rockmusik angehende Musiker aus. Für die weniger Aktiven und Kreativen bleibt der Besuch eines Konzerts.

Abends & Nachts

Bordeaux ist in erster Linie eine Hochburg anspruchsvoller Abendunterhaltung, die man in den erwähnten Theatersälen erlebt. Als Zentrum des Nachtlebens hat sich der **Quai de Palu-date** (s. Lieblingsort S. 112) etabliert, wo in gewohnter Manier die angesagten Clubs und Discos von Tag zu Tag wechseln.

Jazz live – **Sénéchal 1** : 57/57bis, quai de Paludate. Eine Adresse mit erstaunlicher Beständigkeit, auf der Bühne wird bis spät in die Nacht Live-Musik geboten, vor allem Jazz und R & B.

Very British – **Golden Apple 2** : 46, rue Borie, www.golden-apple.fr. Für sanftere Partylöwen steht das Chartrons-Viertel mit einigen netten Pubs zur Wahl, darunter dieses Lokal, wo man noch bis 2 Uhr in der Nacht Darts spielen kann.

Kleinkunst in großartigem Rahmen – **Fémina 3** : 10, rue de Grassi, Tel. 05 56 52 45 19, www.theatrefemina. fr. Ein besonderer Aufführungsort: Das Fémina ist ein 1921 gegründetes Theater mit einem Interieur im italienischen Stil. Über Jahrzehnte als Kino genutzt, werden dort seit 1976 wieder Schauspiel, Varieté, Operette und Konzerte geboten.

Monsterkino – **Mégarama 4** : 7, quai de Queyries, Tel. 08 92 69 33 17, www.megarama.fr. In dem stillgelegten Bahnhof Gare d'Orléans von 1882 hat das mit 17 Sälen größte Kino von Bordeaux Quartier bezogen.

Schauspielhaus – **Théâtre National de Bordeaux en Aquitaine 5** : 3, place Pierre Renaudel, Kartenreservierung Tel. 05 56 33 36 80, www.tnba.org. Gleich neben der Kirche Ste-Croix befindet sich in einer Zuckerraffinerie des 19. Jh. das ehemals Théâtre du Port de la Lune genannte Nationaltheater. Auf der 1990 eröffneten Bühne ist klassisches und modernes Schauspiel zu sehen.

Ganz klassisch, großes Theater – **Grand Théâtre 8** : Place de la Comédie, Tel. 05 56 00 85 95, www.opera-bordeaux. com. Den prachtvollen Hauptsaal erlebt man bei Opernaufführungen, Ballett und Konzerten des heim schen Orchestre National Bordeaux Aquitaine, Näheres s. Entdeckungstour S. 94.

Infos & Termine

Information
s. Infobox S. 86

Termine
www.mairie-bordeaux.fr: Aktueller Veranstaltungskalender.
Karneval: März/April.
Antiquitätenmesse: März/April. In der Village Notre-Dame.
Fête le Fleuve: Mai/Juni. Alle zwei Jahre im Wechsel mit Fête le Vin. Musik und andere Darbietungen am und auf dem Fluss (www.bordeaux-fete-le-fleuve.com).
Fête le Vin: Juni/Juli. Alle zwei Jahre. Konzerte in Sälen und im Freien, Ausflüge in die Weinberge (www.bor deaux-fete-le-vin.com).
Fête du Vin et de la Brocante: Okt. Straßenfest in der Rue Notre-Dame mit Wein und Trödel (brocante).
Novart: Zwei Wochen im Oktober. Jährlich stattfindendes Festival der zeitgenössischen darstellenden und bildenden Künste (www.novartborde aux.com).

Verkehr
Flug: Der Aéroport International de Bordeaux liegt 12 km westlich in Mérignac (Tel. 05 56 34 50 50, www.bordeaux.aeroport.fr). Ein Shuttle-Bus verkehrt alle 30–60 Min., Fahrtdauer 30–45 Min. Erster Bus ab Gare St-Jean um 6 Uhr, ab Flughafen (Halle B) um 8 Uhr (am Wochenende ca. 45 Min. später). Die einfache Fahrt kostet 7,20 €, ein Taxi je nach Tageszeit ab ca. 35 € (Tel. 05 56 97 11 27).
Bahn: Mit dem TGV von Paris Gare Montparnasse reist man in 3 Std. nach Bordeaux. Von Bordeaux Verbindun

Auf der Schiene durch Bordeaux – das Straßenbahnnetz
Drei Straßenbahnlinien (**Linienplan** ▶ Karte 2) stehen zur Verfügung, wobei das Netz bis 2012 noch einmal erheblich ausgebaut wurde: Linie A von Mérignac über Mériadeck und den Cours d'Alsace et Lorraine nach Floirac und Lormont auf der anderen Garonne-Seite; Linie B von Claveau über Quinconces und durch die Rue Ste-Catherine in den südlichen Stadtteil Pessac; Linie C von Les Aubiers über Quinconces und entlang der Quais bis zur Gare St-John und nach Bègles. Einen aktuellen Streckenplan und Fahrpläne zum Herunterladen findet man auch im Internet unter: www.infotbc.com.

gen mit regionalen Expresszügen (TER) zur Pointe de Grave (2 Std.) sowie nach Arcachon (1 Std.) und Dax (1 Std.). Bahnhof Gare St-Jean, rue Charles Domercq, Tel. 08 36 35 35 35. Fahrradverleih (nur an Zugreisende) Tel. 05 56 92 50 50.
Bus: Regionalbusse für das Département Gironde fahren ab dem Bahnhof Gare St-Jean und ab Allées de Chartres, Tel. 05 56 81 16 82. Der Airport Shuttle Bus kostet 7,20 €.
Stadtverkehr: Info zu Bus und Tram unter Allo TBC, Tel. 05 57 57 88 88 und www.infotbc.com. In der Stadt sind zwischen 5 und 21 Uhr über 60 Buslinien im Einsatz, einige Nachtbusse fahren bis 0.30 Uhr. U. a. ermäßigte Tickets für ein oder sieben Tage. Ticketverkauf: 9, place Gambetta; Pavillon des Quinconces, cours du 30 Juillet; Gare St-Jean.
Autovermietung: Am Flughafen u. a. Avis, Tel. 05 56 34 38 22; in Bahnhofsnähe Hertz, 102, rue des Terres de Borde, Tel. 05 57 59 05 95.
Taxi: Tel. 05 56 91 48 11.

Lieblingsort

Heiße Nachtszene am Quai de Paludate 1

Man traut einer so feinen Stadt kein solches Milieu zu, dabei ist der Quai de Paludate mit seinen Bars, Clubs und Discos nur eine letzte Erinnerung an den Hafen, der einst die Szene bestimmte. Der nächtliche Bummel durchs Viertel – tagsüber ein langweiliges Pflaster – ist nichts für ängstliche Naturen. Prall gefüllte Brieftaschen sollten im Hotel bleiben. Dann kann es ›erleichtert‹ auf Tour gehen: Wo wurde die neueste Geschäftsidee verwirklicht, welcher Musiker begeistert zurzeit die französische Jugend, welche Bar hat am längsten geöffnet?

Zwischen Garonne und Dordogne

Highlight!

Winzerdorf St-Émilion: Das Buckel-pflaster ist abgeschliffen, nicht nur von Wind und Wetter, sondern auch von den Touristen, die jährlich zu Tausenden herbeiströmen. Warum? Des Weines, der schönen Lage, der Kirchen, der Eremitenhöhle oder einfach des Herdentriebs wegen? Die Antwort: Einfach alles an diesem Dorf ist verlockend. S. 141

Auf Entdeckungstour

Wellness und Wein – Vinotherapie im Bordelais: Im Wein liegt nicht nur Wahrheit, sondern auch Gesundheit. Allen asketischen Unkenrufen zum Trotz liefert das Bordelais zum Rebensaft auch die Theorie, wie sich Wein als Quelle neuer Kraft nutzen lässt. Wer es probieren mag und das nötige Kleingeld mitbringt, findet Rat in Martillac bei Bordeaux. S. 120

Toulouse-Lautrec in Verdelais: Der Maler Henri Toulouse-Lautrec fand nach ausschweifendem Leben Zuflucht bei seiner Mutter Adèle auf Schloss Malromé. Nicht weit vom Totenbett befindet sich die Gaststätte, in der er regelmäßig becherte. S. 130

Kultur & Sehenswertes

Château de La Brède: Das Wasserschloss mit grandioser Bibliothek war Sitz des Schriftstellers und Staatstheoretikers Baron de Montesquieu. S. 118

Kathedrale St-Jean von Bazas: Die eindrucksvolle Fassade der Kathedrale ist ein Werk vieler Generationen – und wirkt doch wie aus einem Guss. S. 127

St-Michel-de-Montaigne: Im Turm des Schlosses schrieb Montaigne die ersten Essais der Weltliteratur. S. 140

Mit dem Rad unterwegs

Créon: Der Ort hat sich zu einem Zentrum des Radsports entwickelt. Auf einer Rundfahrt entdeckt man die Dörfer der Umgebung. S. 133

An der Dordogne: Von Castillon-la-Bataille aus führt die Tour entlang der Ufer des Flusses. S. 139

Genießen & Atmosphäre

Domaine de Valmont: Luxuriöses Wohnen zum kleinen Preis auf einem Weingut in Barsac. S. 119

L'Abricotier: Köstliche Gerichte unter einem Aprikosenbaum in St-Macaire. S. 129

Château Camiac: Topmodel Laetitia Casta schwamm im Pool des Schlosses, das im Anbau einige erschwingliche Zimmer bietet. S. 136

Abends & Nachts

Castillon-la-Bataille: 500 Akteure stellen unter dem Sternenhimmel die letzte Schlacht des Hundertjährigen Krieges nach. S. 138

BDL: Die einzige nennenswerte Disco außerhalb von Bordeaux überzeugt – Au Bois de l'Or in St-Émilion behauptet sich seit Jahrzehnten. S. 147

Kultur, Trauben und Sonne

Im Osten von Bordeaux beginnt die Landpartie, eine selige Fahrt über grüne Hügel, entlang glitzernder Flüsse. Dordogne und Garonne schwellen dort mächtig an, sie genießen gar das Ansehen von Ozeanen: Entre-Deux-Mers sagt man und meint im engeren Sinn einen gehaltvollen Weißwein, im weiteren eben eine Region ›zwischen zwei Meeren‹.

Die Römer bauten dort den Wein für ihre durstigen Soldaten an, weil sich die Ebene westlich von Bordeaux, das heute so berühmte Médoc, wegen seiner Sümpfe nicht als Kulturland eignete. So breiteten sich die Rebstöcke über die sanften Hügel aus, und mit ihnen reifte eine elegante Lebensart. Zwischen den ›Meeren‹, inmitten einer lieblich-reizvollen Landschaft, stehen Schlösser, Kirchen und Festungen.

Der Reichtum der Region verführte bereits die Normannen zu Beutezügen. Die Verteidiger errichteten entlang der Flüsse erste Wehrbauten, aus denen im Hundertjährigen Krieg stattliche Burgen hervorgingen. Doch die markanteren Zeugen jener Zeit sind die Bastiden (›Bauwerk‹). Engländer wie Franzosen waren bestrebt, Brachland zu kolonisieren, um auch ohne Waffengeklirr Territorium hinzuzugewinnen. So gründeten sie ummauerte, meist im Schachbrettmuster angelegte Siedlungen, darunter Libourne.

Letztlich aber entvölkerte der lange Krieg weite Landstriche. Die gewinnversprechende Weinregion zwischen Dordogne und Garonne lockte nun Zuwanderer aus anderen Regionen Frankreichs, die in ihrer neuen Heimat schnell zu Wohlstand gelangten und dort prächtige Schlösser im Stil der Renaissance bauten. Der freie Geist, der sich in der Region entwickelte, brachte nicht nur finanzkräftige Winzer, sondern auch Philosophen und Schriftsteller von Rang hervor.

Graves

Pessac ▶ E 5

Schon in Bordeaux sollte die Entscheidung fallen: rechtes oder linkes Garonne-Ufer? Denn erst 30 km südlich, bei Langoiran, wird der breite Fluss wieder von einer Brücke überspannt.

Bleiben wir zunächst am linken Ufer der Garonne und verlassen das Stadtzentrum im Südwesten über die Rue de Pessac, die über Talence zum berühmten **Château Haut-Brion** (135, av. Jean-Jaurès, Pessac, www.haut-bri

on.com, Tel. 05 56 00 29 3C) führt. Es ist nicht die beschaulichste Gegend, in die man dort gerät, aber Pessac hat Geschichte ... Weingeschichte.

Größter Produzent der damals noch nicht so edlen Tropfen war im Mittelalter der Erzbischof von Bordeaux, dem auch die Lagen in dieser heutigen Vorstadt gehörten. Generell wurde Wein in jener Zeit vor allem von den neu gegründeten Klöstern am Rande von Bordeaux angebaut. Erst nachdem 1199 die Weinsteuer herabgesetzt wurde, ging die Produktion allmählich in die Hand von Privatleuten über, wobei die politische Konstellation den Winzern ergiebige Absatzmärkte auf den britischen Inseln bescherte. Mitte des 16. Jh. erwarb ein gewisser Jean de Pontac die Güter um Pessac und errichtete hier Château Haut-Brion. Teile des Schlosses sind noch original erhalten, der Rest stammt aus dem 17. Jh.

Der wahre Durchbruch kam 1855 mit der Weltausstellung in Paris. Um Frankreichs Spitzenerzeugnisse ins beste Licht zu rücken, trug Kaiser Napoléon III den Weinbauern des Bordelais auf, ihren Produkten ein verlässliches Gütesiegel zu verleihen. Also erdachte man Qualitätsstufen von Premier bis Cinquième Grand Cru. Doch es war kein unparteiisches Gremium, das über die Zuordnung befand, sondern eine Equipe aus Weinhändlern, denen als Kriterium vor allem der Marktpreis galt. So fragwürdig diese Beurteilung war, so sehr sich die Dinge im Laufe der Zeit wandelten – die Klassifizierung von 1855 ist immer noch ehernes Gesetz. Glück für den Roten vom Château Haut-Brion, der damals neben vier Weinen des Médoc und einem Sauternes in den höchsten Rang erhoben und damit gleichsam geadelt wurde. Die Preise machen das bis heute unmissverständlich klar, doch lässt die Qualität keine Wünsche offen. Das ist um so erstaunlicher, als Château Haut-Brion wie auch weitere bedeutende Güter in Pessac keineswegs inmitten abgeschiedener Natur liegen.

Zwischen Garonne und Dordogne steht alles im Zeichen des Weines

Sprechstunde beim Winzer

Mit »Bordeaux Aquitaine Wine Trip« liegt eine kostenlose App vor, in der eine Karte mit den Weinlagen sowie Angebote zu Weinproben, Unterkünften, Sehenswürdigkeiten, Restaurants und Freizeitaktivitäten enthalten sind. Zudem werden WLAN-Spots angezeigt, die ausländischen Touristen helfen, Kosten zu sparen.

Léognan ▶ E 5

Lauschiger wird es um Léognan, wo knapp 20 Erzeuger mit erlesenen Produkten aufwarten. Am bekanntesten ist vielleicht **Château Carbonnieux** (D 111 nach Cadaujac, Tel. 05 57 96 56 20, www.carbonnieux.com), das im 13. Jh. gegründet wurde und zu den ältesten Weingütern der Region zählt. Buchstäblich eintauchen in Wein kann man auf Château Smith Haut Lafitte (s. Entdeckungstour S. 120).

Der Pessac-Léognan erhielt 1987 eine eigene A.O.C., zuvor schlug man ihn der A.O.C. Graves zu. Dieses Anbaugebiet erstreckt sich auf einer Breite von 15 km entlang der Garonne bis Langon und wartet mit Rotweinen, trockenen Weißen und den edelsüßen weißen Graves Supérieures auf. Die Rebstöcke wachsen auf kargem, lehmig-sandigem Boden mit einem hohen Anteil an Eisenoxid, der das Aroma der Frucht prägt. Entscheidend ist zudem der quarzhaltige Kies (gravier) an der Oberfläche, der das Sonnenlicht reflektiert und so die Reifung der Trauben beschleunigt. Für die roten Graves verwendet man die Rebsorten Cabernet-Sauvignon (reift länger, enthält viel Tannin), Merlot, Cabernet-Franc, ein wenig Malbec und Petit-Verdot, für die trockenen Weißweine Sémillon, Sauvignon und Muscadelle.

La Brède ▶ E 6

Weine der A.O.P. (A.O.C.) Graves produziert auch das Dorf La Brède, dessen Ruf allerdings eher auf dem Wasserschloss beruht, in dem am 18. Januar 1689 Charles Louis de Secondat, Baron de la Brède et de Montesquieu das Licht der Welt erblickte. Wie sein berühmter Kollege Montaigne sollte auch er Jurastudent, Stadtrat von Bordeaux und passionierter Winzer werden. Bei seinen häufigen Reisen nach Paris lernte er die Auswüchse des Absolutismus kennen und hassen. Seine Einsichten formulierte er u. a. in den Schriften »Lettres persanes« (»Persische Briefe«, 1721) und »L'esprit des lois« (»Vom Geist der Gesetze«, 1748), deren aufklärerischer Tenor Anhänger im *siècle des lumières,* im Zeitalter der Aufklärung, fand. Montesquieu kann als eigentlicher Begründer der neuzeitlichen liberalen Gewaltenteilung gelten, denn gegenüber John Locke sprach er nicht nur der Exekutiven und Legislativen, sondern auch der Judikativen eine eigene Rolle zu. Mit seinem Ideal einer konstitutionellen Monarchie nach britischem Vorbild beeinflusste er die Girondisten. Doch bereits die Enzyklopädisten um Diderot und erst recht die radikalen Revolutionäre kritisierten, dass es Montesquieus gemäßigter Anschauung an Konsequenz mangele. Der Baron, der selbst einen Beitrag zur »Encyclopédie« leistete, erlebte die Diskussion um sein Werk nicht mehr. Er starb am 10. Februar 1755 an den Folgen einer Grippe.

Château de La Brède

Av. du Château, www.chateau labrede.com, Juli/Aug. Mi–Mo 10–18, April, Juni, Sept. Mi–Mo 14–18, Mai, Okt. Sa, So 14–18, Ende Okt.–11. Nov.

Sa, So 14–17 Uhr, Schloss 7 €, nur Park 2,50 €

Montesquieus Nachkommen verwalten bis heute das Château de La Brède, ursprünglich eine gotische Festung, die zwischen dem 16. und 18. Jh. zum Herrenhaus umgestaltet wurde. Bei einem Besuch lernt man die noch mit Originalmöbeln bestückten Räume kennen, in denen Montesquieu sein teilweise sehr abgeschiedenes Leben führte. Die Reisekoffer in der Vorhalle deuten aber auch darauf hin, dass der Baron – wiederum wie Montaigne – zwischen Isolation und Weltläufigkeit changierte. Seine Liebe zur Literatur spiegelt sich in einer Bibliothek, die etwa 7000 Bände umfasst, seine Liebe zu England in der Parkanlage, die den Idealen des englischen Landschaftsgartens mit weiten Rasenflächen, mächtigen Gehölzen und Solitärbäumen folgt.

Infos

Maison des Vins de Graves: 61, cours du Maréchal-Foch, 33720 Podensac, Tel. 05 56 27 09 25, www.vinsdegraves.com.
Bus: Linie 503 Bordeaux–St-Symphorien.

Rings um Sauternes

Cérons ▶ F 6

Zwischen Podensac und Langon umschließt das Graves-Gebiet zwei Enklaven, die mit ihrem Wein aus dem Rahmen fallen. Cérons bekam 1921 für seinen Likörwein eine eigene A.O.C. zugesprochen. Eine gute Adresse für dieses Erzeugnis ist das rund 300 Jahre alte **Château du Mayne** (Tel. 05 56 27 01 13), dessen trockener weißer Graves gleichfalls Spitzenqualität bietet.

Illats ▶ F 6

Auch das Nachbardorf Illats, in dem eine romanische Kirche (12. Jh.) erhalten ist, wird zur Appellation Cérons gerechnet. Likörweine ebenso wie trockene Weiße und Rote kann man hier etwa im **Château d'Archambeau** (Tel. 05 56 62 51 46) degustieren.

Infos

Bahn: Cérons liegt an der Strecke Bordeaux–Agen (mehrmals tgl. Züge). **Bus:** Linie 502 Bordeaux–Langon.

Barsac ▶ F 6

Eine Sonderstellung im Gebiet um Sauternes nimmt Barsac ein, denn seine Likörweine dürfen als Sauternes oder wahlweise auch unter eigener A.O.P. (A.O.C.) gehandelt werden. Dies tun beispielsweise das berühmte **Château Coutet** (Tel. 05 56 27 15 46, www.chateaucoutet.com), das bis 1923 den Lur-Saluces von Yquem gehörte, und **Château Climens** (Tel. 05 56 27 15 33, www.chateau-climens.fr). Die Weintradition von Barsac geht noch auf die Römer zurück, Fundamente einer antiken Villa wurden nahe der denkmalgeschützten Renaissancekirche des Dorfes entdeckt.

Übernachten

Oase der Ruhe – **Domaine de Valmont:** 22, rue de la Gare, Tel. 05 56 27 02 69, www.domaine-valmont.com, 22 Zimmer, DZ 99 €. Das ehemalige Weingut aus dem 18. Jh. mit 1 ha großem Park bietet beste Möglichkeiten zur Entspannung bei hervorragendem Preis-Leistungs-Verhältnis. Im Speisesaal werden einfache, aber schmackhafte Gerichte serviert (Halbpension 99 € pro Person). ▷ S. 122

Auf Entdeckungstour: Wellness und Wein – Vinotherapie im Bordelais

In Martillac werden Wellness und Wein zu einer Philosophie verquirlt, die nur Franzosen einfallen kann. Was vordergründig lediglich nach einer spritzigen Geschäftsidee aussieht, erweist sich bei näherer Betrachtung als Produkt Bordelaiser Lebensweisheit und Kultur.

Reisekarte: ▶ E 5
Für wen: Wellness-Enthusiasten, Weinliebhaber und Paparazzi
Zeit: mindestens 1 Std.

Château Smith Haut Lafitte: Besichtigung nach Voranmeldung, Tel. 05 57 83 11 22, www. smith-haut-lafitte.com
Les Sources de Caudalie: Tel. 05 57 83 82 82 oder Tel. 05 57 83 83 83, www.sources-caudalie.com

Trotz der Sommerhitze ist der Pool nicht so gut besetzt wie d e **French Paradox Bar,** doch im Weinland und in dieser ganz besonderen Bar sollte das nicht weiter verwundern, denn hier achtet man den Rebensaft als Jungborn. Wir sind in **Martillac,** etwa 10 km südlich von Bordeaux.

Küferei für einen Grand Cru

Drüben, hinter den Rebstöcken, steht **Château Smith Haut Lafitte,** ein Weingut mit Wurzeln im 14. Jh. Der beflaggte Eckturm mit dem überkragenden Dachgeschoss verleiht dem weitläufigen Schloss ein imposantes Aussehen. Sein schottischer Besitzer George Smith betrieb von dort intensiven Weinhandel mit den britischen Inseln. Wiederbelebt wurde der Ruhm ab 1990 unter der Ägide der Supermarkt-Magnaten Florence und Daniel Cathiard, deren önologisches Gespür dazu verhalf, den Pessac-Léognan-Wein des Hauses in höchste Ränge aufsteigen zu lassen. Die eigene Küferei zählt zu den Raritäten, die allein einen Besuch rechtfertigen.

Vom Weingut zur Beautyfarm

Was aber dieses Gut weit mehr seiner Konkurrenz entrückt, ist die Beautyfarm vis-à-vis, keine 200 m vom Weinschloss entfernt. Das Farmleben begann mit dem ›French Paradox‹: Franzosen lieben schweres Essen und leiden doch selten unter Gefäßerkrankungen. Des Rätsels Lösung liegt im Rotwein bzw. in den Polyphenolen, die hoch konzentriert in den Kernen roter Trauben lagern. Sie frischen Zellen auf, indem sie den Sauerstoffgehalt des Blutes erhöhen. Kaum hatten Pharmakologen eine Methode entwickelt, um Polyphenole für medizinische und kosmetische Zwecke haltbar zu machen, da war der Weg

frei für eine neue Serie von Cremes und Lotionen: Caudalie, ein Produkt der Cathiard-Tochter Mathilde.

Trauben und Honig gegen Stress

Mit ihrem Gatten Bertrand Thomas erfand Mathilde eine Weltneuheit, die Vinotherapie, und errichtete eigens für ihr Kurkonzept das Fünf-Sterne-Hotel **Les Sources de Caudalie.** Die Anlage, mit Materialien aus dem 18. Jh. erbaut, ist der traditionellen Architektur der Landes nachempfunden. Mit Bädern in Cabernet, Honig-Wein-Packungen und Sauvignon-Massagen rückt man hier Stress, Übergewicht und Falten zuleibe. Für die einwöchige Kur werden vier Anwendungen pro Tag empfohlen – und damit endet auch schon die Therapie. Kein Schweiß auf der Hantelbank, kein Pulsjagen beim Joggen. Nein, die Philosophie lautet Genuss: gutes Essen in einem der beiden Restaurants, erlesene Weine und zum Abschluss gar noch eine Havanna im ›Zigarrenturm‹. Nur wer besonders massive Gewichtsprobleme hat, wird auf das Gourmet-Menü zu 500 Kalorien herabgesetzt oder in den Monaten der Weinlese eine Woche lang mit nichts als Trauben gefüttert.

Kuren mit Reichen und Schönen

Ein Aufenthalt in Les Sources de Caudalie ist nicht billig, ab 200 € in der Nebensaison, bis 1000 € für eine Suite in der Hochsaison, Kur und Verpflegung exklusive. Dafür badet sich der Gast in der Gewissheit, dass auch Madonna und Isabelle Adjani zu den Kundinnen zählen. Als letzter Halt für weniger Betuchte bleibt ein Drink in der French Paradox Bar – zwar auch nicht preiswert, aber doch mit der Aussicht darauf, mit einem waschechten Star die Theke zu teilen.

Infos

Maison du Vin de Barsac: Place de l'Église, Tel. 05 56 27 15 44, www.bordeaux-graves-sauternes.com.
Bahn: Barsac liegt an der mehrmals tgl. befahrenen Linie Bordeaux–Agen.
Bus: Linie 502 Bordeaux–Langon hält in Barsac.

Sauternes ▶ F 6

Es ist eine unscheinbare, bei trübem Wetter fast triste Gegend: sanfte Hügel mit Rebstöcken, dazwischen ein paar enge Straßen, Dörfer mit wenig Flair und noch weniger Leben. Genau hier wächst ein Wein, der zu Weltruf gelangte, der Sauternes. Die Unsitte, ihn solo statt zur angemessenen Speise zu kredenzen, hat ihn zu Unrecht Ansehen gekostet. Denn trinkt man den Sauternes kühl zu Gänseleberpastete, Obst oder Roquefort, so ist er ein Genuss, reich an Nuancen, mit einem Anklang von Aprikose und Honig. Seine goldgelbe Farbe verleiht ihm die (neben Sauvignon und Muscadelle) hauptsächlich verwendete Rebsorte Sémillon mit ihrem hohen Zuckergehalt. Sie beschleunigt die Reife und verbessert die Lagerfähigkeit.

Das Weinbaugebiet von Sauternes wird vom Fluss Ciron durchschnitten, der kälter ist als die Garonne. Wenn im Herbst die Temperaturen sinken, sieht man über dem Ciron die ersten Morgennebel. Tau legt sich auf die Trauben, ein hübscher Anblick, doch wenn sich am Tag die Luft erwärmt, sprießt auf der feuchten Schale ein Pilz namens *Botrytis cinerea*. Er entzieht der Traube Wasser, ihr Gehalt an Fruktose und Glyzerin steigt, die Frucht schrumpelt und fault. 1847, so heißt es, entdeckte der Marquis Romain-Bertrand de Lur-Saluces, dass mit den faulen Trauben noch Staat zu machen war. Zu spät aus Russland auf sein Château d'Yquem zurückgekehrt, musste er keltern, was noch zu keltern war, und erfand so den Sauternes, dessen Geheimnis in ebendieser Edelfäule liegt. Eine nette Legende, die indessen mit Vorsicht zu genießen ist, denn schon bei der Benotung von 1855 wurden Sauternes-Weine einbezogen, und der Yquem erhielt – als einziger der Region – das Prädikat Premier Cru Supérieur.

Im Übrigen verlangt es vom Winzer schon ein wenig mehr, als einfach nur auf faules Obst zu warten. Mit scharfem Blick muss er bei der Lese den richtigen Fäulnisgrad erkennen, und da nicht alle Beeren diesen Grad zur gleichen Zeit erreichen, muss von Hand in mehreren Durchgängen gepflückt werden. Das erstreckt sich in der Regel über einen Zeitraum von sechs Wochen – falls kein Regen fällt, denn es dürfen nur trockene Trauben gelesen werden. Schwere Niederschläge können sogar die ganze Ernte vernichten. All dies – und natürlich der geringe Wassergehalt der Trauben – führt zu einem Ertrag von nur einem Glas pro Rebstock. Gerade mal neun Hektoliter pro Hektar im Jahr produziert Château d'Yquem – das entspricht lediglich einem Viertel der Erträge, die im Médoc erzielt werden. Entsprechend hoch sind die Preise für die Weine.

Château d'Yquem ▶ F 6

Nordöstl. von Sauternes, D 116 E1, http://yquem.fr, Tel. 05 57 98 07 07
Wer die Flaschen und das Innere des Schlosses derer von Yquem – die Burg aus dem 12. Jh. wurde bis ins 18. Jh. immer wieder erweitert – sehen möchte, kann sein Glück versuchen: Eine Besichtigung ist nur nach Voranmeldung möglich.

Mein Tipp

Ein Aperitif für James Bond – Lillet aus Podensac ▶ F 6

In »Casino Royale« diktiert James Bond das Rezept für einen Cocktail aus Wodka, Gin und Lillet. Letzterer, ein Aperitif, stammt aus Podensac und wurde 1887 von den Brüdern Paul und Raymond Lillet erfunden. Die ursprüngliche Variante enthält 85 % Weißwein (Sauvignon blanc und Sémillon) und 15 % Likör aus Orangen, Limetten und Chinarinde – weshalb Bond von einem »Kina Lillet« spricht. Nachdem der Chinin-Gehalt gesenkt wurde, weil der bittere Geschmack nicht mehr dem Zeitgeist entsprach, wurde das »Kina« aus dem Namen gestrichen. Seit 1962 ist auch eine rote Variante erhältlich, wobei der Rotwein aus den Rebsorten Cabernet Sauvignon, Cabernet Franc, Syrah und Merlot gekeltert wird. In der alten Fabrik der Brüder Lillet kann man nicht nur das Getränk probieren und kaufen, sondern auch Ausstellungsstücke zu Produktion und Vermarktung des Aperitifs besichtigen (Brennerei Lillet, 8, cours du Maréchal Foch, Podensac, Laden ganzjährig Di–Sa 10–12.30 und 13.30–18 Uhr, Führung nach Voranmeldung unter Tel. 05 56 27 41 41, www.lillet.com).

Château de Malle ► F 6

Südl. von Preignac, www.chateau-de-malle.fr, ganzjährig tgl. 14–18 Uhr, vorm. nach Voranmeldung Tel. 05 56 62 36 86, Schloss und Garten 7 €
Château de Malle in Preignac – wie seine Nachbargemeinden Bommes und Fargues noch im Bereich der A.O.P. (A.O.C.) Sauternes – wird nicht nur seines Weines, sondern auch der Baukunst und der italienischen Terrassengärten wegen besucht. Das Schloss wurde im 17. Jh. für den Stadtrat von Bordeaux, Louis Malle, errichtet, dessen Sammlung von Schattenrissen zu den bedeutendsten in Europa zählt.

Essen & Trinken

Küche mit kleinen Schwächen – **Le Saprien:** Rue Principale, Sauternes, Tel. 05 56 76 60 87, www.restaurant lesaprien.fr, So abends, Mo geschl., Menü 29–41 €. An diesem Restaurant mit Terrasse und schönem Garten scheiden sich die Geister: Die einen loben die regionalen Spezialitäten, u. a. die Gänseleberterrine in Sauternes, den anderen erscheint das Angebot überteuert. Tatsache ist, dass die Qualität saisonal schwankt und im Hochsommer nicht immer begeistert.

Infos

Office de Tourisme: 11, rue Principale, 33210 Sauternes, Tel. 05 56 76 69 13, http://tourisme-sauternes-graves.com. **Maison du Vin:** s. Barsac, s. S. 122. **Bus:** Linie 515 Langon–St-Symphorien mit Halt in Sauternes.

Langon ► F 6

Das Städtchen Langon, wo der Romancier und Nobelpreisträger für Literatur François Mauriac einige Jahre seiner Jugend verbrachte, bietet keine herausragenden Sehenswürdigkeiten, ist aber durch seine hübsche Lage an der Garonne, seine gute Verkehrsanbindung und seine empfehlenswerten Hotels ein geeigneter Zwischenstopp, insbesondere für Reisende mit Bus und Bahn.

Übernachten

Ehemalige Poststation – **Claude Darroze:** 95, cours du Gen. Leclerc, Tel. 05 56 63 00 48, www.darroze.com, 17 Zimmer, DZ 90–140 €, Menü 44–84 €. Helle, freundliche Zimmer in einem Haus mit langer Tradition. Das Restaurant mit Terrasse (im Winter So abends, Mo geschl.) zählt zu den besten im Département Gironde, hat aber seinen Preis. Die Menüs umfassen so erlesene Kreationen wie poschierte Austern in Butter mit Pilzen oder kalte Erdbeersuppe mit Tee-Sorbet und Minzschaum.
Business minded – **Horus:** 2, rue des Bruyères, Tel. 05 56 62 36 37, www.hotel-restaurant-horus-sauternes.com, 33 Zimmer, DZ 70–90 €. Das Logis de France bietet dem Platzhirschen Darroze die Stirn, indem es sich auf Geschäftsreisende spezialisiert und sie mit bezahlbarem Luxus verwöhnt. Parkplatz, kleiner Garten und gutes Restaurant (16–26 €).

Aktiv

Golf – **Golf des Graves et du Sauternais:** St-Pardon-de-Conques, Tel. 05 56 62 25 43; 18 Loch, par 72, 6082 m.

Infos

Office de Tourisme: 11, allées Jean Jaurès, 33210 Langon, Tel. 05 56 63 68 00, http://tourisme-sauternes-graves.com.
Bahn: Der Bahnhof von Langon (Place Labit) liegt an der Strecke Bordeaux–

Agen (mehrmals tgl. Züge). Einige Züge halten u. a. in Podensac, Cérons, Barsac, Preignac und St-Macaire. Fahrtzeit 20–30 Min. nach Bordeaux, 1 Std. nach Agen (dort Anschluss an den TGV nach Toulouse, Marseille, Nizza). **Bus:** Nach Bordeaux (über Podensac Linie 502, über Cadillac 501), Sauveterre (511), Grignols (512, 513), Bazas–Captieux (514) und Sauternes–Villandraut–Uzeste–St-Symphorien (515).

Villandraut und Umgebung ▸ F 7

Flussaufwärts und nicht mehr im Weinbaugebiet liegt am Ciron das Örtchen Villandraut mit den Ruinen einer mächtigen **Festung** (www.chateaudevillandraut.fr, März, April Sa, So 14 und 15.30, Mai, Juni tgl. 15–18, Juli, Aug. tgl. 10–13, 15–19, Sept. tgl. 10–12, 15–18, Okt.–Febr. nur nach Voranmeldung, 4 €). Errichtet wurde sie im frühen 14. Jh. für Bertrand de Goth, eine illustre Gestalt der Kirchengeschichte. Der 1264 in Villandraut geborene Adlige war Erzbischof von Bordeaux gewesen, bevor man ihn am 5. Juni 1305 zum Papst Klemens V. salbte. 1309 verlegte der Geistliche seine Residenz in die Provence, nach Avignon. Dieser Auszug aus Rom, bekannt als ›Babylonisches Exil der Päpste‹ (bis 1376), zeugt von der engen Allianz, die seit Langem zwischen dem Pontifex maximus und dem französischen Königshaus bestand. Mehrfach hatten sich die beiden Machtzentren zusammengeschlossen, um unter dem Vorwand der Häresie lokale Gegenkräfte zu beseitigen. Bekanntestes Beispiel ist der Kreuzzug gegen die Katharer im 13. Jh. Clément V setzte die Tradition fort, als er sich 1312 dem Wunsch des Königs Philippe IV beugte und den überaus reichen Templerorden auflöste. Nutznießer waren die Johanniter, denen sämtliche Besitzungen zugesprochen wurden. Die Festung selbst beeindruckt vor allem mit ihrem mächtigen Mauerring, während es im Innern nicht sonderlich viel zu entdecken gibt.

Kirche St-Léger-de-Balson

Die Gegend um Villandraut ist reich an mittelalterlichen Burgen, die von unruhigen, streitbaren Zeiten künden. Wahrhaftig, hier gab es etwas zu verteidigen (die Weinfelder natürlich, aber auch die Reichtümer, die mit den Pilgern ins Land kamen. Nach Süden erstrecken sich die Landes, heute ein riesiger Kiefernforst, ehemals aber ein gefährliches Sumpfgebiet. Bevor die Jakobspilger zu ihrem großen Abenteuer aufbrachen, sammelten sie sich am Ufer der Garonne. Zu den Stationen auf ihrem weiteren Weg zählt die Kirche St-Léger-de-Balson 9 km westlich von Villandraut, auch sie im Schutz einer Burg. Das relativ kleine Bauwerk besitzt mit gut erhaltenen Fresken einen seltenen Schatz aus spätromanischer Zeit.

Château de Cazeneuve ▸ F 7

Préchac, www.chateaudecazeneuve. com, Ostern–Ende Mai, Okt.–Allerheiligen Sa, So 14–18 Uhr, Juni–Sept. tgl. 14–18 Uhr, 10,50 €

Mittelalterliche Festungen oder zumindest Ruinen davon stehen auch in den Schluchten am Oberlauf des Ciron. Eine davon ist Schloss Cazeneuve, Schauplatz eines königlichen Ehedramas. Der Bourbone Henri, Sohn der Jeanne d'Albret von Navarra und späterer Henri IV von Frankreich, hatte 1572 die Schwester des französischen Königs geheiratet. Diese Ehe mit Marguerite de Valois sollte die Aussöhnung zwischen Hugenotten und Katholiken herbeiführen, doch

125

tatsächlich fand in der Hochzeitsnacht (23./24. August) einer der grausamsten Exzesse der Religionskriege statt. Tausende von Hugenotten wurden in dieser Bartholomäusnacht ermordet. Das königliche Paar, an dem das Makel der ›Bluthochzeit‹ haftete, führte auch weiterhin keine glückliche Ehe. Henri fand schließlich einen Scheidungsgrund darin, dass Marguerite keinen Thronerben zur Welt brachte, und ließ seine Gattin in Cazeneuve festsetzen, bis die Ehe annulliert war. Das Château wurde später für Henri in ein Lustschloss umgestaltet, es gehört noch heute den Nachfahren der Albrets.

Im Rahmen einer Führung können nur Teile der Burg besichtigt werden, darunter einige königliche Gemächer mit Originalmöbeln des 16. Jh., ein großer Weinkeller, eine mittelalterliche Bäckerei und der große Park.

Uzeste ▶ F 7

Knapp 6 km nordöstlich von Cazeneuve (oder knapp 5 km östlich von Villandraut) steht in Uzeste die Kirche **Ste-Marie,** die Klemens V. 1312, im

Jahr der Auflösung des Templerordens, persönlich stiftete, nachdem er sich vergeblich um eine Vereinigung von Templern und Hospitalitern bemüht hatte. Zwei Jahre später starb der Papst in Roquemaure bei Avignon und wurde, seinem Wunsch entsprechend, in Uzeste beigesetzt. Die Liegefigur aus weißem Marmor, einst ein Meisterwerk der gotischen Bildhauerkunst, hat leider durch Vandalismus sehr gelitten.

Château de Roquetaillade ▶ F 7

Mazères, http://chateauroquetaillade. free.fr, Juli/Aug. tgl. 11–17, April–Juni, Sept./Okt. tgl. 15 und 16, Nov.–März So, Fei 15, 16 Uhr, Bauernhof nur Juli/Aug. tgl. 15–19 Uhr, Schloss 9,50 €, Schloss und Bauernhof 11 €
Für Kardinal Gaillard de la Mothe, den Neffen von Papst Klemens V., wurde im frühen 14. Jh. Château de Roquetaillade gebaut. Die annähernd quadratische Anlage mit sechs Rundtürmen verdankt ihren ausgezeichneten Zustand der Tatsache, dass sie im 19. Jh. von Viollet-le-Duc restauriert

Burg mit königlichen Gemächern: Château de Cazeneuve

wurde. Der Bauernhof auf dem Gelände beherbergt ein Museum mit Exponaten zum Landleben.

Übernachten

Jedes Zimmer ist anders – **Auberge de la Crémaillère:** Place de Gaulle, Villandraut, Tel. 05 56 25 30 67, www.au bergelacremaillere.com, 10 Zimmer, 64–69 €. Logis de France im ruhigen Ortskern. Statt der kleineren Zimmer mit Dusche seien die individuell eingerichteten Zimmer mit geräumigem Bad empfohlen, die nur wenige Euro mehr kosten. Im empfehlenswerten Restaurant (Di abends, Mi geschl.) grüne Linsensuppe, Jakobsmuscheln oder Ente, Menü 25–42 €. Fahrradverleih!

Infos & Termine

Office de Tourisme: 9, place de Gaulle, 33730 Villandraut, Tel. 05 56 25 31 39, www.tourisme-sauternes-graves.com.
Festival les Journades: Juli, in der Festung in Villandraut, Theater, Konzerten, Kunstausstellungen.
Bus: Villandraut und Uzeste sind Stationen der Linie 515 Langon–St-Symphorien.

Bazas ▸ F 7

Ob ›Beuve‹ und ›bœuf‹ etymologisch verwandt sind, mögen Sprachwissenschaftler klären. Jedenfalls ist die Kleinstadt Bazas am Fluss Beuve bekannt für ihre Rinderzucht, Bazadais gilt als ein Gütesiegel auf Speisekarten. Was die Züchter zu bieten haben, präsentieren sie alljährlich im Frühjahr beim ›Fest der fetten Rinder‹.

Zu anderen Jahreszeiten empfängt Bazas seine Gäste weniger betriebsam. Von den umliegenden Weiden gelangt man in die reizlose Peripherie des Städtchens mit ihrer Kleinindustrie.

Nach diesem unscheinbaren Auftakt erwartet den Besucher im Ortskern die eindrucksvolle **Cathédrale St-Jean**; um den vorgelagerten riesigen Marktplatz gruppieren sich Häuser aus dem 17. Jh. Einer Legende zufolge soll aus Jerusalem ein Blutstropfen Johannes' des Täufers hierher gelangt sein. Die Reliquie begründete der Ruhm der Kathedrale, an deren Portal neben Darstellungen des Jüngsten Gerichts auch Szenen aus dem Leben des Täufers zu sehen sind. Der reiche Reliefschmuck zeugt noch von dem prachtvollen gotischen Gotteshaus, das man hier im 13./14. Jh. errichtet hatte. Dieses ältere Bauwerk wurde während der Religionskriege von Hugenotten zerstört, die sich nur durch Zahlung von 10 000 Talern davon abhalten ließen, auch das Portal niederzureißen. Zwischen 1583 und 1635 wurde das Bauwerk im Stil des Barock restauriert. Das dritte Geschoss der Giebelfassade stammt aus dem 18. Jh. Erstaunlicherweise erweckt die Kathedrale trotz des Stilgemischs einen harmonischen Eindruck.

Seit 1937 ist Bazas kein eigenständiges Bistum mehr, der Würdentitel ging an den Erzbischof von Bordeaux über. Neben der Kathedrale ist noch ein Teil des früheren Bischofspalasts aus dem 14. Jh. mit einem kleinen Garten erhalten.

Übernachten

Luxus pur – **Domaine de Fompeyre:** Route de Captieux (D 932), Tel. 05 56 25 98 00, www.domaine-de-fom peyre.com, 50 Zimmer, DZ ab 90 €, Suite ab 150 € (bei Internetbuchung preiswerter). Am Stadtrand gelegene Villa mit einem 4 ha großen Park, mit

Innen- und Außenpool, großer Wellnessbereich. Geschmackvoll eingerichtete Zimmer und weitläufige Suiten. Exzellentes Restaurant, Menü ab 22 €; im Winter So abends geschl.

Essen & Trinken

Stilvoll – **Remparts:** 49, place de la Cathédrale, Tel. 05 56 25 95 24, www.restaurant-les-remparts.com, Mo, im Winter auch So abends geschl., Menü 38–50 €. Traditionsreiches Haus mit schattiger Terrasse in der Nähe der Kathedrale. Zu den Spezialitäten des Kochs Yannick Fauriès zählen Jakobsmuscheln, Taube, Wildschwein und Rind.

Infos & Termine

Office de Tourisme: Place de la Cathédrale, 33430 Bazas, Tel. 05 56 25 25 84, www.tourisme-bazadais.com.
Fête des Bœufs Gras: Febr./März, Rinderfest. Zur großen Schau und Kürung der Zuchttiere gesellen sich Darbietungen von Musik- und Folkloregruppen.
Fête de la Palombe: Sept., Beginn der Taubenjagd (s. S. 36).
Bus: Linie 513 und 514 ab Langon.

Am rechten Ufer der Garonne

St-Macaire ▶ F 6

Zurück an der Garonne, quert man den Fluss bei Langon. Eigentlich erstreckt sich von hier bis Bordeaux ein Gebiet roter und trockener weißer Weine, doch die Nähe zu Sauternes hat abgefärbt: Die Appellation Côtes de Bordeaux-St-Macaire bietet auch Likörweine – sehr gute und obendrein preiswerte. Das namengebende Dorf im Zentrum dieses kleinen Anbaugebiets lädt mit hübschen Gassen zum Flanieren ein. Es wurde um die Wende zum 14. Jh. gegründet und besitzt aus dieser Zeit noch **Stadttore**, die **Place du Mercadiou** und die **Kirche St-Sauveur** (Eichenholzportal, in der Apsis Fresken). Aus dem 16. Jh. stammt die ehemalige **Poststation**, die heute als Postmuseum dient. Im Wallfahrtsort **Verdelais**, südlich von St-Macaire, ist der Künstler Toulouse-Lautrec beerdigt (s. Entdeckungstour S. 130).

Château de Malagar ▶ F 6

St-Maixant, 17, route de Malagar, http://malagar.aquitaine.fr, Tel. 05 57 98 17 17, April–Sept. tgl. 10–13, 14–18, Okt.–März Mi–Mo 10–13, 14–17,30 Uhr, 7,50 €
1843 hatte die Familie Mauriac das Anwesen erworben. Ihr Spross François (1885–1970) wurde als Romancier und Essayist bekannt und 1952 mit dem Literaturnobelpreis ausgezeichnet. Der Schriftsteller, der seine Kindheit in Bordeaux und Jugendjahre in Langon verbrachte, ist an der Garonne immer noch eine gefeierte Gestalt, wird aber außerhalb Frankreichs kaum mehr gelesen. Zum Teil liegt das an der katholischen Prägung seines Werkes. Moralisierend beleuchtet Mauriac in seinen Romanen (u. a. »Fleisch und Blut«) das Unheilvolle in der modernen Welt, das häufig in triebhaften Frauengestalten verkörpert erscheint. Faszinierend sind die Analysen der Gesellschaft und Lebensumstände seiner Zeit, dargelegt in zahlreichen autobiografischen Schriften. Château de Malagar zeigt Exponate zu Mauriacs Leben.

Übernachten

Spa-orientiert – **Feuilles d'Acanthe:** 5, rue de l'Église, Tel. 05 56 62 33 75, http://hotel-saint-macaire.fr, 11 Zimmer, 1 Suite, DZ ab 88 €. Ein junges, sympathisches Team hat das schöne Haus aus dem 16. Jh. stilvoll renoviert und mit einem Wellness-Bereich ausgestattet. Ungewöhnlich geschmackvoll eingerichtete Zimmer mit Terrakotta-Böden und alten Eichenmöbeln. Das sehr gute Restaurant (Menü 23–26 €) bietet auch ein Kindermenü.

Camping – **Municipal Les Remparts:** Les Aubarèdes, Tel. 05 56 62 23 42, Fax 05 56 63 08 88, nur Juli, Aug., 50 Plätze. Es handelt sich zwar um eine recht einfache Einrichtung, doch die Lage am Fluss besitzt ihren Reiz.

Essen & Trinken

Gartenparadies – **L'Abricotier:** 2, rue François Bergœing (an der N 113 am Nordrand von St-Macaire), Tel. 05 56 76 83 63, www.restaurant-labricotier. com, Mo und Di abends sowie Mitte Nov.–Mitte Dez. geschl., Menü 23–44 €. Der unscheinbare Eingang sollte nicht trügen: Hinter dem Haus erwartet den Gast ein herrlicher Garten für ein romantisches Abendessen. Kreative Küche auf regionaler Grundlage.

Infos

Maison du Pays de St-Macaire: 8, rue de Canton, 33490 St-Macaire, Tel. 05 56 63 32 14, www.saintmacaire.fr.
Bahn: St-Macaire liegt an der Strecke Bordeaux–Agen, es halten hier aber nur wenige Züge.
Bus: Linie 501 Langon–Bordeaux, Linie 511 Langon–Sauveterre.

Ste-Croix-du-Mont ▶ F 6

Ähnlich wie Sauternes am anderen Ufer liefert auch Ste-Croix-du-Mont süße Weißweine von hoher Qualität. Attraktion des Orts sind

unterhalb der Kirche einige Austernbänke aus dem Tertiär, in die Keller Kapellen und später auch Weinstuben geschlagen wurden. Edlere Tropfer der Appellation lernt man jedoch im **Château Lousteau-Vieil** (Tel. 05 56 62 01 15) und **Château de Loubens** (Tel. 05 56 62 01 25) kennen. Letzteres war einst Sitz von Pierre de Lancre (1553–1631). Ursprünglich Jurist und Stadtrat von Bordeaux, verurteilte er als ›Hexenjäger des Baskenlandes‹ mehr als 500 Menschen zum Tode. Sein Buch über die »Unbeständigkeit der bösen Engel und Dämonen« (1612) enthält aufschlussreiche Passagen über das Leben im Baskenland.

Loupiac ▶ F 6

Der Ort wartet nicht nur mit einem hervorragenden Likörwein auf, sondern auch mit archäologischen Funden: den Fundamenten einer römischen Villa (im Sommer tgl. 14–18 Uhr Uhr, 5 €) mit Mosaiken (2.–5. Jh.). Eine unbestätigte, in Loupiac aber gern verbreitete These besagt, dies sei das Haus des Decimus Magnus Ausonius (ca. 310–393) gewesen. Ausonius war Rhetorikprofessor in Burdigala (Bordeaux), Weinbauer und Dichter. In Deutschland schätzt man ihn als Autor der virtuosen »Mosella«. Dieses Poem über eine Reise vom Mittelrhein durch den Hunsrück an die Mosel schrieb er 371 in Trier, wo er Erzieher des Thronfolgers Gratian war. ▷ S. 132

Auf Entdeckungstour:
Toulouse-Lautrec in Verdelais

Der Maler Henri Toulouse-Lautrec fand nach einem ausschweifenden Leben Zuflucht bei seiner Mutter Adèle auf Schloss Malromé. Nicht weit vom Totenbett liegt das Lokal, in dem er regelmäßig becherte – ein kurzer Spaziergang führt zu den Stationen, die der Künstler in seinen letzten Lebensjahren beschritt.

Reisekarte: ▶ F 6
Zeit: 3 Std.
Château Malromé: Führung Mai–Okt. Mo–Sa 15 Uhr und nach Voranmeldung, Tel. 05 56 76 44 92, www.malrome.com.
Anfahrt: ab St-Macaire, auf der D 19 ca. 5 km nach Norden (ausgeschildert).
Notre-Dame de Verdelais: Wallfahrten am 15. Aug. und 8. Sept.

Pyknodysostosis ist die korrekte Bezeichnung einer genetisch bedingten Erkrankung, die auch als Toulouse-Lautrec-Symptom bekannt ist. Der kleinwüchsige Künstler, so vermutet man, litt an dieser seltenen Störung des Knochenwachstums, als deren Ursache Inzest anzunehmen ist. Als Krüppel verspottet und von sich selbst nicht geliebt, fand Toulouse-Lautrec Trost in der Kunst, im halbseidenen Milieu des Pariser Moulin Rouge und im Absinth. Er starb 1901 an den Folgen von Syphilis und Alkoholmissbrauch in der Nähe von Verdelais auf Château Malromé.

Kunstdrucke über dem Sterbebett

»Eine Kostprobe, Monsieur?« Eine Flasche des weißen Moulin Rouge sec, Jahrgang 2000, schlägt mit fast 70 € zu Buche, ein guter, aber immer teurerer Tropfen. Aber Alkohol hat hier auf **Château Malromé** einen Beigeschmack. »Ach nein, ich komme nur, um einen Blick auf das Schloss zu werfen.«

Château Malromé – ein Weißwein, ein Rotwein und ein Denkmal an einen unglücklichen Künstler. Erster namentlich bekannter Besitzer des Hauses war im 16. Jh. Étienne de Rostéguy de Lancre, ein Verwandter jenes Hexenjägers, der im Baskenland wütete. Seine »Maison Noble de Taste« wurde m 19. Jh. nach romantisierendem Geschmack umgestaltet und 1883 an die Gräfin Adèle-Zoë-Marie-Marquette Tapié de Céleyran verkauft. Die Dame aus Albi schätzte die Nähe zum Pilgerort Verdelais, auch wenn ihre christliche Gesinnung sie nicht davor bewahrt hatte, ihren Cousin, den Grafen Toulouse-Lautrec-Monfat, zu heiraten und sich bald von ihm zu trennen.

Gräfin Adèle missbilligte die künstlerischen Ambitionen ihres 1864 geborenen Sohnes Henri, war zeitweilig gar mit ihm zerstritten, gewährte ihm aber doch während der Sommerferien stets Zuflucht in ihrem Bordelaiser Schloss.

Immer mehr verfiel der Künstler dem Alkohol, der zunächst vor allem seine Psyche angriff. Im Jahre 1900 erlitt er einen Schlaganfall, der zur Lähmung beider Beine führte. Von seiner Mutter in den letzten Wochen seines Lebens gepflegt, starb Toulouse-Lautrec am 9. September 1901 auf Schloss Malromé. Über dem Sterbebett hängen lediglich Drucke seiner kostbaren Kunstwerke.

Zwischen Stammtheke und Grab

Ein kurzer Spaziergang ist es vom Schloss über die D19, E5 und E6 ins 4 km südwestlich gelegene **Verdelais,** nicht mal eine Stunde. Doch für den etwa 1,50 m großen Toulouse-Lautrec, der sich im Kindesalter beide Beine gebrochen hatte und fortan gehbehindert war, dürfte die Strecke beschwerlich gewesen sein. Im Ort angekommen, führte sein Weg schnurstracks in die **Auberge Décriteau,** wo er seine ›Grüne Fee‹ bestellte, das Gläschen Absinth, dem ein zweites, drittes und viertes folgte.

Am Wegesrand steht die ungewöhnlich große **Basilika Notre-Dame,** die schon im Mittelalter ein Pilgerziel war und Gräfin Adèle ein Argument lieferte, das nahe Schloss zu erwerben. Zwischen Kirche und Kalvarienberg erstreckt sich der **Friedhof,** an dem Toulouse-Lautrec oft im Rausch vorbeischlenderte. Heute liegt er dort begraben, nachdem er zunächst im nahen St-André-du-Bois beigesetzt worden war. Sein Name blieb verknüpft mit der Welt des Cancan und ziert auch das Etikett eines Absinth, der nach Jahren des Verbots seit 1998 wieder erhältlich ist – freilich mit einem verminderten Gehalt des Rauschmittels Thujon.

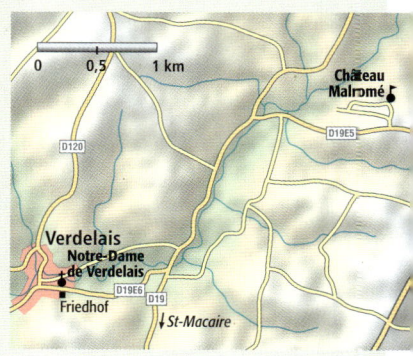

Cadillac ► F 6

Der Name des Ortes wurde berühmt durch die amerikanische Autoindustrie, doch gebührt die Ehre nicht Cadillac, sondern Antoine Laumet – eine verwickelte Geschichte. Laumet wurde 1658 in einem Dorf bei St-Nicolas-de-la-Grave geboren, ein gutes Stück von Cadillac entfernt. 1683 wanderte er nach Kanada aus, wo er seine Herkunft aus einfachen Verhältnissen leugnete und behauptete, Sohn eines »Jean de la Mothe, Seigneur de Cadillac, Launay et Montet« zu sein. Lügen, Dreistigkeit und Skrupellosigkeit bestimmten das Leben des Abenteurers, der in den Auseinandersetzungen mit den Indianern berühmt und durch den Handel mit Alkohol und Pelzen reich wurde. Dem französischen König rang Laumet die Erlaubnis ab, eine Siedlung am Detroit River errichten zu dürfen. So wurde Cadillac, wie man ihn in der Neuen Welt nannte, Gründer der Autostadt Detroit, die ihn zu seinem 300. Geburtstag mit einer Limousine ehrte. Laumet starb 1730 in Frankreich.

Die Stadt

Cadillac wurde 1280 als Bastide von den Engländern gegründet. Von der ursprünglichen Anlage blieben das Stadttor **Porte de la Mer** und Teile der Stadtmauer erhalten. Die damals errichtete Burg wurde zwischen 1598 und 1620 für den Gouverneur von Henri IV zu einem Renaissance-Schloss umgebaut, dem **Château des Ducs d'Épernon.**

Weingüter

Erzeugt werden süße Weißweine der A.O.P. (A.O.C.) Cadillac sowie fruchtige, milde Rotweine und trockene, zumeist jung getrunkene Weißweine der A.O.P. (A.O.C.) Premières Côtes de Bordeaux. Dieses letztere Anbaugebiet trägt den Zusatz ›premières‹, weil hier die Römer die ›ersten‹ Reben des Bordelais pflanzten. Es erstreckt sich am rechten Garonne-Ufer auf einer Länge von 60 km zwischen St-Maixant und Bordeaux. Der Vorzug der hiesigen Produkte ist ihr günstiger Preis bei hoher Qualität. Empfohlen sei in Cadillac **Château Fayau** (Tel. 05 57 98 08 08), das neben seinem roten und weißen Premières Côtes de Bordeaux einen mehrfach prämierten und zudem günstigen süßen Weißwein der A.O.P. (A.O.C.) Cadillac anbietet.

Langoiran ► F 6

Bei der Weiterfahrt entlang der Garonne lohnt ein Halt in Langoiran. Am östlichen Ortsausgang erhebt sich über dem Fluss eine mächtige **Burgruine** aus dem 13. Jh., deren unterirdische Keller heute als Weinlager dienen. Sehenswert ist auch das Fasslager des **Château Barreyre** (Besuch nach Voranmeldung unter Tel. 05 56 35 72 73).

Übernachten

Bezahlbarer Luxus – **Château de la Tour:** Béguey (am Ortsausgang von Cadillac), Tel. 05 56 76 92 00, www.hotel-restaurant-chateaudelatour.com, 31 Zimmer, 1 Suite, DZ 90–150 €, Suite 150–300 €. Das komfortable Haus mit Pool und Garten liegt am Fuß des Schlosses. Geschmackvoll eingerichtete Zimmer, der Service fällt leider ein wenig unpersönlich aus. Im Restaurant traditionelle und moderne Küche (So abends geschl., Menü 31–50 €).

Für Sparsame – **Détrée:** 22, av. du Pont, Tel. 05 56 62 65 38, 15 Zimmer, So geschl., DZ 28–63 €. Das äußerlich wenig einladende Haus besitzt nette, helle Zimmer mit Holzfußboden. Passables Restaurant (Menü 10–24 €).

Infos & Termine

Information

Office de Tourisme: 9, place de la Libération, 33410 Cadillac, Tel. 05 56 62 12 92, www.cadillac-tourisme.com. **Maison du Vin de Cadillac:** La Closière (D 10), Tel. 05 57 98 19 20, www.grainsnobles.com.

Termine

Fête des Veneurs d'Éperron: Mitte Mai präsentieren sich die Jäger von Épernon in historischen Trachten an unterschiedlichen Orten der Stadt und es erklingt Musik auf dem Waldhorn.
Balades en Cadillac: Vorletztes oder letztes Wochenende Aug., Jazz und Kostümierung zu Ehren der amerikanischen Luxuslimousine.
Fête médiévale: September. Historienspiele in der Burgruine Langoiran, die von einem mittelalterlichen Markt begleitet sind.

Verkehr

Bus: Linie 501 Langon–Bordeaux über Langoiran.

Unterwegs zur Dordogne

Créon und La Sauve-Majeure ▶ F 5

In Créon, nur 10 km nördlich von Langoiran, ist bereits die Grenze des großen Weinbaugebiets erreicht, das als Entre-Deux-Mers bekannt ist. Eine relativ hohe Niederschlagsmenge bedingt, dass sich die Winzer hier lieber auf Weißweine beschränken, da die Wurzelstöcke roter Trauben anfälliger für Fäulnis sind. Bevorzugte Rebsorte für den trockenen, kräftigen Entre-

Deux-Mers ist Sauvignon, die heute weite Flächen um **La Sauve-Majeure** überzieht. Einst erstreckte sich an diesem Ort ein großer Wald (lat. *silva major*), den jedoch die Mönche der hiesigen Benediktinerabtei rodeten. Vom Kloster blieb eine imposante Ruine, die zu den schönsten Denkmälern zwischen Garonne und Dordogne zählt (s. Lieblingsort S. 134).

Créon ist eine Bastide aus dem Jahre 1313. Die schönsten Beispiele für solche Siedlungen findet man zweifellos weiter landeinwärts, am Ostrand Aquitaniens. In Créon lässt aber die von Arkaden umgebene Place Carrée immerhin noch die Struktur einer solchen Anlage erkennen. Der Besuch lohnt vor allem an Markttagen, wenn der Platz mit farbenfrohen Ständen besetzt ist.

Der zentrale, quadratische Marktplatz mit Bogengängen war ein typisches Merkmal der Bastiden, ebenso die etwas abseits davon gelegene Dorfkirche. Außerhalb der Stadtmauern befanden sich einst Gärten für die Siedler, die eigens durch öffentliche Ausrufer angeworben wurden. Sie genossen weitreichende Privilegien, mussten aber im Gegenzug die Bastide bauen und im Ernstfall bei der Verteidigung mitwirken.

Radtour zu den Dörfern rings um Créon ▶ F 5

Rundfahrt ca. 18 km, Radverleih, Infos und Start in Créon an der Station Vélo (s. S. 137)
Für Deutsche hört sich *piste cyclable* (fahrradtaugliche Piste) nicht wirklich aufgeräumt an. Dass hinter der saloppen Bezeichnung ein hervorragend ausgebauter, bestens beschilderter Fernradweg stecken kann, wird in Créon offenbar. Der Ort liegt an der

133

**La Sauve-Majeure –
Ruinenromantik im Weinland**
▶ F 5
Wenn man es nicht besser wüsste,
würde man hier auf William
Turner und seine Künstlerkollegen
warten. Doch weil sich La Sauve-
Majeure nun mal im Süden Frank-
reichs und abseits romantischer
Trampelpfade befindet, wurde die
Abteiruine nicht zum Malersujet.
1079 gegründet, entwickelte sie
sich im 12. Jh. zum reichsten Stift
der Region, verarmte jedoch im
Hundertjährigen Krieg und verfiel
nach der Französischen Revolu-
tion. Durch Restaurierung konnten
Teile der Kirche gerettet werden.
Besonders schöne Details sind
die romanischen Reliefs auf den
Kapitellen im Chor (Ende 11. Jh.).
Vom Turm hat man den herrlichs-
ten Blick über die Anlage inmitten
der Weinberge (http://la-sauve-ma
jeure.monuments-nationaux.fr,
Juni–Sept. tgl. 10–13.15, 14–18,
Okt.–Mai Di–So 10.30–13, 14–
17.30 Uhr, 7,50 €).

Zwischen Garonne und Dordogne

54 km langen Strecke von Bordeaux nach Sauveterre-de-Guyenne, die an Weinfeldern und Flussufern entlang dem Verlauf einer ehemaligen Bahntrasse folgt. Die alten Bahnhöfe entlang dieser Strecke wurden in Gaststätten verwandelt und bieten im Sommer ein umfangreiches Kulturprogramm. Genießen kann das freilich nur, wer reichlich Zeit fürs Landesinnere zur Verfügung hat.

Der frühere Bahnhof in Créon ist heute eine **Station Vélo** und wegen des Fahrradverleihs ausgezeichneter Startpunkt für Radausflüge. Neben der erwähnten Radpiste, die den Namen des einstigen Tour de France-Stars Roger Lapébie trägt, stehen auch fünf Rundfahrten *(boucle)* zur Wahl, darunter die Tour »D'un village à l'autre«.

Von der Radstation folgt man der Radpiste links Richtung Bordeaux bis zur kleinen **Gare de Calamiac** (ca. 2 km ab Créon). Hier zweigt man rechts ab, durchquert **Calamiac** und radelt über die Kreuzung mit der Route de Créon (D 115 E8) geradeaus weiter nach **Lorient**. Es geht über die D 671 hinweg in die **Route de Camarsac** und dann rechts in den **Chemin du Passage du Rey**. Er mündet nach knapp 2 km in die **D 13**, die links zum frühromanischen Kirchlein **Saint-Martin** von **Le Pout** geht. Es liegt etwas versteckt links der Straße neben der Mairie (ca. 8 km). Hinter dem **Château Rivalan** schwenkt die Hauptstraße D 13 links ab, die Radstrecke aber führt geradeaus weiter auf schmaler Straße nach **Croignon** mit der romanischen Kirche **St-Vincent** (11 km). Von hier folgt man rechts dem **Chemin de Vidane** (D 20 E1), zweigt rechts auf die vergleichsweise breite D 20 ab und dann nochmals rechts auf die **Route de Gestas** und fährt über La Grave nach **Cursan** (ca. 14 km). Hinter dem Dorf hält man sich links und erreicht wieder die **D 20**, die nach Créon führt.

Übernachten

High Society – **Château Camiac:** Créon, route de Branne D 121, Tel. 05 56 23 20 85, www.chateaucamiac.com, Mai–Okt. geöffnet, 6 Zimmer und 4 Suiten im Schloss, 4 Zimmer im Relais, DZ ab 160 €, Suite ab 360 €. Der Schweizer Hotelier Jean-Marc Perrin empfängt in seinem 1834 erbauten Schloss bei Créon Prominenz wie Milos Forman und Laetitia Casta. Das Drei-Sterne-Hotel mit 8 ha großem Park, Pool und Tennis möchte aber nicht nur die Stars zufriedenstellen. Weniger betuchten Gästen steht deshalb mit dem Relais ein ebenfalls komfortabler Anbau zur Verfügung. Das Menü im erlesenen Restaurant kostet 45 € (sehr gute Weinkarte). Auf dem Nachbargrundstück kann man Pferde mieten (Écurie de Camiac, Tel. 05 56 23 07 97).

Radtour ab Créon

Essen & Trinken

Ländlich – **De l'Abbaye:** 6, place de la Mairie, La Sauve-Majeure, Tel. 05 56 23 21 58, So abends, Mo geschl., Menü um 20 €. Auf dem Dorfplatz vor der Abteiruine bietet das alteingesessene Haus mit Terrasse vor allem traditionelle Küche, teils kreativ verfeinert.

Aktiv

Fahrrad – **Station Vélo:** La Gare, bd. Victor Hugo, Créon, Tel. 05 57 34 30 95, http://lepointrelaisvelo-creon.fr. Tourenrad, Mountainbike und Tandem, 15–20 € am Tag, Tourenvorschläge im Internet.

Infos & Termine

Office de Tourisme: 62, bd. Victor Hugo, 33670 Créon, Tel. 05 56 23 23 00, www.tourisme-creonnais.com.
Maison du Vin Entre-Deux-Mers: 16, rue de l'Abbaye, 33670 La Sauve, Tel. 05 57 34 32 12, www.vins-entre-deux-mers.com.
Le Festin Musik: Ende März, Musikfest in Créon. Rock, Hip Hop, Ethno, aber auch andere Stilrichtungen
Bus: Von Créon nach Bordeaux mit Linie 404 (in Fargues Umsteigen möglich nach Branne, dort Anschluss u. a. nach Libourne, Castillon) oder 403 über Camblanes (Anschluss an 501 Langon–Bordeaux). Nach Targon mit 403 über La Sauve. In Sauveterre Anschluss nach Branne und Libourne (411).

Sadirac ▶ F 5

In der **Maison de la Poterie** (Tel. 05 56 30 60 03, www.maisonpoteriesadirac.com, Di–Fr 14–18 Uhr, 2 €) im Ortskern wurde eine Sammlung von Tonwaren zusammengetragen. Die

Clairet – aus der Not geboren

In den frühen Tagen des Weinexports wurde ausschließlich der *clairet* (Claret) genannte junge Wein von hellroter Farbe verschifft, denn man verstand noch nichts vom Verkorken und wusste nicht einmal, warum sich das Getränk mit der Zeit in Essig verwandelte. Der *clairet* hat die Farbe und Frische seines Vorläufers bewahrt, dabei aber beträchtlich an Qualität zugelegt.

Töpfertradition des Ortes geht noch auf die Antike zurück. Das Handwerk wird vom fachkundigen Personal im Rahmen von Führungen und Kursen erläutert.

Auch zum Thema Wein leistet Sadirac seinen Beitrag: Ein Gut, das zunehmend mit Preisen ausgezeichnet wird, ist **Château Farizeau** (Tel. 05 56 30 61 46). Das Familienunternehmen bietet ausgezeichnete Qualität bei seinem Entre-Deux-Mers, dem Premières Côtes de Bordeaux Rouge, dem Bordeaux Rouge und schließlich dem sehr fruchtigen Bordeaux Clairet, eine Spezialität der Region (s. Kasten S. 137).

Auf **Château de Belloc** südlich von Sadirac werden Gemüse- und Obstsorten angebaut, die fast schon aus der Küche verschwunden waren, z. B. *salicorne* (Queller) oder *orties* (Brennnesseln). Interessante Angebote findet man im Verkaufsraum von **Oh! Légumes oubliés** (www.ohlegumesoublies.com, Besichtigung April–Okt. tgl. 14–18, Laden ganzjährig Mo–Fr 9–12, 14–17.30 Uhr).

Übernachten

Camping – **Bel-Air:** Lorient-Sadirac an der D 671, Tel. 05 56 23 01 90, www.

Nächtliches Historienspektakel in der Burgruine von Castillon

camping-bel-air.com, ganzjährig, 100 Plätze. Die Anlage mit Pool am Waldrand ist die wohl preiswerteste Übernachtungsmöglichkeit rings um Bordeaux: Zwei Erwachsene im Wohnwagen oder Zelt zahlen lediglich ca. 15 € pro Nacht, Mietwohnwagen stehen ab 220 € pro Woche bereit. Der Besitzer spricht deutsch.

Castillon-la-Bataille

▶ G 5

Eine Kleinstadt an der Dordogne, oft von dichtem Verkehr durchzogen, kein Ort, den man gesehen haben muss. Dennoch erlebt Castillon zwischen Mitte Juli und Mitte August einen Touristenzustrom. Anlass ist ein zweistündiges Historienspektakel, das mit 500 Akteuren auf freiem Feld aufgeführt wird. Thema: die letzte Schlacht des Hundertjährigen Krieges,

die am 17. Juli 1453 bei Castillon ausgefochten wurde (daher der Zusatz ›la Bataille‹). Dank der überlegenen Artillerie siegten 6000 Franzosen über 8000 Engländer. Für Aquitanien hatte der Krieg damit kein glückliches Ende gefunden, denn die Region büßte nun all die Privilegien ein, die sie in britischer Zeit genossen hatte. Frankreichs König erhob eine hohe Steuer auf Weinexporte, womit viele eingesessene Familien dem Ruin entgegensteuerten. An ihrer Stelle etablierten sich Adlige, die aus anderen Gebieten einwanderten. Die heutige Begeisterung für das Schauspiel von Castillon ist demnach kein Vivat auf ein Blutbad, sondern pure Freude an der Show.

Im Übrigen ist Castillon bekannt als Zentrum eines weiteren Rotweingebiets (A.O.P. (A.O.C.) Côtes de Castillon), in dem hauptsächlich Merlot angebaut wird. Hier kann man noch hervorragende Entdeckungen machen, denn die Appellation hat längst stark an Qualität zugelegt.

Radtour entlang der Dordogne ▶ G 5

Rundfahrt ca. 26 km , Start am Camping la Pelouse in Castillon-la-Bataille; Restaurant Le Belvédère, 1, côte de la Tourbelle, Juillac, Tel. 05 57 47 40 33, www.restaurantlebel vedere.fr, Di, Mi und Okt. geschl.

La Pelouse, die Liegewiese, lautet vielversprechend der Name eines kleinen Campingplatzes in **Castillon,** der sich wegen seiner idyllischen Lage am Ufer der Dordogne gut als Ausgangspunkt für eine Rundreise mit dem Fahrrad eignet. Flussabwärts geht es zunächst zur **Brücke** in Castillon und über diese ans Südufer der Dordogne, wo linker Hand ein Schild den Weg entlang des Ufers weist *(Rive Gauche de la Dordogne)*. Viel Grün an der Strecke und die Nähe des Wassers verschaffen Kühlung und hübsche Ausblicke Die winzigen Abzweige bleiben rechts liegen, die Dordogne bestimmt die Richtung, bis man nach 6 km bei **Micouleau** ein

wenig vom Ufer abschwenken muss. An der weiteren Strecke lohnt es immer mal, den kurzen Stichstraßen nach links zum Fluss zu folgen.

In **Flaujagues,** rund 9 km von Castillon, kündigt ein Schild ein verlockendes Etappenziel an: das **Restaurant Le Belvédère.** Der Name verrät, dass man sich diesen hübschen Platz erkämpfen muss, denn das Haus mit schöner Terrasse liegt am Ende einer Steigung hoch über der Dordogne. Hier, auf halber Strecke, ist Zeit für ein köstliches Mittagsmenü, das die Inhaber Monique und Michel Pestel zum Preis ab 15 € anbieten (abends ab 30 €).

Mit gefülltem Magen geht es nun abwärts und bei **Pessac-sur-Dordogne** links in die **D 16.** Am Ortsausgang wird die Dordogne gequert, dann besteht beim **Camping La Plage** Gelegenheit, links von der Hauptstraße abzuschwenken. Bei einem feudalen Anwesen mit Säulenportal ist in **St-Seurin-de-Prats** wieder das Ufer erreicht. Um am Fluss zu bleiben, muss man bald darauf einen nicht markierten Abzweig links nehmen und sofort wieder links fahren. Auf diesem teils nicht asphaltierten Weg

Radtour an der Dordogne

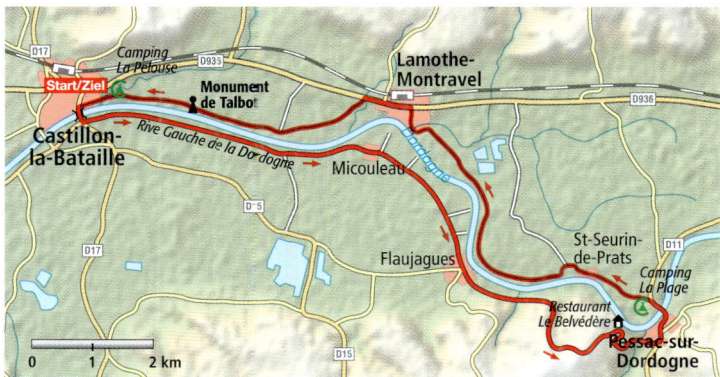

radelt man meist dicht am Fluss nach **Lamothe-Montravel** (ca. 20 km) und gelangt an die Durchgangsstraße **D 936**. Das wenig angenehme Teilstück endet zum Glück schon bald an einem Abzweig links, an dem das **Monument de Talbot** ausgeschildert ist, das an die berühmte Schlacht von Castillon erinnert. Am Flussufer mitten in den Feldern markiert eine Säule mit einer Marienstatue den Ort, an dem der englische General John Talbot getötet wurde. Schließlich ist nach insgesamt etwa 26 km wieder der Campingplatz La Pelouse erreicht.

Übernachten

Zentral und preiswert – **Bonne Auberge:** 6, rue du 8-Mai-1945, Tel. 05 57 40 11 56, Fax 05 57 40 11 56, 10 Zimmer, DZ 45–59 €. Einfaches Familienhotel im Ortskern. Die Zimmer sind nicht gerade geräumig, es empfiehlt sich ein Zimmer mit Blick zum Garten. Das Restaurant, zwei Häuser weiter gelegen, bietet nur eine bescheidene Auswahl an Speisen, aber gute Qualität und günstige Tagesgerichte, Menü 20–35 €.

Camping – **Municipal La Pelouse:** Tel. 05 57 40 04 22, Anfang Mai–Mitte Okt., 38 Plätze, 12 € für zwei Personen im Zelt. Kleiner Platz mit Pool und schöner Lage an der Dordogne.

Infos & Termine

Office de Tourisme: Place Marcel Paul, 33350 Castillon-la-Bataille, Tel. 05 57 40 27 58, www.tourisme-castillonpujols.fr.

Maison du Vin: 6, allées de la République, Castillon, Tel. 05 57 40 00 88, www.castillon-cotesdebordeaux.com.

La Bataille de Castillon: Mitte Juli–Mitte Aug. Fr, Sa und manchmal auch Do nachts, Historienspektakel, Informationen unter Tel. 05 57 40 14 53, www.batailledecastillon.com; Eintritt 23 €, Kinder unter 12 Jahren 9 €, unter 5 Jahren kostenlos.

Bahn: Castillon ist Station an der Strecke Bordeaux–Bergerac. Es halten dort fast alle der täglich etwa 15 Züge. Fahrtzeit Bordeaux–Castillon ca. 40–50 Min. Auskunft Gare SNCF, Tel. 05 57 40 00 28.

Bus: Linie 410 nach Libourne.

Montcaret ▸ G 5

Das idyllische Dorf besitzt gleich neben seiner romanischen Kirche ein **Museum** (http://montcaret.monuments-nationaux.fr, Juni–Sept. tgl. 9.45–12.30, 14–18, Okt.–Mai 10–12.30, 14–17.30 Uhr, 3 €) mit Funden aus römischer Zeit. Sie stammen aus einer Villa aus dem 1.–4. Jh., die hier ab 1827 freigelegt wurde. Eindrucksvoll sind die noch in situ befindlichen Bodenmosaike mit Fischdarstellungen.

St-Michel-de-Montaigne ▸ G 5

www.chateau-montaigne.com, Juli/Aug. tgl. 10–18.30, April–Juni, Sept./Okt. Mi–So 10–12, 14–18.30, Nov./Dez., Febr.–März Mi–So 10–12, 14–17.30 Uhr, 8 €

Am 28. Februar 1571 machte sich Michel Eyquem de Montaigne (s. S. 63) zu seinem 38. Geburtstag ein ungewöhnliches Geschenk: Er zog sich in sein Schloss zurück, um dort den Rest seiner Tage zu verbringen. »Ich kreise in mir selbst«, schrieb er und hatte dafür das adäquate Domizil gewählt: jenen Rundturm, in dem er nicht einmal Frau und Tochter zu sehen wünschte. Der Turm ist eines der bedeutendsten literarischen Pilgerziele Europas und heute Teil eines neuen Château Montaigne, das errichtet wurde, nachdem das alte Schloss im Jahre 1885 niedergebrannt war.

Der geführte Rundgang durch den dreistöckigen Turm beginnt in Montaignes Privatkapelle, einem dunklen Raum im Parterre, in dem noch Wandmalereien zu erkennen sind. Sie wurden von einem fahrenden Künstler angefertigt, der ursprünglich alle Räume des Turmes ausgeschmückt hatte. Michels runder Wohnraum und ein angrenzender Ankleideraum sind im ersten Stockwerk zu besichtigen, sein Studierzimmer in der obersten Etage. Hier befand sich einst die ansehnliche Büchersammlung, die nach Michels Tod von seiner Tochter verkauft wurde – beinahe ein Glück, denn sie wäre spätestens dem Brand im 19. Jh. zum Opfer gefallen. Dem Feuer entgingen nur wenige Erinnerungsstücke. Sie sind mit einigen Reproduktionen im Turm ausgestellt und ergeben gerade in ihrer Dürftigkeit ein eindrucksvolles Bild von Montaignes Zurückgezogenheit.

Übernachten

Landleben – **La Ferme aux Fleurs**: 24610 Montpeyroux (etwa 7 km nördlich von St-Michel), Tel. 05 53 80 84 11, http://lafermeauxfleurs.free.fr, 6 Zimmer, DZ 45–55 €. Altes Bauernhaus

mit verträumtem Garten. Die Zimmer tragen die Namen von Blumen und entsprechen in der Farbgebung der jeweiligen Pflanze. Besonders rustikal ist Les Violettes mit offenem Balken- und Mauerwerk. Auf Wunsch *table d'hôte* (22 € Erwachsene, 12 € Kinder unter 15 Jahren pro Mahlzeit inkl. Getränke).

Infos

Bahn: In Montcaret an der Strecke Bordeaux–Bergerac halten nur wenige Züge.
Bus: Linie 410 nach Libourne.

St-Émilion! ► F 5

Ein Bilderbuchdorf unter Denkmalschutz, obendrein von der UNESCO zum Welterbe gerechnet – das ist die schöne Seite von St-Émilion. Die Kehrseite: Man ist nicht Entdecker dieses Paradieses, also auch nicht der Einzige, der durch die malerischen Gassen streift. In der Hochsaison erklimmen ganze Scharen von Touristen den Kalksteinhügel, auf dem das Örtchen thront, und reiben das Straßenpflaster blank (rutschfestes Schuhwerk ist zu empfehlen). Allenthalben wird man unfreiwilliger Statist auf einem Urlaubsfoto, wehrt Weinproben und Souvenirs ab und beteuert, die *macarons* schon mehrfach gekostet zu haben. Für alle, die noch nicht das Vergnügen hatten: *Macarons* sind köstliche Mandelplätzchen, gebacken nach einem Rezept, das die Ursulinen kreiert haben sollen.

Der 1535 gegründete Orden der hl. Ursula ist weiß Gott nicht der erste, der in St-Émilion seine Zelte aufschlug. Vielmehr hat alles weitaus früher begonnen, der Legende nach im 8. Jh., als ein wallfahrender Mönch namens

Zwischen Garonne und Dordogne

Aemilianus die Schönheit und Abgeschiedenheit des Fleckens entdeckte und sich eine Klause in den weichen Fels schlug. 767 starb der Eremit, seine Wohnstätte wurde Pilgerziel und Sammelpunkt für weitere Benediktinermönche, die nach dem Vorbild des Altvorderen Kammer um Kammer in das Kalkgestein hieben. Ob Aemilianus nun wirklich der Pionier war oder andere vor ihm schon Hand an den Fels legten – Tatsache ist, dass St-Émilion mit Material aus dem Bauch des Hügels errichtet wurde und sich heute über einem regelrechten Schweizer Käse erhebt. Die Stollen werden auf eine Gesamtlänge von 100 km geschätzt, sie ergeben prächtige Weinlager und werden zunehmend auch für kulturelle Zwecke genutzt.

In den Wirren des Hundertjährigen Krieges sah St-Émilion seine Einnahmen aus dem Pilgerbetrieb schwinden. Die Religionskriege brachten diese Entwicklung zum Abschluss, doch tat sich nun mit dem Weinbau ein neuer Quell des Reichtums auf. Inzwischen zählen die roten Weine von St-Émilion zu den Spitzenerzeugnissen Frankreichs. Ein Schlüssel dazu sind die kargen Böden, auf denen außer Wein kaum etwas anderes gedeihen würde. Gerade hier, wo das Regenwasser im Kalkgestein versickert und die Rebstöcke besonders tief wurzeln müssen, entwickeln die Pflanzen große Kraft und ihre Trauben viel Aroma.

Die Weine aus St-Émilion wurden 1955 erstmals klassifiziert und müssen sich – im Unterschied zu den Preisträ-

Blick auf St-Émilion über ein Meer von Weinreben

gern von 1855 – regelmäßig Kontrollen unterziehen, sodass der Etikettaufdruck tatsächlich ein Gütesiegel darstellt. Leitendes Gremium bei der Qualitätsprüfung ist die *jurade*, das einstige Stadtparlament, das sich 1948 als reine Weinbruderschaft neu formierte.

Stadtrundgang

Chapelle de la Trinité 1

Place du Marché, Besichtigung nur im Rahmen einer Führung

Einer der vielen Hohlräume – er befindet sich gleich neben einer unterirdischen Quelle – wird seit Jahrhunderten als Klause des Aemilianus gedeutet. Darüber errichtete man im 13. Jh. die Chapelle de la Trinité. Wortreich und mit viel einstudiertem Humor erklärt *Madame* oder *Monsieur le Guide* beim Abstieg in den Schoß von Mutter Erde, wo Aemilianus schlief, wo er betete und wo er begraben wurde. Der schmale Grat zwischen Dichtung und Wahrheit ist dabei schnell überschritten. Zumindest trifft es zu, dass die Katakomben als Stätte für Beisetzungen dienten. Dabei wurden die Toten allerdings nicht begraben, sondern kurzerhand durch eine Deckenluke in die Tiefe herabgelassen.

Église Monolithe 2

Tgl. ab 10 Uhr über das Office de Tourisme, 7,50 €

Gleich neben der Chapelle liegt die kunsthistorisch bei Weitem bedeutsamere Église Monolithe, eine drei-

schiffige Kirche der Benediktiner, die vom 9. Jh. an in den Fels geschlagen wurde. Denkmäler wie dieses – eher Werke von Bildhauern als Architektur – sind sonst vor allem aus Asien bekannt. Aber auch gegen die dortigen Schöpfungen kann die imposante Felskirche von St-Émilion bestehen. Etwa im 12. Jh. hatte sie ihre heutigen Maße (38 m Länge, 20 m Breite, 11 m Höhe) erreicht. Wegen Einsturzgefahr musste man in neuerer Zeit Betonpfeiler einziehen, die den optischen Reiz erheblich beeinträchtigten. Zwar konnten diese Stützen wieder entfernt werden, sodass der Raum seine alte Wirkung entfaltet; die ursprünglichen Reliefs und Malereien, während der Französischen Revolution zerstört, sind jedoch unwiederbringlich verloren. Auch das Hauptportal, das im 14. Jh. hinzugefügt wurde (heute verschlossen), hat damals den Großteil seines Dekors eingebüßt. Dieses Portal wie auch der Glockenturm aus dem 15. Jh. (Ausblick!) weichen vom Prinzip der Felskirche ab, indem sie nach außen die Lage des ansonsten verborgenen Heiligtums bezeichnen.

Église Collegiale 3
Place Poincaré
Ein Stück oberhalb der Église Monolithe erhebt sich die Kollegiatskirche mit romanischem Langhaus und gotischem Chor. Bescheiden sind leider die Reste von romanischen Wandmalereien, die ins 12. Jh. datiert werden. Vom angrenzenden Benediktinerkloster aus dem 14. Jh. sind außer dem Kreuzgang noch der ehemalige Schlafsaal und das Refektorium erhalten, in dessen Räumlichkeiten heute das Office de Tourisme von St-Émilion logiert. Kollegiatskirche und Kloster stammen aus einer Zeit, als St-Émilion in die Wirren des Hundertjährigen Krieges hineingezogen wurde.

Tour du Roy 4
Rue du Château du Roy
Der Wehrturm aus dem 13. Jh., der bis 1720 als Rathaus diente, ist Tagungsort der Weinbruderschaft. Von ihm aus eröffnen die in rote Roben gekleideten *jurats* alljährlich am dritten Septemberwochenende die Weinlese und verkünden im Juni, welche Tropfen des Vorjahres ihnen am besten munden.

Cloître des Cordeliers 5
2bis, rue de la Porte Brunet, www. lescordeliers.com
Nicht unbedingt Favorit der *jurade*, aber Liebling der Touristen ist der Clos des Cordeliers. Diesen Schaumwein *(crémant)* erhält man im ehemaligen Franziskanerkloster aus dem 14. Jh., von dem u. a. Teile des Kreuzgangs erhalten blieben. Auch an diesem Kloster zeigen sich die Blessuren des Hundertjährigen Krieges und der Französischen Revolution.

Porte de la Cadène 6
Rue de la Cadène
Auf dem Weg vom Cloître des Cordeliers die Rue de la Porte Brunet hinab fällt nach wenigen Metern links der Blick auf die Porte de la Cadène. Das Tor, das in früherer Zeit Ober- und Unterstadt voneinander trennte, wurde bei Nacht mit einer Kette *(cadène)* verschlossen.

Grotte des Girondins 7
Ein Stück weiter befindet sich die Grotte (auch Puits) des Girondins. Dort hatten sich während der Revolution Marguerite-Élie Guadet und andere Girondisten vor den Jakobinern versteckt, wurden aber aufgegriffen und hingerichtet. Von einem ehemaligen Dominikanerkloster künden nur noch die **Grandes Murailles,** Mauerreste am Nordrand des Dorfes.

St-Émilion

Sehenswert
1 Chapelle de la Trinité
2 Église Monolithe
3 Église Collegiale
4 Tour du Roy
5 Cloître des Cordeliers
6 Porte de la Cadène
7 Grotte des Girondins

Übernachten
1 Hostellerie de Plaisance
2 Auberge de la Commanderie
3 Château Monlot-Capet
4 Camping Yelloh Village

Essen & Trinken
1 Clos du Roy
2 Envers du Décor
3 Côte Braisée

Einkaufen
1 Cour des Arts

Abends & Nachts
1 Au Bois de l'Or

Ausflug in die Weinberge

Damit endet der Stadtrundgang und beginnt für Genießer die Erkundung der idyllischen Weinberge ringsum, von denen man immer wieder prächtige Ausblicke auf St-Émilion hat. Wer ein Weingut besichtigen und vor Ort gleich ein paar besondere Weine degustieren möchte, der wählt einen der beiden Premiers Grands Crus Classés A: **Château Ausone** (Tel. 05 57 24 70 26, http://chateau-ausone. fr, am Südrand des Dorfes oder **Château Cheval Blanc** (Tel. 05 57 55 55 55, www.chateau-cheval-blanc.com), das nordwestlich bei Pomerol liegt. Ausone trägt seinen Namen nach dem aus Bordeaux gebürtigen römischen Dichter Ausonius, der auch hier eine Villa besessen haben soll. Aber natürlich kann man sich ebenso mit einem

145

Zwischen Garonne und Dordogne

hervorragenden Premier Grand Cru Classé B begnügen, vielleicht **Château Bélair-Monange** (1, route Bélair, Tel. 05 57 74 60 40, www.chateau-belair.com) oder **Château Canon** (Tel. 05 57 55 23 45, www.chateaucanon.com), nur zehn Minuten Fußweg westlich von St-Émilion.

Übernachten

Einmal im Leben – **Hostellerie de Plaisance** [1] : Place du Clocher, Tel. 05 57 55 07 55, www.hostellerie-plaisance.com, Jan. geschl., 17 Zimmer, 4 Suiten, DZ 273–590 €, Suite 497–710 €. Am Fuß des Glockenturms liegt das führende Haus des Ortes, der reinste Palast, den man zumindest mal gesehen haben muss. Die Einrichtung der weitläufigen Zimmer bewegt sich haarscharf am Rande des Kitschs. Wer es sich leisten kann, wird auch in Kauf nehmen, dass allein für ein mitgebrachtes Haustier 20 € täglich zu zahlen sind. Im Sterne-Restaurant mit Terrasse hoch über St-Émilion kostet das Menü mindestens 110 €.

Inmitten der Reben – **Château Monlot-Capet** [2] : St-Hippolyte, Tel. 05 57 74 49 47, www.chateaumonlot.com, Jan. geschl., 5 Zimmer, 80–130 €. Das Weingut aus dem 18. Jh. besitzt vier Zimmer und eine Suite, die allesamt recht unterschiedlich eingerichtet sind, stets aber mit alten Möbeln. Ein gutes Frühstück ist im Preis eingeschlossen, WLAN steht gratis zur Verfügung. Die Weinstöcke reichen bis dicht an den Garten.

Bezahlbarer Luxus – **Auberge de la Commanderie** [3] : 2, rue Porte Brunet, Tel. 05 57 24 70 19, www.aubergedelacommanderie.com, Ende Dez.–Mitte Febr. geschl., 17 Zimmer, ein Appartement, DZ 77–145 €, Appartement 150–220 €. Das nette, komfortable Haus in der Altstadt besitzt individuell gestaltete Zimmer, die man sich vor der Buchung im Internet anschauen sollte. Die zentrale Lage des Hotels überzeugt vor allem angesichts des kostenlosen Parkplatzes.

Camping – **Yelloh Village** [4] : Route de Montagne, Tel. 05 57 24 75 80, www.camping-saint-emilion.com, 160 Plätze, Mai–Sept. Zwei Personen im Zelt mit Pkw 126–158 € für 7 Nächte. Liegestühle zwischen Bananenstauden, Sonnenschirme aus Bastgeflecht, zwei Pools und eine riesige Wasserrutsche machen den Campingplatz zum Aqua-Paradies. Schöne Lage an einem 5 ha großen See, auf dem man fischen und Kanu fahren kann. Außerdem kann man Tennis spielen und Fahrräder leihen.

Essen & Trinken

Am Platz vor der Monolithkirche finden sich mehrere Restaurants mit Terrasse, wo man zwar sehr schön sitzt, aber nicht unbedingt gut und preiswert speist. Alternativen:

Verlockend angerichtet – **Clos du Roy** [1] : 12, rue de la Petite Fontaine, Tel. 05 57 74 41 55, www.leclosduroy.fr, Mo, Di und Jan. geschl., Menü 30–85 €. Alle zwei Monate wechselt die Speisekarte des Hauses, dessen Koch Nikhola Lavie-Cambot nicht nur auf frische Zutaten bedacht ist, sondern auch auf eine besonders appetitliche Präsentation der Speisen. Von Mai bis Oktober steht die Terrasse zur Verfügung, ansonsten ein klimatisierter, modern eingerichteter Saal in dem historischen Haus.

Bodenständig – **Côte Braisée** [2] : 3, rue du Tertre de la Tente, Tel. 05 57 24 79 65, Ende Dez.–Mitte Jan. geschl., Menü 25 €. Gute traditionelle Küche, eine empfehlenswerte Ente Orange und eine respektable Weinkarte. Leider gibt es nur wenige Plätze im Freien, doch verspricht auch der rustikale Speisesaal Kühle im Sommer.

Frisches vom Markt – **Envers du Décor** **3** : 11, rue du Clocher, Tel. 05 57 74 48 31, www.envers-dudecor.com, im Winter Sa, So geschl., Menü ab 22 €. Bei immerhin 100 Plätzen auf der Terrasse vor historischer Kulisse besteht eine gute Chance, einen Platz im Freien zu finden – zudem bei guter regionaler Küche. Für den Winter steht im Saal ein Kamin bereit. Die Weinkarte wurde schon mehrfach prämiert.

Einkaufen

Kunsthandwerk – **Cour des Arts** **1** : 2, rue de la Grande Fontaine. Mehrere Läden um einen Innenhof, teils ausgefallenes Warenangebot.

Abends & Nachts

Disco – **Au Bois de l'Or** **1** An der Straße D 670, Tel. 05 57 51 35 43. Die alteingesessene Disco, meist nur BDL genannt, besitzt eine Bar und eine Terrasse. An Wochenenden kann dort bis 5 Uhr morgens getanzt werden.

Infos & Termine

Information

Office de Tourisme: Place des Créneaux, 33330 St-Émilion, Tel. 05 57 55 28 28, www.saint-emilion-tourisme.com.

Maison du Vin St-Émilion: Place Meyrat, Tel. 05 57 55 50 50, www.vins-saint-emilion.com.

Termine

Roulé de barriques: Am zweiten Samstag im Mai im Nachbardorf Lussac, Wettbewerb im Weinfassrollen.

Proclamation du jugement du vin nouveau: Juni, Benotung des jungen Weins.

Ban de vendanges: Sept., Eröffnung der Weinlese durch die *jurade*. Bis zu 54 *jurats,* feierlich gekleidet in rote Roben, geben von den historischen Mauern des Ortes aus das Signal, das den Bauern erst die Lese gestattet.

Verkehr

Bahn: St-Émilion ist Station an der Strecke Bordeaux–Bergerac–Sarlat, doch halten hier täglich nur vier Züge. Gare SNCF, Tel. 08 36 35 35 35.

Bus: Nach Libourne mit den Linien 318 und 319.

Im Libournais

Libourne ▶ F 4/5

Mit 24 000 Einwohnern ist Libourne heute die zweitgrößte Stadt im Département Gironde. Der Ort hat keltische Wurzeln, wurde aber 1268–1270 unter dem englischen Befehlshaber Roger Leyburn in eine Bastide umgewandelt und wuchs später als Flusshafen und Umschlagplatz für Wein über seine mittelalterlichen Grenzen hinaus. Die alten Festungsanlagen hatten ausgedient und wurden niedergerissen, geblieben ist nur der Turm **Tour du Grand-Port** (frühes 14. Jh.).

Im Ortskern lässt die von Arkaden und Cafés gesäumte Place Abel-Surchamp jedoch nach wie vor die typische Anlage einer Bastide erkennen. Der Platz wird beherrscht vom Hôtel de Ville (1429, im 20. Jh. neogotisch umgestaltet), in dem sich auch das **Musée des Beaux-Arts et d'Archéologie** (http://musees-aquitaine.com, Di 14–18, Mi–Sa 9.30–13, 14–18 Uhr, gratis) befindet. Zu den Exponaten zählen Landschaften und Tierporträts des heimischen Malers René Princeteau (1844–1914), der Lehrer von Toulouse-Lautrec war.

Übernachten

Preiswert – **Des Vignobles:** 35, rue A. Ninévoit, Tel. 05 57 51 23 29, www.hotel-des-vignobles.com, 8 Zimmer, DZ 54 €. Kleines Hotel im Stadtzentrum mit einem hübsch bepflanzten Innenhof, zu dem sich die Zimmer öffnen. Ein Zimmer ist behindertengerecht ausgestattet. Kleine Küche vorhanden, WLAN gratis.

Essen & Trinken

Exotisch mit Garten – **La Villa Vietnam:** 141, av. Gén. de Gaulle, Tel. 05 57 51 61 93, http://lavillavietnam.free.fr, So geschl., Menü 13–27 €. Das recht authentisch eingerichtete Restaurant besitzt einen Garten, in dem es sich angenehm speisen lässt. Serviert werden vietnamesische und thailändische Gerichte sowie ein vegetarisches Menü, die leider allesamt stark den europäischen Vorlieben angepasst sind.

Am Wasser gebaut – **La Guinguette du Lac:** Rue de Schwandorf, Tel. 05 57 25 00 56, So sowie Weihnachten bis Anfang Jan. geschl., Menü ab 15 €. Mit Grill, Tex-Mex und Salaten zwar keine kulinarische Entdeckung, aber sehr schön am Lac de Daqueys gelegen.

Einkaufen

Markt – **Place Surchamp:** Di, Fr und So Markt mit Lebensmitteln aus der Region, Trödelmarkt jeweils am zweiten Sa des Monats.

Aktiv

Ballonfahrt – **Lambert Voyages:** 84, rue Montesquieu, Tel. 05 57 74 19 10, Fax 05 57 74 12 20. Den schönsten Blick auf die Weinfelder genießt man aus der Luft.

Infos & Termine

Office de Tourisme: 40, place Abel Surchamp, Tel. 05 57 51 15 04, www.tourisme-libournais.com.

Fest'Art: Aug., dreitägiges Fest der Straßenkünstler.

Bahn: Gare SNCF, place des Martyrs de la Résistance, Tel. 08 36 35 35 35. Libourne ist Eisenbahnknotenpunkt an den Strecken von Bordeaux nach Norden und Osten (z. B. TGV über Angoulême nach Paris, 3 Std.). Die Linie Bordeaux–Sarlat führt über St-Émilion, Castillon und Montcaret (alle 1–3 Std.).

Bus: Gare Routière, 62, av. Galliéni, Tel. 05 57 51 19 28. Verbindungen u. a. nach Bordeaux mit Linie 301 und 302, nach St-Émilion Linie 318 und 319, nach Castillon Linie 410.

Stadtbusse: Calibus, 45, allées Robert Boulin, Tel. 05 57 51 00 24.

Pomerol ► F 4

Ein kleines Gebiet nördlich von Libourne, landschaftlich und kunsthistorisch wenig reizvoll, bietet vier Appellationen von erlesener Qualität, allen voran Pomerol, gefolgt von Fronsac, Canon-Fronsac und Lalande-de-Pomerol. Die Weingeschichte beginnt hier mit den Johannitern, die in Pomerol ein Schloss und eine Kirche errichteten. Heute künden einzig noch ein paar Marksteine mit dem Malteserkreuz von den zivilisatorischen Bemühungen des Ordens, der Straßen und Raststätten für die Jakobspilger anlegte.

Gänzlich anders fällt die Bilanz beim bacchantischen Vermächtnis der Johanniter aus: Aus dem alten Messwein ist einer der teuersten Tropfen der Welt geworden, ein Wein mit edlem Trüffelduft. Der berühmte **Châ-**

teau Pétrus erzielt den dreifachen Ladenpreis eines teuren Médoc, eine Tatsache, die den Erzeugern zu Kopf gestiegen ist: Anrufe und Besichtigungen sind unerwünscht. Die abweisende Haltung wird von den anderen Önologen der Gegend mehr oder minder geteilt, darauf sollte man vorbereitet sein. Dabei ist Château Pétrus kein architektonisches Glanzlicht.

Château Beauregard
Pomerol, Tel. 05 57 51 13 3€, www. chateau-beauregard.com
Auch architektonisch ist das Château Beauregard anderen Weinschlössern der Region ein Stück voraus: 1795 errichtet, stammt es von jenem Victor Louis, der auch das Grand Théâtre in Bordeaux ausführte.

Château Branda ▸ F 4

Cadillac-en-Fronsadais, http.//chateau branda.com, Ostern bis Allerheiligen tgl. 10–18, sonst nur Sa, So 14– 18 Uhr, 6 €
Lohnendstes Ziel der Region ist das zum Jahr 2000 umfassend restaurierte Château Branda in Cadillac-en-Fronsadais. Die um einen quadratischen Hof errichtete Festung stammt aus dem 14. Jh. Hinter ihren Mauern ist heute ein Garten nach mittelalterlichem Vorbild und eine Ausstellung moderner Kunst zum Thema Wein zu sehen.

Vayres ▸ F 5

Man verlässt Libourne über die Dordogne-Brücke im Westen, folgt dann der N 2089 bis kurz hinter Arveyres und gelangt auf der D 242 nach Vayres. Das Dorf thront auf einer ›Insel‹ aus Kiessand inmitten von Lehm und

Kalk und verdankt diesen besonderen Bodenverhältnissen eine eigene A.O.P. (A.O.C.) namens Graves de Vayres.

Château de Vayres
www.chateaudevayres.com, Führungen Ostern–Juni, Mitte Sept.–Okt. So/ Fei, Juli–Mitte Sept. tgl. 15, 16 und 17 Uhr, 11,50 €
Die Burg aus dem 13./14. Jh., die für Henri IV in ein Schloss umgebaut wurde, ist wichtigste Attraktion des Ortes. Eine sehr schön gestaltete Treppe führt vom Herrenhaus in einen 20 ha großen Garten im französischen Stil, der sich zur Dordogne hin öffnet.

Übernachten

Preiswerte Romantik – **Gangloff-L'Étape:** Grand Cazeaux, 33870 Vayres, Tel. 06 08 05 06 24, www.gangloff-letape. com, Mitte Dez.–Mitte Jan. geschl., 11 Zimmer, DZ 130–140 €. Das ehemalige Weingut ist der Gruppe Logis de France angeschlossen, bietet also landestypische Unterkunft, hier sogar mit Garten, Pool und Terrasse. Im Restaurant mit Kamin und stets frischen Blumen werden Grillgerichte und traditionelle Speisen gereicht. Erhältlich als Halbpension, 85 € pro Person.

Aktiv

Golf – **Golf de Teynac:** Domaine de Teynac, 33750 Beychac-et-Caillau, Tel. 05 56 72 85 62, www.golf-teynac.com. Die Anlage erstreckt sich über ein ehemaliges Weingut und ist Teil des ›Golf-Gürtels‹ rings um Bordeaux. Im Château gibt es ein Restaurant und einige Gästezimmer (DZ 71 €).

Infos

Bus: Nach Bordeaux und Libourne mit Linie 301 und 302.

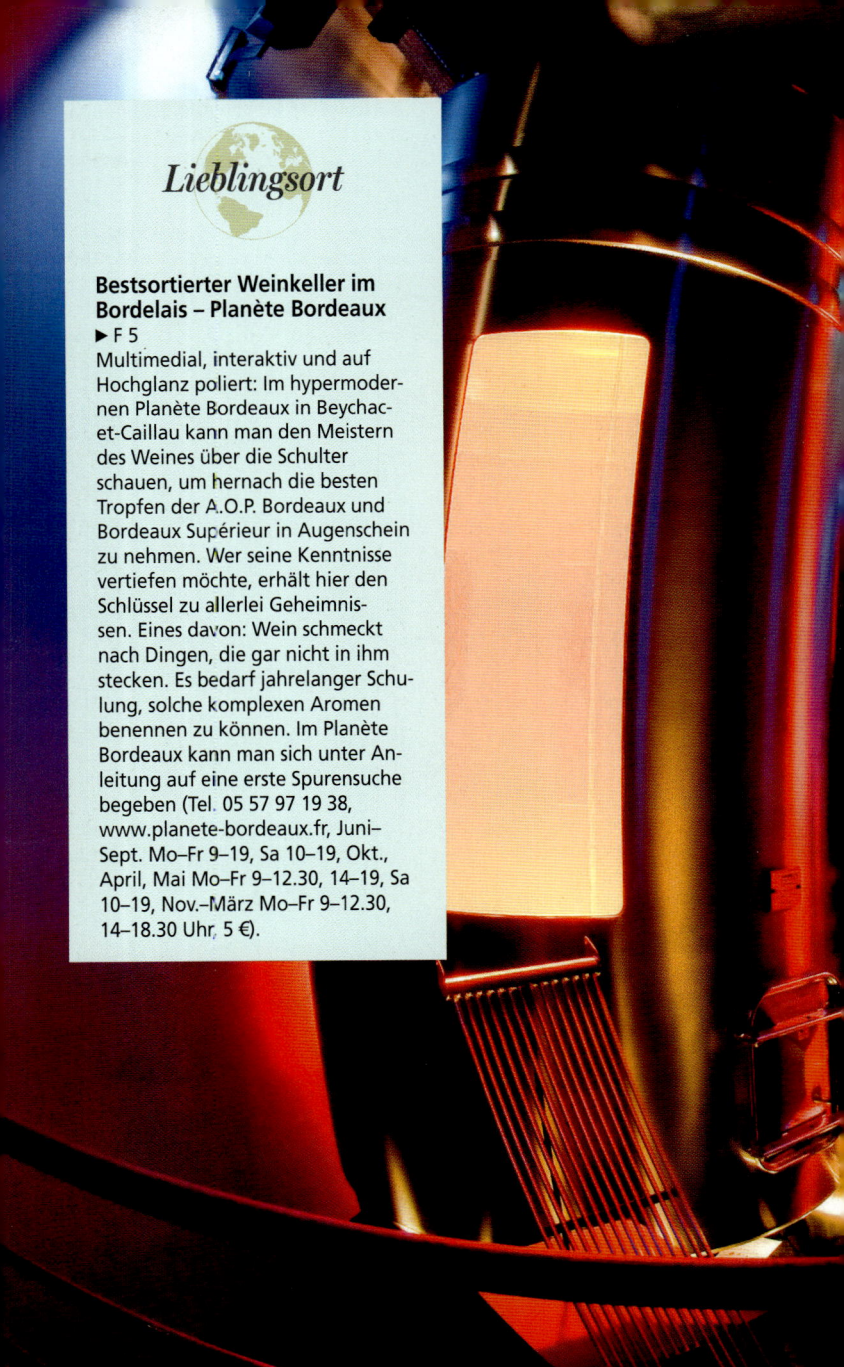

Lieblingsort

Bestsortierter Weinkeller im Bordelais – Planète Bordeaux
▶ F 5

Multimedial, interaktiv und auf Hochglanz poliert: Im hypermodernen Planète Bordeaux in Beychac-et-Caillau kann man den Meistern des Weines über die Schulter schauen, um hernach die besten Tropfen der A.O.P. Bordeaux und Bordeaux Supérieur in Augenschein zu nehmen. Wer seine Kenntnisse vertiefen möchte, erhält hier den Schlüssel zu allerlei Geheimnissen. Eines davon: Wein schmeckt nach Dingen, die gar nicht in ihm stecken. Es bedarf jahrelanger Schulung, solche komplexen Aromen benennen zu können. Im Planète Bordeaux kann man sich unter Anleitung auf eine erste Spurensuche begeben (Tel. 05 57 97 19 38, www.planete-bordeaux.fr, Juni–Sept. Mo–Fr 9–19, Sa 10–19, Okt., April, Mai Mo–Fr 9–12.30, 14–19, Sa 10–19, Nov.–März Mo–Fr 9–12.30, 14–18.30 Uhr, 5 €).

Die Weinstraße des Médoc

Highlight !

Château Cos d'Estournel: Orient mitten in den Weinbergen – mit seiner maurischen Architektur erinnert das Schloss in St-Estèphe an die Zeit, als Médoc-Weine nach Arabien geliefert wurden. Als unschlagbares Fotomotiv bildet Cos d'Estournel den Höhepunkt auf der Fahrt von Bordeaux zur Pointe de Grave. S. 166

Auf Entdeckungstour

Le Phare de Cordouan – ein Leuchtturm für den König: Hinterm Horizont geht's weiter, deshalb steht vor der Pointe de Grave ein Leuchtturm für all jene Schiffer, die vom weiten Ozean in die Gironde einfahren. Landratten können mit einer Barkasse den umgekehrten Weg nehmen, sofern die See nicht allzu sehr tobt. Im wankenden Boot geht es mit stetem Blick auf den imposanten Turm hinaus aufs Meer zu einer Anlegestelle mitten im Nirgendwo. Die letzten Meter durchs Watt sind zu Fuß zurückzulegen. S. 170

Kultur & Sehenswertes

Château Arsac: Das Weingut mit weitläufigem Park begeistert durch Kulturveranstaltungen in vornehmer Atmosphäre. S. 156

Blaye: Die mächtige, glänzend erhaltene Zitadelle auf einem Felsen über der Gironde dient als Ausguck und umschließt gleich eine ganze Siedlung. S. 160

Aktiv unterwegs

Segeln mit Blaye nautique: Die Gironde ist zwar den Gezeiten ausgesetzt, ansonsten aber ein friedliches Terrain, auf dem auch Anfänger Segelfreuden erleben können. S. 162

Radtour ab Lesparre: Eine Strecke für Genießer, es geht durch Appellations-Weinlagen, unterwegs stärken süße Köstlichkeiten und deftige Landküche. S. 168

Genießen & Atmosphäre

Pavillon de Margaux: Stilvolles Wohnen und Speisen inmitten der Weinfelder von Château Margaux. S. 158

Lion d'Or in Arcins: Gemütliches Restaurant am Wegesrand. S. 159

Corniche Girondine: Die Kalkfelsen zwischen Bourg und Blaye bieten das schönste Panorama der Region. S. 162

Abends & Nachts

Im Hafen von Pauillac: Das berühmte Weinbaugebiet versinkt nach Einbruch der Dunkelheit in einen Dornröschenschlaf. Ein wenig belebt ist dann bestenfalls noch das Gebiet um den Hafen von Pauillac. S. 164

Edelste Winzerkunst im einstigen Sumpf

In *medio aquae*, mitten im Wasser, lag einst das Médoc. Das knapp 80 km lange ›Horn von Aquitaine‹ war ein Gewirr von Inseln und malariaverseuchten Sümpfen, bis niederländische und flämische Ingenieure ab dem 17. Jh. Polder und Kanäle anlegten. Die umfassende Entwässerungskur erst bereitete den Boden für die Winzer, deren Nachkommen heute einige der teuersten Weine der Welt produzieren.

Auf der flachen Halbinsel zwischen Meer und Gironde reifen die Trauben unter sengender Sonne. Das Grün der Rebstöcke wirkt wie eine optische Brise, während wahre Kühlung nur in den Weinschlössern und ihren Kellern zu finden ist. Hier und da steht eine mittelalterliche Dorfkirche, die darauf verweist, dass britische Pilger zur Zeit der Allianz zwischen England und Aquitanien mit dem Schiff bis zur Gironde fuhren und von dort zu Fuß zum Jakobsgrab aufbrachen. Ihre Spuren sind dünn gesät, aber eindrucksvoll. Sie finden sich entlang der Straße, die von Bordeaux aus das riesige Fass edelster Weine erschließt. Entlang dieser ›Route des Crus‹, der D 2 von Bordeaux zur Pointe de Grave, reihen sich Weingüter von legendärem Ruf: Margaux, Mouton-Rothschild, Lafitte. Aus önologischer Sicht teilt sich die Region in die Appellationen Médoc im Norden und Haut-Médoc im Süden, dazu die kommunalen Herkunftsgebiete St-Estèphe, Pauillac, St-Julien, Listrac-Médoc, Moulis-en-Médoc und Margaux.

Straße und Weinstöcke halten Abstand vom Gironde-Ufer, und was die Reben angeht, aus gutem Grund: Wein muss leiden, er muss tief wurzeln, um genügend Kraft für beste Trauben zu entwickeln. Steht zu viel Wasser zur Verfügung, fehlt es den Früchten an Aroma oder es faulen gar die Wurzeln. Früher pflanzte man Rosen neben die Rebstöcke. Kränkelten diese ebenfalls tief wurzelnden Pflanzen, war es Zeit, nach den Reben zu sehen.

Eine Fahrt durchs Médoc führt dennoch hier und da ans Ufer der Gironde, um kleine Ankerplätze von Fischerbooten aufzusuchen, die Natur am Fluss zu genießen und die große Trichtermündung für einen Ausflug nach Blaye zu queren. Zum Abschluss lockt eine Fahrt von der Pointe de Grave hinaus aufs Meer, wo 7 km vor der Küste Europas ältester erhaltener Leuchtturm steht.

Infobox

Weinkollektion im Internet
Klassifizierungen und eine Auflistung vieler Weingüter mit aktuellen Öffnungszeiten und Eintrittspreisen unter: www.medoc-bordeaux.com.

Übersicht über die Weinregionen im Bordelais: ► Karte 3

Verkehr
Bahn: Tgl. verkehren etwa zehn Züge auf der Strecke Bordeaux–Pointe de Grave, in einigen werden Fahrräder kostenlos befördert. Fahrtdauer Bordeaux–Pointe de Grave maximal 2 Std.
Bus: s. unter den jeweiligen Orten.

Château Margaux – Weinschloss in klassizistischer Grandeur

Von Bordeaux nach Margaux

Blanquefort ▸ E 4

Mit der Fahrt durch die nördlichen Vorstädte von Bordeaux beginnt die Reise keineswegs geruhsam. Auch Blanquefort ist heute kein lauschiger Winkel mehr. 1402 wurde hier Ramon Eyquem, der Urgroßvater Montaignes, geboren. Damals stand bereits **Château Blanquefort** (13./15. Jh.), die einzige und zudem bescheidene Sehenswürdigkeit des Ortes. Angeblich spukt es in den Mauern, denn hier treibt der ›Schwarze Prinz‹ sein Unwesen: Edward von Woodstock, Sohn des englischen Königs Edward III. Nach dem Frieden von Brétigny (1360) zwischen Engländern und Franzosen war der Ritter in schwarzer Rüstung zum fast unabhängigen Herzog von Aquitanien aufgestiegen. 1371 wurde er als kranker Mann aus seiner Wahlheimat vertrieben, was er dem Land angeblich niemals verzieh. Er starb 1376 im Alter von knapp 46 Jahren in Westminster und wurde in Canterbury beigesetzt.

Infos

Bahn: Blanquefort liegt an der Strecke Bordeaux–Pointe de Grave.

Macau ▸ E 4

Als Zeuge des Mittelalters blieb in Macau ein Kirchturm aus dem 12. Jh. erhalten, ein Schild weist den Weg zu diesem **Clocher**. Vom Kirchturm ist es nur ein kurzes Stück zum kleinen **Hafen** (s. Lieblingsort S. 157), wo zwei Lokale zur Einkehr einladen.

Essen & Trinken

Fischrestaurant – **La Guinguette:** Tel. 05 56 30 08 12. Das einfache Lokal am Hafen ist ein recht taugliches Fischrestaurant mit preiswerten Menüs (um 20 €).

Die Füße im Wasser – **Chez Quinquin:** Tel. 05 57 88 45 89. Das Lokal am Hafen bietet den schöneren Blick aufs Wasser, aber neben Austern nur einfache Erfrischungen.

Infos

Bahn: Macau ist Station an der Strecke Bordeaux–Pointe de Grave (25–40 Min.).
Bus: Linie 706 ab Bordeaux.

Arsac ▶ E 4

Westlich von Macau liegt Arsac, dessen Dorfkirche noch ein schönes romanisches Portal besitzt.

Château Arsac

www.chateau-arsac.com, Mo–Fr nach Voranmeldung, Veranstaltungsprogramm unter Tel. 05 56 58 83 90, 6 €
Am Nordrand des Ortes lohnt ein Besuch des Château Arsac. Dieses Weingut am Ufer eines Teiches wurde im 19. Jh. durch die Reblausplage ruiniert und wird erst seit 1986 wieder von Winzerhand geleitet. Bekannt ist das Schloss für seine Kunstausstellungen.

Übernachten, Aktiv

Golf und Wellness – **Du Médoc:** Chemin de Courmateau, 33290 Le Pian-Médoc (etwa 6 km südlich von Arsac), Tel. 05 56 70 31 31, http://golfdume docresort.com. Bill Coore (USA) und Rod Whitman (Kanada) entwarfen zwischen 1989 und 1991 den berühmten Golf du Médoc mit zwei 18-Loch-Plätzen (par 71, 6316 m bzw. 6220 m). Das angeschlossene Hotel mit 79 Zimmern und Suiten ist ein angenehmes Haus aus Holz und Glas mit Well-

ness-Bereich, Pool, zwei Bars und zwei Restaurants (DZ ab 102 €).

Infos

Bus: Linie 704 ab Bordeaux.

Labarde und Cantenac
▶ E 4

Hervorragende Weine und stattliche Châteaux säumen den Weg – im Médoc hat man seine liebe Not, eine Auswahl zu treffen.

Château Giscours

Tgl., im Winter Mo–Sa 9.30–12.30, 13.30–17.30, 8 € (s. auch Übernachten)
In Labarde ist das von einem Park umgebene Château Giscours aus den Jahren 1825–45 önologisch eine Empfehlung: Es ist außerdem architektonisch imposant, wenngleich nicht von herausragender Bedeutung.

Château Siran

www.chateausiran.com, Tel. 05 57 88 34 04, April–Okt. Di–Sa 15 Uhr und nach Voranmeldung, 6 €
Auch Château Siran am nördlichen Ortsausgang von Labarde hat nicht nur seiner Weine wegen Bedeutung. Das Haus aus dem 17. bis 19. Jh., das u. a. eine Teller- und Gemäldesammlung beherbergt, gehörte einstmals dem Grafen Alphonse Toulouse-Lautrec, einem Ahnen des berühmten Malers.

Château Palmer

www.chateau-palmer.com, nach Voranmeldung Tel. 05 57 88 72 72
Château Palmer in Labardes Nachbarort Cantenac wird zwar nur Weinfreunde begeistern, doch die kommen auf ihre Kosten, denn die hiesigen Erzeugnisse zählen unbestritten zu den großen Qualitäten des Médoc.

**Der Hafen von Macau an
der Gironde – Tristesse mon
amour** ▶ E 4

Es ist wie die Mitte vom Nichts
und vom Nirgendwo, ein kleiner
Punkt am weiten Wasser. In der
Mittagshitze dümpeln oft nur
ein paar Boote im Hafen, abends
kann es auch schon mal eine ganze
Flotte von Fischerbooten und
Jachten sein. An der Gironde ist
nun mal alles offen: Weinseligkeit
des Médoc im Rücken, zur Rechten
der Weg nach Bordeaux, links das
Meer und geradeaus die Leere unter flirrender Luft. Die weite Welt
steht ebenso zur Wahl wie das
Faulenzen in einer Bar, wo der Wirt
meistens die Ruhe weg hat.

Übernachten

Exzellent – **Château Giscours:** Labarde, Tel. 05 57 97 09 09, www.chateau-gis cours.fr, DZ ab 140 €. Im Weinschloss werden drei Gästezimmer vermietet. Holzfußboden, Blümchentapeten und Rüschenvorhänge ergeben Wohnlichkeit typisch französischer Couleur.

Infos

Bus: Linie 705 Bordeaux–Pauillac.

Margaux ▶ E 4

Château Margaux
Östlich vom Ort Margaux, www.cha teau-margaux.com, Besuch nur nach Voranmeldung unter Tel. 05 57 88 83 83
Château Margaux, ein Anwesen von 1802 mit Garten und eigener Küferei, gibt ein Beispiel dafür, dass Qualität nicht unbedingt mit wirtschaftlichem Gelingen einhergehen muss. Der Wein von diesem Château fand 1855 eine Benotung als Premier Grand Cru und erzielte entsprechend hohe Gewinne. Ein Grund für die Güte sind die ungewöhnlich alten Weinstöcke, die tief in den kargen Böden wurzeln. Sie tragen weniger als junge Pflanzen und müssen von Hand abgeerntet werden – Kostenfaktoren, die ebenso wie die erforderliche lange Lagerungszeit ihren Tribut fordern. Château Margaux geriet in eine Finanzkrise und musste verkauft werden, wobei die Regierung gerade noch verhindern konnte, dass dieses Nationalheiligtum in amerikanische Hände überging.

Übernachten

Blick ins Grüne – **Pavillon de Marg-aux:** 3, rue Mandel, Tel. 05 57 88 77 54, www.le-pavillon-de-margaux.fr, 14 Zimmer, DZ 75–129 €, Menü 35–50 €. Das Haus aus dem 19. Jh. im Ortskern liegt nur eine Handbreit von den Weinstöcken des Château Margaux entfernt. Die Terrasse mit Rebenblick garantiert völlige Entspannung. Die Speisen im hervorragenden Restaurant sind überaus appetitlich angerichtet.

Einkaufen

Süße Spezialität aus Margaux – **Mademoiselle de Margaux:** 1, route de l'Isle Vincent, Fabrikbesuch Mo–Fr 9.30–18 Uhr. Spezialität aus Margaux sind die *sarments du Médoc,* feine Schokoladenstäbchen.

Infos

Maison du Vin Margaux: Place La Trémoille, Tel. 05 57 88 70 82.
Bahn: Ab Bordeaux ca. 30–45 Min.
Bus: Linie 705 verbindet Bordeaux und Pauillac.

Moulis-en-Médoc
▶ D 4

In **Arcins** führt ein Abzweig von der D 2 zu zwei weiteren Weinbaugebieten, die ehemals keinen herausragenden Ruf hatten, nun aber immer mehr auf sich aufmerksam machen. Das eine Nest, **Moulis-en-Médoc,** ist die kleinste Gemeinde mit eigener Appellation. Die Winzertradition reicht hier bis ins Mittelalter zurück, als der Ort ein religiöses Zentrum mit allein vier Klöstern war. Geblieben ist davon eine romanische Kirche und eben der Weinbau.

Château Maucaillou
Moulis-en-Médoc, www.chateau-maucaillou.com, im Sommer tgl.

Mein Tipp

Glänzende Wahl: der Goldene Löwe

Preiswertes und dennoch gutes Essen ist im Médoc eine ganz ungewöhnliche Rarität. Diese Quadratur des Kreises gelingt einem etablierten Haus in Arcins, nicht weit vom Port de Lamarque. Garten, Terrasse, eine täglich wechselnde Speisekarte und die überaus freundliche Bedienung machen den besonderen Reiz des Lion d'Or aus. Obendrein liegt die Haltestelle der Buslinie 705 direkt vor der Tür (Lion d'Or, 11, rte. de Pauillac, 33460 Arcins, Tel. 05 56 58 96 79, www.leliondor-arcins.fr, So und Mo geschl., Mittagsmenü 18 €, abends 31–56 €).

10–17, im Winter 10, 11, 14, 15, 16 Uhr, 8 €

Aufschlussreiche Exponate zum Handwerk rund um den Weinbau zeigt das **Musée des Arts et Metiers de la Vigne et du Vin.** Zu besichtigen sind u. a. eine Küferei und ein großes Barrique-Lager. Die Praxis, den Wein in *barriques* zu lagern, inzwischen weltweit geschätzt, stammt ursprünglich aus Bordeaux. Bei *barriques* handelt es sich um jene 225-Liter-Fässer aus französischer Eiche, deren Holz den Geschmack der Weine ins Herbe abrundet. Leider sind sie in der Fachwelt inzwischen in Verruf geraten, weil viele Winzer einen schlechten Wein mit dem Eichenaroma aufzubessern suchen.

Listrac-Médoc

Auch diesem Ort steht eine eigene Appellation zu. Degustiert wird im **Château Mayne-Lalande** (nach Absprache unter Tel. 05 56 58 27 63) oder im **Château Clarke** (Mitte Juni–Mitte Sept., nach Absprache unter Tel. 05 56 58 38 00).

Essen & Trinken

Familienanschluss – **Château Maucaillou:** Mo–Fr Mittagessen ohne Reservierung, sonst Anmeldung unter Tel. 05 56 58 01 23, Menü um 30 €. Verpflegung beim Winzer ist immer ein Erlebnis für sich. Auf dem Weinschloss in gediegener Umgebung zu speisen ist ein besonderer Genuss.

Infos

Maison du Vin Moulis-en-Médoc: Place du Grand Poujeaux, Moulis, Tel. 05 56 58 32 74, www.moulis.com.
Bus: Linie 703 Bordeaux–Lesparre hält in Moulis und Listrac.

Ausflug ans Gironde-Nordufer

Der Blick vom **Port de Lamarque** hinüber zum Kernkraftwerk von Braud-et-St-Louis am Nordufer der Gironde ermutigt zunächst nicht zur Überfahrt, doch auf der anderen Seite warten zwei sehenswerte Städte im Herzen eines weiteren bedeutenden Weingebiets. Falls man nur Blaye besichtigen möchte, benötigt man das Auto nicht. Am **Fähranleger** (s. S 162) in Port de Lamarque gibt es mehrere Erfrischungsstände und das kleine Restaurant L'Escale.

Blaye ▶ E 3

Auch Blaye ist Weinland, wenngleich außerhalb Frankreichs noch nicht gebührend bekannt. Der Rote, der den Hauptanteil ausmacht, firmiert unter der A.O.P. Premières Côtes de Blaye, der Weiße unter Côtes de Blaye oder Blayais. Beide haben erheblich an Qualität zugelegt, sie sind leicht, erfrischend und günstig und schmecken hervorragend zu den Fischen der Gironde (Alose, Neunauge, Aal) wie auch zum Spargel der Region. Empfehlen kann man u. a. die Rot- und Weißweine von den Gütern **Grand Barrail** und **Charron**, die man aber nicht unbedingt selbst besuchen muss. Gegenüber der Zitadelle hält man in der **Maison du Vin** eine große Auswahl an Weinen bereit.

Citadelle de Blaye

Die Festung von Blaye, auf einem 45 m hohen Felsen über der Gironde gelegen, geht auf ein römisches Fort zurück, das im 5. Jh. von Germanen zerstört und im 7. Jh. neu errichtet wurde. Ende des 17. Jh. gab der Sonnenkönig seinem Architekten Sébastien le Prestre de Vauban (1633–1707) den Auftrag, den Schutz der Gironde zu verstärken, um Spanier und Briten von Bordeaux fernzuhalten. Vauban ließ das alte Blaye abreißen und errichtete die 18 ha große Zitadelle (1689 fertiggestellt), ferner **Fort Paté** auf einer vorgelagerten Insel sowie **Fort Médoc** am anderen Ufer der Gironde (s. S. 163). Die Anlagen basieren auf der für Vauban typischen Sternform, die den Vorzug hatte, dass man den Feind aus allen Richtungen beschießen konnte. Die Festungskette tat ihre abschreckende Wirkung, sie wurde nur ein einziges Mal, im April 1814, von Engländern belagert. Seit 2008 ist die Zitadelle zusammen mit anderen Festungsbauwerken Vaubans ins Welterbe der UNESCO eingeschrieben.

Die Ausmaße der Zitadelle sind überwältigend, tatsächlich beherbergt sie eine Stadt für sich, in der man Gaststätten, Kunsthandwerkerläden und weite Rasenflächen für ein Picknick findet. Bei ausgedehnten Grabungen würden sicherlich bedeutende Funde zum Vorschein kommen. So vermutet man unter der **Bastion St-Romain** das Grab von Hruodlandus, einem Markgrafen Karls des Großen, der durch das Rolandslied bekannt wurde. Dieser Roland hatte 778 am gescheiterten Feldzug gegen die Mauren in Spanien teilgenommen, war beim Rückzug am Pass von Roncevalles getötet worden und wurde angeblich in der Abtei St-Romain in Blaye zusammen mit seiner Geliebten Aude beigesetzt.

Die Abtei aus dem 4. Jh. steht nicht mehr, auch vom mittelalterlichen **Château de Rudel** sind nur Grundmauern erhalten. Hier wurde im 12. Jh. Jaufré (auch Geoffroy) Rudel geboren, ein Troubadour, den man mit einer ungewöhnlichen Liebesbeziehung verbindet. Heimkehrende Kreuzfahrer hatten ihm die Schönheit von Lointaine, der Prinzessin von Tripolis, so eindringlich beschrieben, dass Jaufré sich in die Fremde aufmachte. In Tripolis angekommen, erlag er jedoch einer Krankheit.

Von Kummer kündet auch eine dritte Geschichte aus der Burg. 1832/33 war hier die Herzogin Marie-Caroline de Berry (1798–1870) inhaftiert, nachdem sie – eine Bourbonin – versucht hatte, ihren Sohn Henri gegen den Bürgerkönig Louis-Philippe durchzusetzen. Ein Skandal brachte ihr die Freiheit. Marie-Caroline, seit zwölf Jahren Witwe, war schwanger, als man sie hinter Gitter brachte, und kam im Gefängnis mit einer Tochter nieder. Die Mutter eines unehelichen Kindes erschien niemandem mehr als ernst zu nehmende Gefahr.

Musée d'Histoire de la Citadelle

Rue du 144e RI, Mitte Okt.–Anfang Jan. tgl. 13.30–17.30 (Schulferien auch vormittags), sonst tgl. 10.30–12.30, 13.30–18 Uhr, 4,50 €

Im Gefängnis der Zitadelle wurden seit dem 20. Jh. dann Brötchen gebacken, fand hier doch eine Bäckerei Platz. Heute beleuchten archäologische Exponate, Pläne und Modelle die lange Geschichte des Ortes.

Übernachten

Für die Rittersleute – **Citadelle:** Place d'Armes, Tel. 05 57 42 17 10, www.hotellacitadelle.com, Mitte Okt.–Mitte März geschl., 21 Zimmer, DZ ab 105 €. Es ist der wohl schönste Platz in der Festung. Das umfassend renovierte Haus, ein Logis de France, verfügt über Pool, Garten und Terrasse. Im Restaurant werden Grill- und Fischgerichte serviert (Menü ab 35 €).

Für das Fußvolk – **Camping Municipal:** La Citadelle, Tel. 05 57 42 00 20, Mai–Sept. Stellplatz 10 €. Das städtische Campinggelände mit 50 Plätzen bietet die preiswerte Wohnalternative in der Zitadelle. Schöne, ruhige Lage.

Essen & Trinken

Für den kleinen Hunger – **Avant Scène:** 5, place d'Armes, Tel. 05 57 42 17 10, www.avant-scene-citadelle.com, Nov.–März geschl., Menü ab 18 €. Die Galettes, Crêpes und Salate sind zwar überteuert, doch entschädigt dafür die überdachte Terrasse.

Fisch mit Aussicht – **Petit Port:** 3, cours du Port, Tel. 05 57 42 99 95, Menü 13–22 €. Von der Terrasse blickt man auf Hafen und Zitadelle, während Teller mit Austern aus der Bucht von Arcachon oder Fisch aus der Gironde gereicht werden. Keine erlesene Küche, aber herzhaft und preiswert.

Einkehr im Festungsstädtchen – Café in Blaye am Nordufer der Gironde

Einkaufen

Frisches Angebot – **Marché:** Am Fuß der Zitadelle Mi und Sa Markt. Im Jan. großer Weinmarkt.

Naschwerk – **Pâtisserie Brégier:** 15, cours de la République. 1649 tischte Marschall de Plessis-Praslin seinen Besuchern, den *jurats* von Bordeaux, gebrannte Mandeln auf. Diese *praslines de Blaye,* nach denen unsere Pralinen benannt sind, erhält man in bester Qualität bei Brégier.

Aktiv

Reiten – **Centre Équestre:** 2, bois de Pigou, 33390 Cartelègue, Tel. 05 57 64 52 64. Vermietung von Reitpferden.

Segeln – **Blaye nautique:** Tel. 05 57 42 80 67, www.blayenautique33. com. Der Club veranstaltet Regatten auf der Gironde und Fahrten zu den Gironde-Inseln. Deren ganz eigene Natur lässt sich von Ortsunkundigen kaum im Alleingang erleben und genießen.

Infos & Termine

Office de Tourisme: Allées Marines, 33390 Blaye, Tel. 05 57 42 12 09, www. tourisme-blaye.com. Nebenstelle in der Zitadelle.

Maison du Vin de Blaye: 11, cours Vauban, Tel. 05 57 42 91 19, www.vin-blaye.com.

Festival de Théâtre de Blaye et de l'Estuaire: Mitte–Ende Aug., Musik- und Theaterfestival in der Zitadelle.

Bus: CITRAM, Tel. 05 56 43 04 49; nach Bordeaux mit Linie 201 (über Bourg-sur-Gironde) und 202 (über St-André-de-Cubzac, dort Umsteigemöglichkeit in 310 nach Libourne).

Autofähre: Mit Service Maritime Départemental über die Gironde zwischen Port de Lamarque und Blaye, Tel. 05 57 42 04 49. Juli, Aug. 7.30–19.30 Uhr ab Blaye, 8–20 Uhr ab Port de Lamarque, alle 90 Min., in der übrigen Zeit nur vier bis sechs Überfahrten pro Tag. Die Fahrtzeit beträgt etwa 30 Min., der Preis liegt bei ca. 23 € für einen PKW mit zwei Insassen für die einfache Strecke. Ohne Auto zahlt man 2,70 € pro Person, fürs Fahrrad 1,80 €.

Corniche Girondine

▶ E 4

Die Weiterfahrt nach Bourg lohnt vor allem der Corniche Girondine wegen. Die landschaftlich beeindruckende Strecke entlang der Kalkfelsen bietet immer wieder schöne Ausblicke auf die Gironde. In Bourg ist bereits die Dordogne erreicht, obwohl der alte Beiname des Ortes (sur Gironde) etwas anderes verheißt. Hintergrund ist eine Laune der Natur: Dordogne (490 km) und Garonne (650 km lang) lagern an ihren Ufern Schutt ab und schieben den Schlick in die Gironde vor. Die Trichtermündung wandert dadurch allmählich nach Westen, um eines fernen Tages gänzlich geschlossen zu sein. Auch vom einst wichtigen Hafen Bourgs zeugen nur noch ein paar unbedeutende Anlagen.

Bourg-sur-Gironde

▶ E 4

Bourg und seiner Umgebung steht eine eigene Appellation zu, von deren Rotweinen **Château Roc de Cambes** (in Bourg, Tel. 05 57 74 42 11) und **Château Guerry** (in Tauriac, Tel. 05 57 68 20 78) zu empfehlen sind, während bei den wenigen Weißweinen der **Château Tour des Graves** (in St-Seurin-de-Cadourne, Tel. 05 56 59 70 97) seine Liebhaber findet.

Château de la Citadelle

Bourg war, wie Blaye, eine Römersiedlung, die mit der Zeit zur stattlichen Festung ausgebaut wurde. Ihre Mauern und Tore sind z. T. erhalten. Kernstück ist das Château de la Citadelle, eine Sommerresidenz der Erzbischöfe von Bordeaux (17. Jh.) mit herrlichem Blick über die Gironde. Die weitläufigen Kellergänge unter dem Schloss werden heute als Weinlager genutzt.

Infos

Office de Tourisme: Place de la Libération, 33710 Bourg, Tel. 05 57 68 31 76, www.bourg-en-gironde.fr.
Maison du Vin de Bourg: 1, place de l'Eperon, Tel. 05 57 94 80 20 www.cotes-de-bourg.com.

Von Fort Médoc bis zur Pointe de Grave

Fort Médoc ▶ E 3/4

Mai–Sept. tgl. 10–19, April 10–18, Okt., Nov. 11–17, Feb., März 13–17 Uhr, 3 €
Zurück am Hafen von Lamarque, geht die Fahrt weiter zum Fort Médoc. Die Festung gehörte ebenfalls zu Vaubans Verteidigungslinie der Stadt Bordeaux. Sie wurde in den Jahren 1689 bis 1691 fertiggestellt und erst 1916 aufgegeben. Durch ein prunkvolles Eingangstor, die Porte Royale, geschmückt mit dem Sonnensymbol des Königs Louis XIV, gelangt man in den Innenhof und an dessen Ende auf eine Bastion. Von dort aus eröffnet sich ein herrlicher Blick auf die Gironde.

Termine

Jazz Fort Médoc: Zweites Juliwochenende. Festival im restaurierten Fort.

Lagerfähigkeit und Rebsorte

Dass Weine mit dem Alter generell an Qualität zulegen, zählt zu den geläufigen Irrtümern. Vielmehr entscheidet die verwendete Rebsorte über die Lagerfähigkeit. Die Winzer im Médoc setzen daher auf Cabernet-Sauvignon als Hauptrebe. Die Trauben reifen spät, ergeben eine kräftige Farbe und enthalten einen hohen Anteil an Tannin, das die Lagerfähigkeit verbessert. Ein guter Médoc darf nicht nur, er muss sogar lange lagern. Das gilt insbesondere für die Spitzenprodukte, unter ihnen die Weine der Appellation St-Julien-Beychevelle.

Château Lanessan ▶ D/E3

Bei Cussac, www.lanessan.com, Museum tgl. 10–12, 14–18 Uhr, 10 €
Château Lanessan produziert einen der edelsten Weine der A.O.C. Haut-Médoc. Im Schloss aus dem Jahre 1878 ist das Musée du Cheval mit einer Sammlung von Kutschen und Pferdegeschirr untergebracht.

Château Beychevelle

▶ E 3

St-Julien-Beychevelle, www.beychevelle.com, Juli/Aug. Mo–Sa 10–17, April–Juni, Sept./Okt. 10–12, 13.30–17 Uhr, sonst Mo–Fr nach Absprache unter Tel. 05 56 73 20 70
Bekanntestes Gut der A.O.P. St-Julien ist Château Beychevelle, das auch durch seine klassizistische Architektur und seine Terrassengärten beeindruckt. Das Anwesen war einst Sitz des Duc d'Epernon, auf dessen Geheiß die Sümpfe des Médoc trockengelegt wurden.

Pauillac ▶ D/E 3

Wo früher Windjammer ankerten, legen heute nur noch Jachten an. Der **Hafen** von Pauillac ist Hauptattraktion des Städtchens und der Spaziergang entlang der Kaimauern eine lohnende Unternehmung. Unterwegs entdeckt man in der Ferne noch einige *carrelets,* traditionelle Fischerhütten auf Stelzen, die Angler über das Touristenamt mieten können. Im Umkreis des Hafens erstreckt sich der **Stadtkern,** in dem eine Reihe von Geschäften zu einem Bummel einlädt.

Seinen Ruf unter Weinkennern verdankt Pauillac der Tatsache, dass am Rande des Ortes (mit eigener A.O.P.) gleich drei der insgesamt nur fünf Premiers Grands Crus beheimatet sind. Alle drei gewähren Besuchern nur nach wochenlanger Voranmeldung Zutritt: **Château Latour** (Tel. 05 56 73 19 80, www.chateau-latour.com), **Château Lafite-Rothschild** (Tel. 01 53 89 78 00, www.lafite.com) und **Château Mouton-Rothschild** (s. u.).

Village de Bages
Place Desquet, Tel. 05 56 59 86 08
Nach Schließung des Petit Musée d'Automates, das neben Weinschlössern die herausragende Sehenswürdigkeit in Pauillac war, hat sich mit dem Winzerdorf Bages eine neue Attraktion aufgetan. Jean-Michel Cazes, der Eigentümer von Château Lynch-Bages, hat das Dorf nach altem Vorbild restaurieren lassen. Es besitzt u. a. ein Bistro, eine Bäckerei, einen Lebensmittelladen und einen Fahrradverleih.

Château Mouton-Rothschild
www.bpdr.com, Tel. 05 56 73 20 20, Besichtigung nur nach Voranmeldung
Mit dem *mouton*, dem Hammel, hat es seine besondere Bewandtnis. Pauillac war einst das Winterlager von Schäfern aus den Bergen des Béarn, die im Herbst ihre Herden durch die Landes in das mildere Médoc trieben. Lamm ist eine kulinarische Spezialität von Pauillac geblieben und das Lammfest im Mai ein sehenswertes Treffen.

Ein Schafzüchter war es auch, der in den 1920er-Jahren seine Weiden an Philippe de Rothschild verkaufte. Der Baron baute Wein an und schaffte es, dass sein Mouton-Rothschild 1973 als bislang einziger Wein zusätzlich in die Riege der 1855 auserwählten Spitzenerzeugnisse aufgenommen wurde. Zur Feier entwarf Pablo Picasso das Etikett dieses Jahrgangs. 28 Jahre zuvor, 1945, war anlässlich des Sieges über die Deutschen erstmals ein Mouton-Rothschild mit einem eigens gestalteten Aufkleber versehen worden. Er zeigt ein V für *victoire*. Inzwischen sind die von namhaften Künstlern kreierten Jahrgangsschildchen zu einer prächtigen Sammlung angewachsen. Zu sehen ist sie im schlosseigenen **Musée privé du vin dans l'art.**

Übernachten

Herrschaftlich – **Château Cordeillan-Bages:** Route des Châteaux (D 2), Tel. 05 56 59 24 24, www.jmcazes.com/fr/chateau-cordeillan-bages, Dez.–Feb. geschl., 28 Zimmer, DZ ab 229 €. Das Herrenhaus aus dem 18. Jh. am südlichen Ortsausgang zählt zu den wahrhaft göttlichen Adressen im Bordelais. Angesichts der Übernachtungspreise kann es keine Empfehlung für eine normale Urlaubsreise sein, wohl aber ein Tipp für die Flitterwochen. Die Gourmet-Krönung dazu liefert Chef de Cuisine Jean-Luc Rocha mit Spezialitäten der Region und modernen Kreationen (Mo und Di ganztägig, Sa mittags geschl., Menü 60–175 €).

Bodenständig – **De France et d'Angle-terre:** 3, quai Albert-de-Pichon, Tel. 05 56 59 01 20, www.hoteldefrance-angle terre.com, ganzjährig, 28 und 20 Zimmer (zwei Häuser), DZ 72–120 €. Das Logis-de-France-Hotel am Jachthafen verfügt über einen Garten und ein Restaurant inklusive Terrasse (Nov.–März So geschl., Menü 20–40 €). Die preiswerteren Zimmer im modernen Anbau öffnen sich zum Garten, die empfehlenswerteren Räume befinden sich im älteren Stammhaus zum Hafen hin.

Aktiv

Angeln – **Carrelets:** Fischerhütten an der Gironde können über die Maison du Tourisme et du Vin in Pauillac gebucht werden (ca. 50 € für 4 Std.).

Segeln – **UCPA:** 30, route de la Rivière, Tel. 05 56 59 03 14. Segelunterricht und Ausrüstungsverleih. Die Gironde ist wegen ihres ruhigen Wassers ein gutes Terrain für Anfänger.

Infos & Termine

Maison du Tourisme et du Vin: La Verrerie, 33250 Pauillac, Tel. 05 56 59 03 08, www.pauillac-medoc.com.

Fête de l'Agneau: Mitte Mai, Lammfest, u. a. werden die Künste der Schäferhunde vorgeführt.

Jazz and Wine: Aug., Wein- und Jazz-Festival.

Marathon des Châteaux du Médoc: Sept. Marathonlauf mit kostümierten Teilnehmern zu den Weinschlössern (Anmeldung ab Januar bei der hiesigen Maison du Vin, www.marathondu medoc.com).

Bahn: Gare SNCF, 2 bis, place de Verdun, Tel. 08 36 67 68 69 (Fahrplan) und 08 36 35 35 35 (Information und Verkauf). Pauillac liegt an der Strecke Bordeaux–Pointe de Grave.

Bus: Linie 705 nach Bordeaux, 714 über St-Estèphe nach Jau, 715 nach St-Laurent (Umsteigemöglichkeit in 703 Bordeaux–Lesparre).

Ein Markenzeichen auf beiden Seiten der Girondemündung sind die Carrelets

Orientalische Pracht in den Weinbergen: Château Cos d'Estournel

St-Estèphe ▶ D 3

Kaum hat man Latour, Lafite und Mouton im Norden von Pauillac hinter sich gelassen, gelangt man in das nächste berühmte A.O.P.-Gebiet: St-Estèphe.

Château Cos d'Estournel !

Nach Voranmeldung unter Tel. 05 56 73 15 50, http:/iestournel.com
Bekannt ist in St-Estèphe vor allem das Weinschloss Cos d'Estournel aus dem Jahre 1830, nicht nur seines Weines, sondern mehr noch seiner Architektur wegen. Der Besitzer des Schlosses exportierte seinen Wein nach Arabien und erhielt im Austausch Pferde. Als Reverenz an seine Handelspartner ließ er das Anwesen in einem Stilmix der Orientalismen errichten, u. a. mit Anleihen in Indien.

St-Seurin-de-Cadourne

Nördlich von St-Estèphe lohnt ein Besuch der Gemeinde **St-Seurin-de-Cadourne** und hier vor allem des **Château Sociando-Mallet** (Tel. 05 56 73 38 80, www.sociandomallet.com).

Übernachten

Bezahlbarer Luxus – **Château Pomys:** Leyssac, Tel. 05 56 59 73 44, www.chateaupomys.com, 10 Zimmer, DZ 99–129 €. Die Übernachtung in einem Weinschloss inmitten eines Parks ist trotz des herausragenden Angebots

Infos

Maison du Vin de St-Estèphe: Place de l'Église, Tel. 05 56 59 30 59, www.vins-saint-estephe.com.
Bus: Von Pauillac verkehrt die Linie 714 nach St-Estèphe.

Der Norden des Haut-Médoc ▶ D 2/3

Cissac und Vertheuil ▶ D 3
Das weiter westlich gelegene **Cissac** ist eher unter Archäologen bekannt, denn hier wurden Funde aus vor- und frühgeschichtlicher Zeit gemacht. Zudem haben sich in Cissac wie auch im Nachbarort **Vertheuil** jeweils eine Burg und eine Kirche aus dem Mittelalter erhalten.

Lesparre-Médoc ▶ D 2/3
Eilige Reisende werden die Fahrt nun über **Lesparre-Médoc** mit dem 30 m hohen Wehrturm Tour de l'Honneur aus dem 14. Jh. (Mitte Juni–Mitte Sept.) nach Norden zur Gironde-Mündung oder zum Strand fortsetzen.

Vensac ▶ D 2
In Vensac endet das Weingebiet. Attraktion des Ortes ist eine restaurierte **Windmühle** (Juli/Aug. tgl. 10–12.30, 14.30–18.30, Juni, Sept. Sa/So, April, Mai, Okt. So, Fei 14.30–18.30 Uhr) aus dem 18. Jh., die seit dem 19. Jh. an ihrem heutigen Standort steht. Zu Besuchszeiten wird sie in Betrieb gesetzt, arbeitet aber inzwischen mit Wasserkraft.

erschwinglich. Die Zimmer sind leider ein wenig altbacken eingerichtet, das Restaurant jedoch sehr zu empfehlen (Menü 30–48 €). Für Gäste des Hauses organisiert Château Pomys Fahrten zu den umliegenden Weingütern.

Essen & Trinken

Old fashioned – **Peyrat:** 19, av. du Littoral, Tel. 05 56 59 71 43, www.restaurant-lepeyrat-saintestephe.com, nur im Sommer Mo–Sa, Menü 18–44 €. Peyrat ist ein Ausflugslokal am Flussufer der Gironde, eine jener *guinguettes,* wie sie so häufig auf impressionistischen Gemälden verewigt wurden. Hier werden einfache Lamm- und Fischgerichte serviert.

Infos

Bus: Von Pauillac mit Linie 715 bis St-Laurent, dort umsteigen in die Linie 703 von Bordeaux nach Vertheuil.

Cissac und Lesparre; ab Lesparre 713 nach Vensac.

Radtour im Norden des Haut-Médoc ▶ D 3

Rundfahrt ca. 44 km, Start in Lesparre-Médoc bei Peugeot Cycles, nördl. der Kirche

Abgeschiedenheit und kaum befahrene Straßen locken im nördlichen Médoc ab Lesparre zu einem Ausflug, der auch sehr gut mit dem Fahrrad zu bewältigen ist. Vom Radverleih außerhalb von **Lesparre-Médoc** folgt man der Straße Richtung Ortszentrum und biegt im Kreisverkehr in die **D 201**, die nach rund 7 km zum Weiler **Canissac** führt. Mehrere Schilder weisen dort zu Weingütern der Gemeinde Bégadan, die zur A.O.P. Médoc gehört.

Radtour ab Lesparre-Médoc

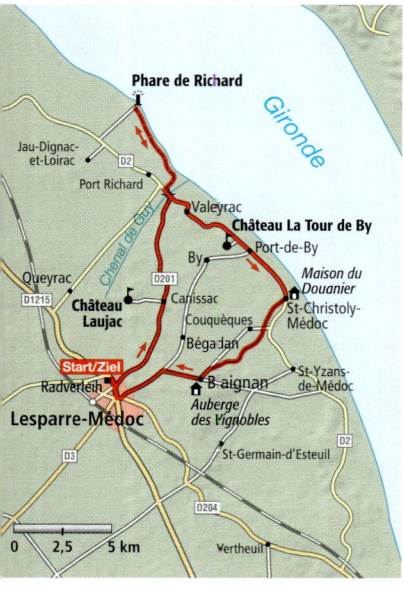

Zwischen Kanälen und Poldern wachsen die Rebstöcke auf ›Inseln‹ aus Kies und Sand. Weiter nördlich weichen die Reben allmählich dem Ackerland. Die vielleicht besten Tropfen der Appellation stammen von hier. Empfehlenswert ist vor allem auch Châteaux Laujac (Tel. 05 56 41 50 12, www.chateaulaujac.com, Mo–Fr 9–12, 14–18 Uhr).

An einem Abzweig geht es bald rechts auf der D 2101 weiter und immer wieder an Weinfeldern entlang zur Einmündung in die **D 2**, der man links folgt. Etwa 1 km hinter der **Brücke** über den **Chenal de Guy** führt ein unbeschilderter Abzweig rechts zum Ufer der Gironde und dort links weiter nach **Phare de Richard** (ca. 14 km ab Lesparre). Die Leuchttürme weisen deutlich darauf hin, dass die Gironde eine gefährliche Einfahrt ist. Einst diente hier ein alter Baum als Landmarke, bis er im frühen 19. Jh. bei einem Sturm entwurzelt wurde. So errichtete man 1843 einen ersten und 1870 einen zweiten Leuchtturm zur Orientierung. Inzwischen erfüllen Bojen diesen Zweck. Die beiden 18 m bzw. 31 m hohen Türme wurden 1953 aufgegeben und der Öffentlichkeit zugänglich gemacht. Sie zeigen in einem **Museum** (Juli/Aug. tgl. 11–19, März–Juni 14.30–18.30, Sept./Okt. 14–18 Uhr, 2 €) das Leben an und in der Gironde. Vom Turm hat man zudem einen schönen Panoramablick, auch auf die Austernbänke hier an der nördlichen Gironde.

Auf gleicher Strecke zurück, bleibt man hinter dem Chenal de Guy nun auf der D 2 und gelangt über **Valeyrac** nach insgesamt rund 25 km zum **Château La Tour de By** (Tel. 05 56 41 50 03, www.la-tour-de-by.com, Mo–Fr 8–12, 13.30–17.30, im Sommer zudem Sa/So 10–19 Uhr). Der ›Turm‹ auf diesem Weingut aus dem 18./19. Jh. ist ein ehemaliger Leuchtturm, den man besteigen kann. Weiter südlich in **St-Christoly-Médoc** bietet die **Maison du Douanier** eine nette Einkehrmöglichkeit am Ufer der Gironde (28 km). Der dortige Abzweig rechts, ausgeschildert mit Château St-Christophe, erweist sich als fast schnurgerades Sträßchen, an dem man nach etwa 5 km auf den Abzweig rechts achten muss (blaues Schild ›Patiras‹). Durch Felder und Weinreben radelt man auf **Blaignan** zu. Wenn die ersten Häuser erreicht sind, geht es links, dann gleich wieder rechts in den Ort hinein (38 km).

In der **Confiserie Blaignan** (1, La Landette) werden die *noisettines du Médoc* gefertigt, Nüsse im Zuckermantel, bei deren Herstellung man zusehen darf. Die rustikale **Auberge des Vignobles,** ebenfalls in Blaignan, stärkt den Radler mit deftiger Kost. Auf der weiten Terrasse können Rinderkotelett mit Steinpilzen oder in Champagner geschmorter Lachs verspeist werden. Nur etwa 6 km sind es dann noch über Rue de Verdun und (links) D 103 E5 bis zum Ausgangspunkt Lesparre.

Essen & Trinken

Deftige Kost – **Auberge des Vignobles:** 4, rue des Vignobles, Blaignan, Tel. 05 56 41 63 98, So abends, Mo und Ende Okt. geschl., Menü 23–42 €.

Einkaufen

Süße Spezialität – **Confiserie Blaignan:** 1, La Landette, Blaignan, Tel. 05 56 09 03 09, www.noisettines.fr, im Sommer Mo–Sa 10–11.20, 14–17.20 Uhr alle 40 Min.

Aktiv

Fahrradverleih – **Deyres Maurice Commerce Cycles:** Route de Soulac, D 1215, Lesparre-Médoc, Tel. 05 56 41 22 18.

Infos

Bus: Ab Lesparre-Médoc Linie 703 nach Bordeaux (in St-Laurent umsteigen nach Pauillac, 715), Linie 711 nach Hourtin, Contaut, Hourtin-Plage, 712 nach Vendays, Montalivet, 713 nach Vensac, Soulac, Pointe de Grave.

Le Verdon-sur-Mer ▶ D 1

Badeort und Tiefwasserhafen zugleich ist Le Verdon-sur-Mer. Wer damit leben kann, dass gleich nebenan Öltanker und Containerschiffe ankern, der sei auf den 3 km langen Sandstrand hingewiesen. Durch eine Landzunge gegen Wind und Wellen geschützt, eignet sich dieser Fleck insbesondere für Kinder.

Eine Fahrradpiste führt nach Soulac, vorbei an der Nordspitze der Halbinsel, **Pointe de Grave.** Der **Leuchtturm** hier beherbergt ein Museum zum Leben eines Leuchtturmwärters und ein Aquarium (Juli, Aug. tgl. 11–19, Mai, Juni, Sept., Okt. Fr–Mo 14–18 Uhr, 2,50 €). Ein weiterer sehenswerter Leuchtturm, der Phare de Codouan, ist nur per Boot zu erreichen (s. Entdeckungstour S. 170).

Infos

Bahn: Von Bordeaux bis Pointe de Grave (max. 2 Std.) u. a. über Lesparre, Soulac und Le Verdon (teils Umsteigen in Lesparre erforderlich).
Bus: Linie 713 ab Lesparre.
Autofähre: Ab Pointe de Grave nach Royan, Sommer 6.30–20.30 Uhr alle 40–50 Min., Fahrtzeit ca. 30 Min.; weitere Auskünfte: Service Maritime Départemental, 19, av. du Phare de Cordouan, Le Verdon, Tel. 05 56 73 37 73. PKW 23,80 €, Fahrrad 1,80 € zzgl 3,20 € pro Person (einfache Strecke).

Auf Entdeckungstour: Le Phare de Cordouan – ein Leuchtturm für den König

Vor der Pointe de Grave weist er Schiffern den Weg vom Ozean in die Gironde und ist verheißungsvolles Ziel für Landratten. Mit stetem Blick auf den imposanten Turm gelangen sie von der Pointe de Grave in einer wankenden Barkasse hinaus aufs Meer zu einer Anlegestelle mitten im Nirgendwo. Die letzten Meter durchs Watt sind zu Fuß zurückzulegen.

Reisekarte: ▶ C 1
Zeit: 4 Std.
Planung: Reservierung für die Überfahrt bei Richard Grass, Le Verdon-sur-Mer, Tel. 05 56 09 62 93, www.vedettelaboheme.com, 42 €. Der Fahrplan richtet sich nach den Gezeiten. Gummistiefel mitbringen!

Sieben Kilometer vor der Pointe de Grave wacht der Phare de Cordouan über die Einfahrt in die Gironde, eine gefährliche Passage für Schiffe mit Tiefgang. Aber auch der Leuchtturm selbst hat da draußen manches zu ertragen. Zwei Vorgängerbauten hielten den peitschenden Stürmen nicht stand. Das heutige Bauwerk bekam seinen letzten Schliff im späten 18. Jh. und besitzt eine Kammer für den damaligen König. Doch Louis XVI wurde hingerichtet, bevor er Gelegenheit hatte, den prachtvollen Turm zu besichtigen.

Das Vermächtnis des Schwarzen Prinzen

Edward von Woodstock kannte das Land, dessen Herzog er seit 1360 war, und er kannte dessen Gefahren. Soeben hatte er, der Schwarze Prinz, den Thron Aquitaniens bestiegen, da ließ er an der engen Zufahrt zur Gironde einen hölzernen Turm errichten, auf dem ein Leuchtfeuer Seeleuten den Weg wies. Denn der Mündungstrichter war schon damals eine wichtige Handelsstraße, die gesichert werden musste. Bis ins 16. Jh. tat das Bauwerk seinen Dienst, dann schwand ihm der Sand unter den Füßen.

Gewitter und Sturmesbrausen

Bei allzu heftigem Seegang ist es nicht ratsam, die Überfahrt anzutreten. Ein wenig Sonnenschein aber genügt, um das Abenteuer effektvoll in Szene zu setzen. Wenn das Boot La Bohème zwischen April und Oktober den Ableger an der Pointe de Grave verlässt, dann ist das Ziel allerdings nicht mehr der alte Turm des Schwarzen Prinzen. Weil das Bauwerk einzustürzen drohte, erhielt der damals berühmte Architekt Louis de Foix 1584 den Auftrag zu einem Neubau. 27 Jahre zogen sich die Arbeiten an diesem Phare de Cordouan hin, Foix erlebte die Fertigstellung nicht mehr.

Eine These besagt, dass Mauren aus Córdoba (franz.: Cordoue) im Mittelalter dort einen Handelsposten gegründet haben sollen, wovon sich der Name des Leuchtturms ableite. Während es dafür keine Belege gibt, steht doch außer Frage, dass der Turm bei aller Kühnheit nicht dem rauen Klima gewachsen war. Stürme und Gewitter fügten ihm schwere Schäden zu. Schließlich wurde auch der Rest der Landbrücke fortgespült, die das Festland mit dem Felsen verband.

Zu Besuch beim Leuchtturmwärter

1782 entschloss man sich zur Restaurierung und Aufstockung des Turms auf eine Gesamthöhe von knapp 68 m. Der pompöse Saal im ersten Stockwerk ist als ›Gemach des Königs‹ bekannt, doch Louis XVI traf nie zu einem Besuch ein: Das Jahr der Fertigstellung, 1789, ist besser bekannt für den Ausbruch der Französischen Revolution, mit der Ludwig den Thron und schließlich den Kopf verlor. Über dem Gemach befindet sich eine Kapelle mit reich dekoriertem Gewölbe und Buntglasfenstern. Von dort steigt man weiter hinauf bis ins sechste Stockwerk, um von der Höhe des Leuchtfeuers aus auf die gefährlichen Sandbänke in der Gironde zu schauen.

301 Stufen sind insgesamt zu erklimmen, um Europas ältesten erhaltenen Leuchtturm zu besteigen. Im frühen 19. Jh. war er als weltweit erster Turm mit einer Fresnel-Linse ausgestattet worden. 1862 wurde er unter Denkmalschutz gestellt. Seit 1948 wird sein Leuchtfeuer mit Strom aus eigenen Aggregaten betrieben. Er ist einer der letzten, auf dem noch ein Leuchtturmwärter wohnt.

Côte d'Argent

Highlights!

Réserve Ornithologique du Teich: Wenn die Zugvögel ihre Reise antreten, haben sie die Bucht von Arcachon als Zwischenstopp vorgemerkt. Ein grandioses Paradies für Mensch und Tier liegt an der Mündung der Leyre. Dabei sind Ökonomie und Ökologie durchaus vereinbar, denn gleich nebenan pflegen Austernzüchter einen der wichtigsten Wirtschaftszweige der Region. S. 194

Dune du Pilat: Zwei Schritte vor und mindestens einer zurück – Europas höchste Wanderdüne bereitet einen beschwerlichen Aufstieg. Dafür entschädigt der grandiose Blick vom Kamm auf den Atlantik – besonders romantisch bei Sonnenuntergang. S. 204

Auf Entdeckungstour

Sand satt – mit dem Fahrrad auf Dünenkurs ab Soulac: Bestens gepflegte Radwege sind ein Aushängeschild der Urlaubsregion Aquitaine. Auf dem Teilstück des insgesamt ca. 300 km langen Fernradwegs, der in Soulac-sur-Mer beginnt, führt die Strecke an den Dünen entlang bis Montalivet-les-Bains, zu den Spuren der Jakobspilger, aber auch zu Badestränden und zu Dünenbefestigungen, die erst im 19. Jh. das Land erschlossen. S. 176

Soulac
Montalivet
Lagune de Contaut
Carcans-Plage • Lacanau
Bordeaux
Lège
Réserve Ornithologique du Teich
Cap Ferret
Dune du Pilat • Arcachon
• Biscarrosse

Kultur & Sehenswertes

Notre-Dame-de-la-Fin-des-Terres: Die romanische Kirche in Soulac war bereits im Sand versunken und wurde erst im 19. Jh. wieder freigelegt. S. 174

Ville d'Hiver: Die ›Winterstadt‹ ist das Nobelviertel von Arcachon mit Villen der Belle Époque. S. 199

Musée Historique d'Hydraviation: Ein seltenes Museum zur Geschichte der Wasserflugzeuge am Lac Sud bei Biscarrosse. S. 208

Aktiv unterwegs

Montalivet-les-Bains: Man muss es mal probiert haben, Strandsegeln im Norden von Montalivet. S. 181

Für jeden etwas: Von Carcans-Plage aus kann man über den Jakobsweg wandern, besser noch radeln, oder man paddelt auf dem Canal de Jonction zwischen den Binnenseen. S. 184

Genießen & Atmosphäre

Lagune de Contaut: Von einem Steg aus die seltene Flora und Fauna einer Lagune erleben und träumen. S. 182

Von Lège nach Cap Ferret: Wenig verlockende Gerüche, aber viel Atmosphäre – die Welt der Austernzüchter hat ihre eigenen Gesetze. S. 192

Abends & Nachts

La Pergola in Lacanau: Mal reinhören, was Frankreichs Musikszene zu bieten hat. S. 186

Casino in Arcachon: Ein Hauch von Monte Carlo liegt über dem Schloss von Napoléon III. Nachtschwärmer treffen sich hier auch in der Disco le Scotch. S. 202

Europas längster Sandstrand

Meter um Meter weitet sich der Trichter der Gironde zum Atlantik hin, aber die Mündung bleibt ein relativ stilles Wasser. Wer jedoch an der Pointe de Grave ›um die Ecke biegt‹ und nach Süden schwenkt, erlebt erstmals den wogenden und bisweilen tosenden Atlantik. Über 250 km, zwischen Sou-lac und der Küste des Baskenlandes, säumt ein fast schnurgerades Sandband seine Fluten. Im 18. und 19. Jh. wurden hier die Wanderdünen befestigt und das Hinterland mit würzig duftenden Kiefern bepflanzt. Wahrzeichen der Landschaft ist die Dune du Pilat (Pyla), die höchste Wanderdüne Europas.

Zu ihren Füßen gründeten findige Geschäftsleute Mitte des 19. Jh. mit Arcachon einen der ersten Badeorte am Atlantik. Ein weiterer entstand bei der alten Pilgerkirche von Soulac. Die wenigen mittelalterlichen Gotteshäuser sind neben den Villen der Belle Époque die einzigen herausragenden Kulturdenkmäler entlang der Küste. Bauvorhaben ließen sich auf dem sandigen Untergrund nun mal schwer realisieren. Als Erbe dieses Dilemmas blieb die Côte d'Argent, die Silberküste, von Hotelburgen verschont. Sie zählt zu den letzten Stränden Europas, an denen man noch die Wahl hat zwischen der ausgelassenen Geselligkeit in den wenigen Strandorten und völliger Einsamkeit abseits dieser Treffpunkte.

Infobox

Internet

www.tourisme-gironde.fr: Hilfreiche Infos zu Übernachtungsangeboten, Restaurants, Aktivitäten und zum Wetter (nur französisch und englisch). **www.bassin-arcachon.com:** Webauftritt der zehn Gemeinden am Bassin, mit deutschsprachigen Broschüren zum Herunterladen. **www.tourismelandes.com:** Infos zu Sehenswürdigkeiten im Département Landes sowie u. a. Suche nach Unterkünften, Aktivitäten, Veranstaltungstipps (auch auf Deutsch).

Verkehr

Abgesehen von den Bahnstrecken Bordeaux–Pointe de Grave und Bordeaux–Soulac ist man auf den Bus angewiesen. Der Busverkehr ist jedoch darauf ausgerichtet, Bordeaux und andere Städte mit der Küste zu verbinden, sodass Reisen von Küstenort zu Küstenort zeitaufwendig werden können. **www.cg33.fr:** Infos und Fahrpläne zur nördlichen Côte d'Argent (Website des Conseil Général de la Gironde). **www.rdtl.fr:** Infos und Fahrpläne des Verkehrsanbieters RDTL, zuständig für das Gebiet südlich der Bucht von Arcachon (Département Landes).

Entlang der Küste des Médoc

Soulac-sur-Mer ► C 1/2

Von der Pointe de Grave Richtung Süden steuernd, zur Rechten kurz ein Blick übers Meer und zum Leuchtturm von Cordouan, gelangt man in das Seebad Soulac.

Notre-Dame-de-la-Fin-des-Terres

Am Nordrand von Soulac steht – in den mittlerweile befestigten Sand gesunken – die Abteikirche Notre-Dame-de-la-Fin-des-Terres, ein Bauwerk der Romanik mit teilweise erhaltenem Bilderschmuck. Soulac mit ›Unserer Lieben Frau am Ende der Welt‹ galt als wichtiges Ziel auf der mittelalterlichen Pilgerreise nach Santiago. Der Ort war vor allem bei englischen Wallfahrern beliebt, die mit dem Schiff im hiesigen Hafen anlegten, um dann den Fußmarsch entlang der Küste anzutreten.

Als Ankerplatz hat Soulac eine Tradition, die bis in die Römerzeit zurückreicht. 70 n. Chr. soll im damaligen Noviomagus die hl. Veronika gestorben sein, jene Dame, die nach der christlichen Legende Jesus am Kreuzesweg den Schweiß abtupfte. Als im 6. Jh. der antike Hafen samt Veronikas angeblicher Ruhestätte im Meer versank, sollen die gesegneten Gebeine nach Bordeaux überführt worden sein. Erst im Mittelalter erwachte Soulac zu neuem Leben. Die Kirche, die nun entstand, wurde jedoch Opfer der Dünen und ragte im 18. Jh. nur noch mit ihrer Turmspitze aus dem Sand.

Strände

Stattliche Villen künden davon, dass Soulac Mitte des 19. Jh. als Seebad entdeckt wurde. Die Kirche wurde freigelegt und restauriert, die Küste mit Deichen und Wellenbrechern gegen weitere Erosion geschützt. Seither zählt das Städtchen zu den Favoriten unter den aquitanischen Ferienzielen. Die bewachte **Plage Centrale** bietet Familien mit Kindern ein sicheres Badeterrain, während es Sportler eher an die **Plage Sud** zieht. Weiter südlich erstreckt sich entlang der grandiosen **Dune de l'Amélie** ein weites Strandgebiet für Badegäste, die der Betriebsamkeit aus dem Weg gehen möchten.

Übernachten

Mit Seeluft – **Des Pins:** 92, bd. de l'Amélie, Tel. 05 56 73 27 27, www.hotel-des-pins.com, Jan./Febr. geschl., 31 Zimmer, DZ 58–135 €. Das Logis de France-Hotel im ruhigen Vorort L'Amélie liegt etwa 100 m vom Strand entfernt, besitzt Garten, Parkplatz und einen Whirlpool im Außenbereich. Die billigsten Zimmer sind recht eng, die teureren verfügen über einen Balkon zum Meer oder zum Garten hin (bei der Reservierung darauf achten!). Im nobel eingerichteten Restaurant mit Terrasse regiert die Fischküche der Gironde (Menü 29–42 € außerhalb der Saison Sa mittags, So abends und Mo geschl.).

Iberisch – **L'Écume des Jours:** 4, rue Périer-de-Larsan, Tel. 05 56 09 81 34, www.ecumedesjours.fr, So abends sowie Nov.–April geschl., 11 Zimmer, DZ 65–85 €. Das Hotel mit Garten befindet sich etwa 250 m vom Strand in der Nähe der Kirche. Die luftigen Arkaden des Hauses erinnern an die Architektur Spaniens. Jedes Zimmer ist individuell eingerichtet, wer die Wahl hat, sollte also sorgsam prüfen. Im recht guten Restaurant werden vor allem Fischgerichte der Region gereicht (Menü 21 €).

Traditionshotel – **Michelet:** 1, rue Bernard Baguenard, Tel. 05 56 09 84 18, www.hotelmichelet.fr, Nov.–Febr. geschl., 20 Zimmer, DZ 58–84 €. Das Haus mit Garten wird bereits in dritter Generation geführt, der Besitzer spricht Englisch und Deutsch. Ruhige Zimmer, einige davon haben Meerblick. Zum Strand sind es nur zwei Minuten. Gutes Frühstück.

Camping – **Les Sables d'Argent:** 39–42, bd. de l'Amélie, Tel. 05 56 09 82 87, www.sables-d-argent.com, April–Sept., 152 Plätze, zwei Personen und PKW mit Zelt oder ▷ S. 178

Auf Entdeckungstour: Sand satt – mit dem Fahrrad auf Dünenkurs ab Soulac

Bestens gepflegte Radwege sind ein Aushängeschild der Urlaubsregion Aquitaine. Der Fernradweg führt von Soulac-sur-Mer an den Dünen entlang bis Montalivet-les-Bains, zu den Spuren der Jakobspilger, aber auch zu Badestränden und zu Dünenbefestigungen, die erst im 19. Jh. das Land erschlossen.

Reisekarte: ▶ C 2
Zeit: 3–4 Std. für Hin- und Rückweg, insgesamt ca. 50 km
Start: Kirche Notre-Dame-de-la-Fin-des-Terres in Soulac-sur-Mer
Radverleih: Soulac-sur-Mer (s. S. 178)

Breite Straßen, eine Reihe hübscher Villen, viel Meer und vor allem viel pulverfeiner Sand. **Soulac-sur-Mer** hätte sich allerdings auch nicht beklagt, wenn ihm der gelbe Überfluss erspart geblieben wäre, denn Sand

bedeutet Kampf: Da wächst nichts, da versickert das Wasser, da versinkt alle Pracht im Boden. Allein die Kirche **Notre-Dame** ›am Ende der Welt‹ spricht Bände. Ihre Gemeinde hatte zu sehr auf den himmlischen Herrn vertraut, also musste sie zusehen, wie der Sand das Gotteshaus begrub. Seit ihrer Wiedererweckung ragt die Kirche heute aus einer Mulde auf, durch eine ausgeklügelte Bepflanzung vor abermaliger Versenkung geschützt – womit sich in Miniatur ein Schaubild dessen ergibt, was Aquitariens Umgang mit den Sandmassen bestimmt.

Nach Amélie der Dünen wegen

Über den Boulevard du Front de Mer geht es zum Badestrand bei der **Dune de l'Amélie,** wo Sand kein Ärgernis, sondern Urlaubsspaß bedeutet. Fußgänger schaffen den Weg in einer guten Stunde. Doch weil die Tour ein wenig weiter führen soll, ist ein Fahrrad die vernünftigere Wahl und dank der gut ausgebauten und gepflegten Radwege *(pistes cyclables)* auch gut zu bewältigen. Ab Soulac verläuft die Radstrecke erst einmal mit erfreulichem Abstand parallel zur Straße. Eine Verkehrswacht entfernt regelmäßig Piniennadeln und Sand, damit die Räder auch wirklich rollen.

Im Kampf mit dem Sand

In **L'Amélie** biegen Straße und Radweg in scharfem Knick landeinwärts ab. Dort besteht noch einmal die Möglichkeit zum Bad – oder zum Studium der Dünen. Bilder aus der Sahara oder von Tropenstränden prägen unsere Vorstellungen von Dünen. Auch an Frankreichs Atlantikküste bestimmten einst wandernde Sandberge die Landschaft, sodass Jakobspilger vor dem Küstenweg gewarnt wurden: »Wenn ... du nicht mehr auf deine Füße achtest, dann wirst du schnell bis zum Knie versinken.« Solches Stapfen über weichen Grund gehört der Vergangenheit an. Längst wird der Sand aus der See an einem Zaun gefangen und die so entstandene Vordüne durch salzresistente Pflanzen wie Strandhafer befestigt. Je mehr salziger Sand herbeiweht, desto kräftiger breiten sich die Pflanzen netzartig wie ein Teppich über die Düne. Die Hauptdüne in zweiter Reihe ist so gegen weiteren Flugsand geschützt, auf ihr können bereits

Strandkiefern gedeihen, die ihrerseits einen Riegel für den eigentlichen Forst im Hinterland bilden.

Vom Hospital zum FKK-Strand

Forêt Domaniale d'Hourtin heißt der Forst, in den bald der Radweg nach Süden abknickt. Weit abseits der Straße geht es auf schnurgerader Strecke durch den Pinienwald, bis eine andere Piste kreuzt. Sie führt links nach **Grayan**, dessen Beiname **L'Hôpital** auf ein Hospital der Pilgerära verweist. So weit landeinwärts verlief die Route der Wallfahrer, um die Sandmassen zu umgehen. Heutzutage fordert hingegen der umzäunte FKK-Strand von **Euronat** Radfahrer dazu auf, Abstand zum Meer zu halten. Ist die nackte Hürde genommen, geht es nach **Montalivet-les-Bains**, wo ein kühles Getränk und ein cooler Meerblick warten. Mit Ausnahme von Amélie ist dies die einzige Gelegenheit, sich zu erfrischen. Wer nicht bis zu diesem Wendepunkt der Rundfahrt warten möchte, muss also mit einem gut gefüllten Picknickkorb ausgerüstet sein.

Wohnwagen 19–34 €. Es gibt eine ganze Reihe von Campingplätzen in der Gegend von Soulac, vorzuziehen sind aber die Anlagen im Vorort L'Amélie. Les Sables d'Argent besitzt ein Restaurant und einen eigenen Zugang zum Strand, verfügt aber dennoch über schattige Bereiche. Zum familienfreundlichen Angebot zählen Bogenschießen, Volleyball, Tischtennis, Bodysurfen und Ponyreiten.

Einkaufen

Frisches Angebot – **Markt:** Place du Marché, tgl. 8–13 Uhr, Juli und Aug. auch 18–20 Uhr. Überdachter Lebensmittelmarkt.

Aktiv

Fahrradverleih – **Cyclo'Star:** 9, rue Fernand Lafargue, Tel. 05 56 09 71 38, April–Dez. 40 €/Woche.
Rundflüge – **ULM Médoc Océan:** Aérodrome de la Runde, Tel. 06 07 59 12 99, www.ulm-medoc-ocean.com. Halbstündiger Flug etwa 100 €.
Fallschirmsprung – **Centre de Parachutisme:** Aérodrome de la Runde, Tel. 06 18 63 10 14, www.parachutisme-soulac.com. Fallschirm- und Tandemspringen (Preisbeispiel 230 €).
Reiten – **Élevage de Soulac Club Hippique:** Passe du Tottoral, Tel. 06 71 90 50 32, http://elevagedesoulac.fr, nur im Hochsommer und in den Osterferien.
Strandsegeln – **Club Silver Coast:** 3, chemin des Naïdes, Tel. 06 82 48 30 17. An der Plage Sud bestehen auch für Anfänger recht gute Möglichkeiten, über den Strand zu gleiten.
Surfen – **Soulac Surf School:** Rue du R. P. Brottier, Tel. 05 56 09 82 61, www.ecoledesurf-soulac.com. An den Kursen können bereits Elfjährige teilnehmen. Ein Anfängerkurs mit fünf Unterrichtseinheiten kostet 130 € (Kinder 90 €). Vermietung von Surfbrettern ab 15 €/Tag.

Abends & Nachts

Vielfältiges Entertainment – **Casino de la Plage:** 1, av. Burgo de Osma, Tel. 05 56 09 51 00, März–Jan. tgl. 11–4 Uhr. Das Casino in Soulac bietet – wie häufig in Frankreich – weit mehr als einen besseren Spielsalon: Unterhaltungsprogramme, Konzerte, Bar, Nachtclub, Restaurant und Café.

Infos

Touristeninformation: 68, rue de la Plage, 33780 Soulac-sur-Mer, Tel. 05 56 09 86 61, www.soulac.com. Im Sommer werden Führungen zu den Villen organisiert.

Grayan-et-l'Hôpital ▶ C 2

Zwischen Soulac und Montalivet verläuft die Straße auf kurzen Stücken am Meer entlang, ein Genuss, der in Aquitaine ansonsten den Radfahrern und Wanderern vorbehalten bleibt. Neben der asphaltierten Fahrradpiste entlang der Küste (30 km von Soulac bis Montalivet) ist inzwischen eine Strecke von Soulac zur Bucht von Arcachon als ›Jakobsweg‹ ausgeschildert. Allerdings geht es hier eher darum, die Wallfahrt in angemessener Atmosphäre nachempfinden zu können. Der historische Pfad dagegen führte weiter landeinwärts Richtung Süden, mit gebührendem Abstand zu den Wanderdünen. Somit sind im Hinterland und nicht etwa am Strand die Spuren der Pilgerschaft geblieben, vor allem die alten Dorfkirchen. Der Weiler L'Hôpital erinnert mit seinem Namen an ein inzwischen verschwundenes Pilgerkrankenhaus. Westlich von L'Hôpital liegt als denkbar größter Kontrast zur mittelalterlichen Wallfahrt das Gelände von Euronat, mit 335 ha die größte FKK-Anlage an Frankreichs Atlantikküste.

Übernachten

Alles hüllenlos – **FKK-Anlage Euronat:** Tel. 05 56 09 33 33, www.euronat.fr, ganzjährig, Stellplatz 13–39 €. Hinter einem schier endlosen Zaun und einer gut bewachten Empfangsschleuse warten in dem Drei-Sterne-Camp 1400 Stellplätze – für Zelt, Mobilheim oder Wohnwagen – und 150 Bungalows auf Gäste ohne Badekluft. Geboten werden Aktivitäten jeder Art, vom einfachen Bad im Pool über Tennis und Reiten bis hin zu Yoga, Jazztanz oder Judo ist alles hüllenlos machbar. Selbst an den Abenden umgarnt das Camp seine Gäste mit Tanz- und Konzertdarbietungen. Außerdem existiert eine eigene Einkaufsstraße mit Geschäften, Bars und Restaurants, auf der man nach Lust und Laune flanieren kann, ohne seiner Kleidung wegen von oben bis unten gemustert zu werden.

Aktiv

Hüllenlos kuren – **Thalassozentrum:** www.euronat.fr. Die Einrichtung auf dem FKK-Gelände steht auswärtigen Gästen offen. Dreitägige Kuren mit Aufenthalt kosten ab 230 € (in der Nebensaison). Wer nur mal schnuppern möchte, kann dies an zwei sogenannten Entdeckungstagen ab 170 € tun.

Montalivet-les-Bains und Vendays ▶ C/D 2

Von Euronat ist es nur ein kurzes Stück in das weitläufige Seebad **Montali-**

Mein Tipp

Ente einmal nicht süß-sauer – La Cousteyre

Echt ländlich geht es im La Cousteyre bei Vendays zu: Speisen auf dem Bauernhof als Alternative zu den üblichen Crêpes und Pizzas. Das umfangreiche Menü enthält Aperitif, Suppe, Vorspeise, Salat, Käse, Dessert und als Hauptgang immer ein Entengericht (Baren de la Matte, Vendays, Tel. 05 56 41 73 77, Mo geschl., telefonische Anmeldung erforderlich, Menü 21–38 € mit Wein).

vet-les-Bains. Auf der Terrasse des Hotels L'Océan kann man mit Blick aufs Meer eine Erfrischung zu sich nehmen und danach in die zumeist ruhigen Fluten steigen. Anders als in Soulac, wo Badeort und historischer Kern identisch sind, erkennt man in Montalivet bereits das typisch aquitanische Muster: Das moderne Ferienzentrum ist mit dem älteren **Vendays** zu einer Doppelgemeinde zusammengefasst und durch eine Stichstraße verbunden. Vendays selbst besitzt keine nennenswerten Attraktionen.

Übernachten

Mit Meerblick – **L'Océan:** 27, bd. Front de Mer, Montalivet, Tel. 05 56 09 90 98, www.hotellocean.com, 12 Zimmer und 2 Appartements, DZ 65–90 €, Appartement ab 700 €/Woche. Das Hotel liegt im Ortszentrum direkt am Meer. Seine Bar mit Terrasse und das Restaurant sind die beliebtesten Treffpunkte in dem kleinen Ort. Frühbucher haben die Chance, ein Zimmer mit Balkon zum Meer reservieren zu können, während die billigeren Räume zum Hof hin nicht so recht begeistern.

Camping – **Le Soleil d'Or:** Bd. du Front de Mer, Montalivet, Tel. 05 56 09 31 37, www.campinglesoleildor.com, Juni–Sept., 89 Plätze, zwei Personen mit PKW und Zelt oder Wohnwagen 25 €, in der Nebensaison 12–50 % Rabatt. Das am Meer gelegene, sehr preiswerte Camp (ohne Schatten) ist besonders geeignet für Freunde kleinerer Anlagen, die auf gehobenen Komfort verzichten können. Restaurant vorhanden. Die übrigen Plätze (mit Ausnahme von Hélio-Marin) liegen weiter vom Strand entfernt.

FKK-Camp – **Hélio Marin:** 46, av. de l'Europe, Montalivet, Tel. 05 56 73 73 73, www.chm-montalivet.com, Nov.–März geschl., 1852 Plätze, Stellplatz ab 13 €. Am Südrand des Ortes, gleich hinter dem Camping Municipal, befindet sich das 1953 gegründete und inzwischen sehr renommierte FKK-Areal, das mit 175 ha ehemals das größte an der aquitanischen Küste war. Längst aber hat ihm der große Bruder Euronat in Grayan (s. S. 179) den Rang abgelaufen. Auch Sportangebote und Animation fallen hier wesentlich bescheidener aus, dafür ist das Camp preiswerter.

Rasantes Vergnügen an der Côte d'Argent: Strandsegeln

Einkaufen

Breites Angebot – **Markt:** Mitte Juni–
Mitte Sept. tgl. in Montalivet. Lebensmittel, Kleidung und Krimskrams auf
großer Fläche (200 Stände).

Aktiv

Fahrräder – **Éric Mayenne:** Rue du Col.
Duchez, Montalivet, Tel. 05 56 09 37
66. Verleih von Rädern aller Art.
Flugsport – **Aérodrome:** Tel. 05 56 09
30 48. Rundflüge und Kurse. Am Wochenende ist der Flugplatz auch für
auswärtige Sportflugzeuge geöffnet.

Strandsegeln – **Centre Char à voile:** Esplanade Nord, Montalivet, Tel.
05 56 09 31 15, www.ffcv.org/club/
cap-montalivet. Für fortgeschrittene
Surfer bietet der Strand bei Montalivet wenig Verlockungen, wenngleich
im Südabschnitt ein Surf-Club vorhanden ist. Mehr Vergnügen bereitet das
Strandsegeln im Nordabschnitt.

Infos & Termine

Office de Tourisme: 62, av. de l'Océan,
33930 Montalivet, Tel. 05 56 09 30 12,
www.ot-vendays-montalivet.fr.
Show Bike Aquitaine: Ende Juni, für
Harley-Fans.
Bus: Zwischen Vendays und Montalivet verkehren Busse der Linie 7675.

Hourtin-Plage ► C 3

Der kleine Badeort Hourtin-Plage ver-
fügt über ein paar Restaurants und
ist vor allem ein Treff für Surfer. Die
Brandung ist hier bereits stärker als im
Norden und eignet sich daher gut fürs
Wellenreiten.

Übernachten

Camping – **Airotel Côte d'Argent:**
Tel. 05 56 09 10 25, www.camping-co
te-dargent.com, Mitte Mai–Mitte
Sept., 750 Plätze, Stellplatz für zwei
Personen mit PKW und Zelt ab 24 €.
Die schattige Anlage unter Kiefern am
Meer verfügt über Restaurant, Pool,
Bogenschieß- und Tennisplatz, Fahr-
radvermietung. Konzerte und Tanz-
veranstaltungen sorgen für abendli-
che Unterhaltung.

Essen & Trinken

Surfertreff – **Le Grillon:** 13, av. Jean
Laffitte, Tel. 05 56 09 32 37, www.le

grillonhourtin.fr, Menü ab 22 €. Um den Hauptplatz von Hourtin-Plage gruppieren sich mehrere Restaurants, die häufig die Besitzer und die Küche wechseln. Eine gewisse Beständigkeit hat dieses Grillrestaurant, wo es auch Salate und Fischgerichte gibt. Die Beliebtheit rührt allerdings weniger von der guten Küche her als von der Dachterrasse, wo sich die Surfer treffen.

Einkaufen

Frisches Angebot – **Wochenmarkt:** Juli/Aug. an verschiedenen Wochentagen Nachtmarkt.

Aktiv

Surfen – **Maison de la Glisse:** Rue des Sables, Tel. 05 56 09 24 16, www.hourtinsurfclub.com. Surfkurse und Ausrüstungsverleih; 10 % Rabatt bei allen Buchungen über das Internet.

Infos

Bus: Linie 711 Lesparre–Hourtin-Plage (nur im Sommer).

Hourtin und die Lagune de Contaut ▶ C/D 3

Für Familien mit Kindern hält der Binnensee **Lac d'Hourtin-Carcans** die besseren Möglichkeiten bereit, ohne allzu große Gefahren Bekanntschaft mit den Wellen zu machen, vor allem am Südufer bei Maubuisson. Radfahrer können das weit verzweigte Wegenetz zwischen See und Küste wählen, um dorthin zu gelangen (auf der kürzesten Route von Hourtin-Plage nach Maubuisson sind etwa 20 km zurückzulegen), während Autofahrer den Umweg über Hourtin nehmen

müssen. An ihrem Weg liegt die kleine **Lagune de Contaut,** ein naturbelassenes Gewässer, dessen Flora und Fauna man von einem 600 m langen Steg aus beobachten kann.

Hourtin besitzt ein recht gutes gastronomisches Angebot. Vom Ortskern führt eine schnurgerade Straße zum Jachthafen Hourtin-Port mit mehreren Cafés und Restaurants. Von dort bricht das Boot L'Excalibur nachmittags zu Rundfahrten auf dem Lac d'Hourtin-Carcans auf. Er ist mit 18 km x 4 km immerhin der größte Süßwassersee Frankreichs.

Übernachten

Preiswert am Wegesrand – **Le Dauphin:** 17, place de l'Église, Hourtin, Tel. 05 56 09 11 15, www.hbr-hourtin.fr, 17 Zimmer, DZ 53–63 €. Das freundliche, kleine Haus am Kirchplatz besitzt einen Pool und ein Restaurant mit Terrasse (So abends geschl.). Wegen seiner Lage (rund 10 km vom Meer entfernt) eignet es sich kaum als Urlaubsadresse, wohl aber als Zwischenstopp. Restaurant (Menü 21–31 €).

Übernachten, Aktiv

Camping – **Village Western:** Chemin de Bécassine, Le Lac, Tel. 05 56 09 10 60, www.village-western.com, April–Sept., 300 Plätze, Stellplatz ohne Strom 15–31 €. Das Camp in schöner Lage am See eignet sich hervorragend für Aktivurlauber, die Natur hautnah erleben möchten. Diverse Animationen locken zu sportlicher Betätigung oder machen mit dem Leben in freier Wildbahn vertraut (z. B. Tierbeobachtung, Überlebenstechniken der Indianer). Blockhausbauweisen der gastronomischen Einrichtungen, Tipis und Koppeln für eventuell mitgebrachte Pferde verdeutlichen die Ausrichtung der Anlage, die mit ihrem Pool aber auch Entspannung verspricht.

Einkaufen

Frisches Angebot – **Wochenmarkt:** In Hourtin, Do, im Juli und Aug. auch Di und Sa.

Aktiv

Boote – **CVHM (Club de Voile Hourtin Médoc):** Im Weiler Piqueyrot am Nordwestufer des Sees, Tel. 05 56 09 10 05, http://club-voile-hourtin.fr. Das Unternehmen vermietet Segelboote und Kanus für eigene Touren auf dem Lac d'Hourtin-Carcans.
Radfahren – **Leihräder** gibt es im Office de Tourisme.

Infos

Office de Tourisme: Maison de la Station, 33990 Hourtin-Port, Tel. 05 56 03 21 01, www.medocean.de.
Bus: Linie 711 von Lesparre nach Hourtin und Contaut.

Maubuisson ▶ C 4

Der Ferienort Maubuisson am Südufer des riesigen Binnensees Lac d'Hourtin-Carcans mit Restaurants und ein paar Geschäften ist auf die Bedürfnisse von Familien mit Kindern zugeschnitten. Es gibt Spielplätze, drei bewachte Badestrände und Animation.

Übernachten

Camping – **De Maubuisson:** 81, av. de Maubuisson, Tel. 05 56 03 30 12, www.camping-maubuisson.com, März–Mitte Nov., 653 Plätze, zwei Personen mit PKW und Zelt oder Wohnwagen 24 €. Die schattige Anlage unter Laub- und Nadelbäumen liegt nur ca. 100 m vom Seeufer entfernt, sie besitzt unter den Camps der Region die beste Ausstattung: Restaurant, Bar und Bäckerei sowie Pool und Minigolf.

Übernachten, Aktiv

Aktivurlaub im Camp – **Domaine de Bombannes:** Nördlich von Maubuisson, Tel. 05 56 03 95 95, www.ucpa-vacances.com. Der aktivste Veranstalter am See ist die Organisation UCPA, die zwischen April und Oktober ein eigenes Aktiv-Camp und Restaurant betreibt. Zu den Offerten zählen Unterricht im Windsurfen auf dem See, Surfen in Carcans-Plage, Vermietung diverser Boote, Bogenschießen, Klettern, Badminton, Tennis, Yoga und Fahrradverleih.

Essen & Trinken

Für den kleinen Hunger – **La Bécassière:** 18, bd. du Lac, Maubuisson, Tel. 08 99 02 91 82, Menü ab 15 €. Haus mit Blick auf den See, Bar und eine Dachterrasse. Die Lage ist freilich wesentlich besser als die Küche, die sich auf Grillgerichte spezialisiert hat.

Einkaufen

Frisches Angebot – **Wochenmarkt:** Do in Carcans-Ville, im Sommer auch Mi in Maubuisson.

Aktiv

Fahrräder – **Bicyc'loue:** 111, av. de Maubuisson, Tel. 05 56 03 43 23, www.bicycloue.fr. Vermietung von Tourenrädern und Mountainbikes.
Wassersport – **Au Petit Mousse:** 8', bd. du Lac, Tel. 05 56 03 31 91, www.petitmousse.fr. Unterricht in Windsurfen und Katamaransegeln und Ver-

0   2   4 km

Domaine de Bombannes

Carcans-Plage

Maubuisson

Start

D207

Lac d'Hourtin

Canal de Jonction

Etang de Cousseau

D6E1

D6

Ziel

Lacanau-Océan

Le Moutchic

D6

D3

Lacanau

Lac de Lacanau

D3

Aktiv zwischen Carcans und Lacanau

mietung von Kanus, Kajaks und Tretbooten (ab 21 €/Std.).

Infos

Office de Tourisme: 127, av. de Maubuisson, 33121 Carcans-Maubuisson,
Tel. 05 56 03 21 01, www.medococe
an.com.
Bus: Linie 710 Carcans-Plage (im Sommer)–Maubuisson–Carcans.

Carcans-Plage ▶ C 4

Zentrum für den Wassersport am
Meer ist das Dorf Carcans-Plage mit
einer Handvoll Restaurants, Geschäf-

ten und einem herrlichen Strand. An
manchen Stellen wird die Brandung
auch Anfänger nicht überfordern,
andernorts benötigt man sehr viel
Erfahrung. Immerhin treffen sich
Surfweltmeister im August zu Duellen
in Carcans-Plage.

Aktiv zwischen Carcans und Lacanau ▶ C 4

Auf dem Jakobsweg
Wanderung oder Radtour ab Carcans,
einfache Strecke 15 km; Radverleih
bei Fun Bike, 109, av. de Maubuisson,
Tel. 05 56 82 96 74
Eine der schönsten Strecken an der
Côte d'Argent führt von Carcans-Plage nach Lacanau-Océan. Die beiden
Orte verbindet der **Jakobsweg,** dessen historischer Verlauf von einem
modernen Asphaltweg nachgezeich-
net wird. Dieser Abschnitt des Pilger-
wegs bietet sich vor allem für eine
Radtour an.
   Vom Fahrradverleih Fun Bike in
Maubuisson folgt man zunächst dem
Radweg Richtung Carcans-Plage. Kurz
bevor der Strand erreicht ist, kreuzt
eine südlich verlaufende Radpiste,
in die man nach links einbiegt. Dank
der vorbildlichen Beschilderung ist
der weitere Weg, der dem Küstenver-
lauf folgt, sehr leicht zu finden. Nach
ca. 30 Min. trifft man am nördlichen
Ortsrand von **Lacanau-Océan** auf den
Boulevard Franchet d'Esperey und
biegt rechts ab, um über **Rue Fénélon,**
Avenue des Grands Pins, Avenue du
Général Leclerc und **Rue Victor Hugo**
ins Zentrum zu gelangen. Der Rückweg erfolgt auf demselben Pfad.

Auf dem Canal de Jonction
Paddeltour ab Lac d'Hourtin, Kajak-
verleih in den Offices de Tourisme in
Carcans und Hourtin

Östlich der Radstrecke lockt bei den Binnenseen im Hinterland eine andere, sehr versteckte Attraktion für Aktive. Transportmittel dafür ist ein Kanu. Die Paddeltour beginnt in der Nähe von **Maubuisson** an der Südspitze des **Lac d'Hourtin,** wo der **Canal de Jonction** in den See einmündet. Dem schnurgeraden Wasserlauf kann man nach Süden über rund 8 km zum **Lac de Lacanau** folgen. Für die Schleusen unterwegs benötigt man Jetons, die in den Tourismusämtern verkauft werden.

Étang de Cousseau
www.sepanso.org
Auf halber Strecke des Kanals liegt zur Rechten der Étang de Cousseau, ein kleines Naturschutzgebiet, das man ausschließlich zu Fuß durchstreifen darf. Führungen werden zwischen Juni und September vom Office de Tourisme in Maubuisson (s. S. 184) angeboten.

Übernachten

Camping – **Municipal de l'Océan:** 1, rue du Camping, Tel. 05 56 03 41 44, www.camping-carcans-ocean.com, April–Sept., 447 Plätze, Stellplatz 16–26 €. Das sehr einfache Camp bietet Schatten unter Pinien und befindet sich etwa 150 m vom Strand entfernt. Im angeschlossenen Village Municipal können einige Bungalows gemietet werden.

Einkaufen

Frisches Angebot – **Wochenmarkt:** An jedem Montag im Sommer.

Aktiv

Fahrradvermietung – **Fun Bike:** 109, av. de Maubuisson, Tel. 05 56 82 96 74, www.funbike.fr

Strandsegeln und Kanu fahren – **Windy Gliss:** Av. des Gurbets, Tel. 06 10 50 73 96, www.windygliss.com. Unterricht für Erwachsene und Kinder ab 3 Jahren (2 Std. 35 €). Eineinhalbstündige Kanufahrt (Schnuppertour mit Begleitung) 17 €, für Kinder 12 €.
Surfen – **Surf Club:** Maison de la Glisse, 5, place M. Prévot, Tel. 05 56 03 41 81. Unterricht im Umgang mit dem Bodyboard.

Infos

Bus: Linie 710 Carcans-Plage (im Sommer) über Maubuisson und Carcans nach Ste-Hélène, dort Anschluss an Linie 702 Lacanau–Bordeaux.

Lacanau-Océan ▶ C 4

Lacanau-Océan zählt zu den größeren Badeorten an der aquitanischen Küste und verfügt über eine Reihe guter touristischer Einrichtungen. In gastronomischer Hinsicht ist das Seebad eine bessere Empfehlung als Lacanau-Ville im Hinterland. Über die abends sehr belebten Allées Pierre Ortal gelangt man zur bewachten Plage Centrale, dem Hauptbadestrand.

Übernachten

Strandhotel – **L'Oyat:** Front de Mer, Tel. 05 56 03 11 11, www.hotel-oyat.com, Ostern–Allerheiligen, 30 Zimmer, DZ ab 59 €. Das führende Haus am Platz liegt direkt am Strand, die teureren Zimmer haben Meerblick. Gepflegtes Haus, der Service leider ziemlich unpersönlich. Garage und Waschsalon sind willkommene Zugaben, ebenso das Restaurant (Menü um 25 €). Als Besonderheit ist die Salatbar hervorzuheben (durchgehend geöffnet 11–21 Uhr). WLAN kostenlos.

185

Côte d'Argent

Camping – **Les Grands Pins:** Tel. 05 56 03 20 77, www.lesgrandspins.com, April–Sept., 535 Plätze, Stellplatz für zwei Personen mit PKW und Zelt oder Wohnwagen ab 18 €. Das luxuriöse Feriencamp, etwa 350 m vom Strand gelegen, ist ein Dorf für sich, das über sämtliche Annehmlichkeiten verfügt. Zum Angebot gehören Restaurant, Tennis, Erlebnisbad, Animation für Kinder (auch unter deutschsprachiger Leitung), Shows und Themenabende.

Essen & Trinken

Karibisch – **La Canne à Sucre:** s. Lieblingsort S. 188.

Einkaufen

Frisches Angebot – **Wochenmarkt:** Mi in den Sommermonaten.

Aktiv

Fahrräder – **Locacycle:** 11, av. de l'Europe, Tel. 05 56 26 30 99. Vermietung von Rädern und Motorrollern.

Golf mit Hotel – **De L'Ardilouse:** Tel. 05 56 03 92 98, www.ngf-golf.com/gardengolf-lacanau. Die Anlage wurde 1980 von dem Architekten J. Harris entworfen (18-Loch, par 72, 5932 m). Eine sehr angenehme Übernachtungsmöglichkeit besteht im Hotel auf dem Gelände des Profiplatzes (Tel. 05 56 03 92 92, http://golf-hotel-lacanau.fr, 50 Zimmer; Restaurant, Pool, Billard, Fahrradverleih, WLAN kostenlos, DZ 75–170 €).

Golfschule – **Golf École du Baganais:** Route du Baganais, http://lacanau.ucpa.com, Tel. 05 56 03 14 56, Fax 05 57 70 07 88. 9 Loch, par 27, 910 m.

Für Golfanfänger – **Golf de la Méjanne:** Route de L'Océan, Le Huga, http://lacanau.ucpa.com, Tel. 05 56 03 28 80. 9 Loch, par 36, 3209 m.

Reiten – **Village Cheval:** Route du Baganais, Tel. 05 56 03 91 00, www.jappeloup.com. Reiterparadies mit Unterkunft und Restaurant.

Surfen – **Lacanau Surf Club:** Maison de la Glisse, bd. de la Plage, Tel. 05 56 26 38 84, http://lacanausurfclub.com. Der etwas abseits an der Plage Nord gelegene Club erteilt Unterricht auf Surfbrettern und Bodyboards. Ein zweistündiger Schnupperkurs kostet 29 €, mehrtägige Kurse ab 130 €.

Abends & Nachts

Livemusik – **La Pergola:** Av. Princeteau, tgl. ab 22 Uhr. Club, in dem die angesagten Stars der französischen Mu-

Haltung bewahren, auch auf dem Brett – Trockenübungen im Angesicht der Wellen

sikszene auftreten. Besonders große Tanzfläche für Unterhaltung bis 5 Uhr morgens.

Bar und Spiele – **Casino:** Route du Baganais, Tel. 05 57 17 03 80, www. casinolacanau.com, Fr, Sa 12–4, So–Do 12–2 Uhr. Das unspektakuläre Casino in Lacanau hat sich vor allem auf Spielautomaten spezialisiert. Im Restaurant gibt es besonders preiswerte Gerichte, in der Bar wird an den Wochenenden Livemusik geboten.

Infos & Termine

Office de Tourisme: Place de l'Europe, 33680 Lacanau-Océan, Tel. 05 56 03 21 01, www.medococean.com

Coupe de France de Voile Olympique: Zweites Wochenende im April, Segelfest.

Fête de la Mer: Mitte Aug., findet in Gedenken an verschollene Seeleute und Fischer statt, es gibt eine religiöse Zeremonie und ein Feuerwerk, zum Abschluss eine große Show mit jährlich wechselnden Darbietungen.

Soöruz Lacanau Pro: Mitte Aug., internationale Surf- und Wasserski-Meisterschaften.

Bus: Linie 702 nach Bordeaux, zudem im Sommer zwischen Lacanau und Lacanau-Océan über Le Moutchic und Le Huga sowie zwischen Lacanau-Océan und La Grande Escoure (vorbei am Camping du Tedey).

Lieblingsort

Karibisch – La Canne à Sucre
Es ist immer das gleiche Gefühl,
wenn ich die Rufnummer wähle:
Dieses Mal wird niemand mehr
abheben und eine Reservierung
bestätigen. Die knallgelb gestriche-
ne Bude aus Brettern und Bambus
erweckt einfach nicht den Eindruck
von Beständigkeit. Aber dann meldet sich eine Stimme am anderen
Ende: »Um acht Uhr? Sagen wir
lieber kurz vor neun.« Diese Zu-
sage ist Gold wert. Es wird feinste
karibische Spezialitäten geben, so
geschmackvoll serviert wie damals.
Bob Marley oder Peter Tosh werden zu hören sein, in den Regalen
wird eine verlockende Riege an
Rumsorten warten, und wenn das
Wetter es gut meint, wird eine
karibisch-warme Brise durch die
Ritzen der Wände wehen (11, rue
Sylvain Marian, Lacanau-Océan,
Tel. 05 56 03 21 25, in der Woche
nur abends geöffnet, Sa, So auch
mittags, Menü ab 18 €).

RESTAURANT

"La Canne
A Sucre"

OUVERT TOUS LES SOIRS

Sicherheit beim Baden

Wellen und Strömungen sollten selbst geübte Schwimmer auf keinen Fall unterschätzen, die im Sommer bewachten, mit blauen Fähnchen abgesteckten Strandabschnitte wählen und die Warnflaggen beachten: Rot für absolutes Badeverbot, Gelb für erhöhte Vorsicht, Grün für geringe Gefahr.

Lac de Lacanau ▶ C 4

Auf der Fahrt landeinwärts in Richtung Lacanau geht es vorbei am Golfplatz zum Abzweig nach **Le Moutchic** am Lac de Lacanau. Man kann den fischreichen See – man fängt Aale, Hechte, Barsche – auf einer Straße fast komplett umrunden. Am Ostufer liegt das touristisch unergiebige Lacanau, am Westufer befinden sich ein paar Campingplätze und ein Wassersportzentrum.

Übernachten

Camping – **Du Tedey:** Route de Longarisse, Le Moutchic Lacanau, Tel. 05 56 03 00 15, www.le-tedey.com, Ende April–Mitte Sept., 700 Plätze, Stellplatz 19–30 €. Das große Camp im Pinienwald liegt am Westufer des Sees, es verfügt über eine Bar und eine Crêperie. Die meisten Aktivitäten legen den Schwerpunkt auf Naturverbundenheit. Zum Angebot gehören Minigolf, Boule, Segelkurse, Fahrradverleih. Für abendliche Unterhaltung sorgen Tanzveranstaltungen und ein Open-Air-Kino.

Einkaufen

Frisches Angebot – **Wochenmarkt:** Di in Lacanau.

Aktiv

Wassersportzentrum – **Voile Lacanau Guyenne:** Grande Escoure, Tel. 05 56 03 05 11, www.voile-lacanau.fr. Große Basis am Lac de Lacanau. U. a. Kurse im Segeln und Windsurfen auf dem See.

Le Ponge-Océan und Umgebung ▶ C 4–6

Südlich von Lacanau sind es besonders Radfahrer und Wanderer, die von den einsamen Stränden profitieren. Sie gelangen von Lacanau-Océan über **Le Porge-Océan** (11 km), die **Domaine de la Jenny** (weitere 4 km) und **Grand Crohot-Océan** (8 km) zur **Pointe du Cap Ferret** (17 km). Autofahrern stehen jeweils nur Stichstraßen zu den genannten Stationen zur Verfügung. Die Abstecher lohnen allerdings, vor allem für FKK-Anhänger.

Übernachten

Camping – **La Jenny:** Route de la Jenny, Le Porge, Tel. 05 56 26 56 90, www.lajenny.fr, April–Mitte Sept., 238 Holzbungalows, Bungalow für zwei Personen ab 28 €, in der Hauptsaison kann man die Ferienhäuser nur wochenweise mieten (ab 378 €). Die schöne und europaweit bekannte FKK-Anlage südlich von Le Porge-Océan (Zwei-Sterne-Camp) verfügt über Restaurant, Geschäfte, Tennis- und Golfanlagen sowie einen riesigen Pool. Geboten werden diverse Animationen für Erwachsene und Kinder.

Einkaufen

Frisches Angebot – **Wochenmarkt:** Do in Le Porge.

Aktiv

Surfen – **Surf Club de la Presqu'Île:** Grand Crohot, Tel. 05 57 70 40 14, www.surfingcapferret.com. Der Club verfügt über eine renommierte Surfschule.

Infos

Bus: Linie 701 Bordeaux–Le Porge, 610 und 614 Grand Crohot–Lège (dort Anschluss nach Bordeaux, Cap Ferret, Mios).

Bassin d'Arcachon

Arcachon – wer je die französische Atlantikküste bereist hat, der kennt den Namen, verbindet damit aber nicht nur den quirligen Badeort, sondern die gesamte bezaubernde Bucht. Im Unterschied zu den Étangs, den heutigen Binnenseen, bewahrte das 155 km² messende Bassin d'Arcachon als Einzige der alten Buchten den Zugang zum Meer. Ein schmaler Zugang allerdings, denn im Westen riegelt eine 25 km lange und 4 km breite Halbinsel ein großes Stück der Bucht ab. Auf dieser Landzunge fährt man von Lège zum Cap Ferret. Wasser wird man unterwegs selten sehen, denn die 80 km lange Küste des Bassins ist dicht bebaut, teils mit Ferienanlagen, teils mit den Hütten der Austernfischer. Annähernd 1000 *ostréiculteurs* sorgen dafür, dass die Bucht von Arcachon zu Frankreichs bedeutendsten Zuchtgebieten zählt.

Cap Ferret ▸ C 6

Am nördlichen Ortsausgang befindet sich die **Jetée Bélisaire**, Ablegestelle von Ausflugsbooten auf dem Bassin und zugleich Endstation einer Schmalspurbahn (April–Sept.). Sie führt ans Meer zur **Plage de l'Horizon**, einem Strandabschnitt, der u. a. bei Surfern beliebt ist.

Leuchtturm Pointe du Cap Ferret

http://phareducapferret.com, Juli/ Aug. tgl. 10–19.30, April–Juni und Sept. 10–12.30 und 14–18.30, sonst Mi–Mo 14–17 Uhr, 6 € Meistbesuchter Küstenfleck rundum ist die Pointe du Cap Ferret, die Südspitze der Halbinsel. Vom dortigen Leuchtturm hat man aus 52 m Höhe einen herrlichen Blick über das Bassin und zur Dune du Pilat.

Villa Algérienne

Südlich von L'Herbe bringt die Villa Algérienne Abwechslung in das architektonische Bild. Das eigentliche Bauwerk, eine Villa im maurischen Stil, wurde 1969 abgerissen, doch blieb am Ufer der Bucht die Familienkapelle mit ebenfalls orientalischen Anklängen.

Übernachten

Strandnah – **Des Dunes:** 119, av. de Bordeaux, Tel. 05 56 60 61 81, www. hoteldesdunes.com, 14 Zimmer, Mitte Nov.–Anf. Febr. geschl., DZ 150–230 €, Appartement 330 €. Die exquisit eingerichteten Zimmer verfügen über eine Holzterrasse, das Haus selbst über Tennisanlage und Sauna. WLAN kostenlos. Zum Strand sind es etwa 500 m.
Markante Lage – **Des Pins:** 23, rue des Fauvettes, Tel. 05 56 60 60 11, www. hoteldespins.eu, März–Nov., 14 Zimmer, DZ 62–125 €. Das nett eingerichtete Haus aus dem frühen 20. Jh. ist besser bekannt für sein Restaurant (Menü 33 €), vermietet aber auch einige kleinere Zimmer. Der Komfort bleibt trotz des schönen Gartens spar-

Austern satt

Zwischen Lège und Cap Ferret liegen die Austernzuchtbetriebe dicht an dicht. Die Pfähle *(pignots)*, die farbenfroh bemalten Holzhütten *(cabanes)* und die flachen Boote *(pinasses)* dieser Zunft sind die Wahrzeichen der Bucht von Arcachon, die den Reisenden auf der Fahrt durch die Fischerdörfer **Claouey, Petit** und **Grand Piquey, Le Canon** und **L'Herbe** begleiten. In den kleinen Austernhäfen kann man die unvergleichliche Atmosphäre erleben – mit allen Sinnen. Zu diesem Zweck finden sich an vielen Stellen auch Probierstuben mit frischester Ware.

Im Austernfischerdorf Le Canon an der Bucht von Arcachon

tanisch, bestechend ist aber die Lage: 100 m zum Bassin, 700 m zum Meer.
Camping – **Airotel les Viviers:** 1, av. Léon Lesca, Claouey, Tel. 05 56 60 70 04, www.airotel-les-viviers.com, April–Sept., 980 Plätze, Stellplatz 29–55 €/ Tag. Das Camp liegt als Einziges direkt am Bassin d'Arcachon, besitzt ein Restaurant und einen privaten Sandstrand. Ein großer Aqua-Park garantiert Vergnügen für die ganze Familie. Zum Sportangebot zählen außerdem Gymnastik, Volleyball, Fußball und einmal in der Woche ein Boule-Wettbewerb. Tretboote, Kajaks und Surfbretter können gemietet werden, und für Kinder gibt es tagsüber spezielle Animation, für Erwachsene Abende mit Karaoke, Tanz und Konzerten.

Essen & Trinken

Fischküche mit Meerblick – **L'Escale:** 2, av. de l'Océan, Cap Ferret, Tel. 05 56 60 68 17, www.lescale-restaurant. com, Menü 31 €. Es gibt genügend

Beschwerden über das überteuerte Essen und den schlechten Service des Hauses, das mit seiner noblen Aufmachung Eindruck schinden möchte. Trotz dieser schwer zu entkräftenden Einwände bleibt das Escale eine beliebte Adresse gleich neben der Jetée Bélisaire: Der herrliche Ausblick auf das Bassin ist einfach unschlagbar.

Einkaufen

Frisches Angebot – **Wochenmarkt:** in Cap Ferret, Sommer tgl., im Winter Mi.

Aktiv

Boote – **Club Nautique:** Place Tabarly, Claouey, Tel. 05 56 60 73 15, www.cnclaouey.com. Vermietung diverser Segelboote und Unterricht.

Fahrräder – **Cool Bike:** 6, av. de Gaulle, Claouey, Tel. 06 50 77 78 18.

Freizeitpark – **Parc de Loisir du Four:** Sarl de Pin en Pin, Le Four, Tel. 05 57 70 34 06. Nur im Sommer geöffnete Anlage, die diverse Klettersportarten anbietet und Fahrräder vermietet.

Tauchen – **C.I.P, L'École de Plongée:** 6, av. de Gaulle, Claouey, Tel. 06 15 92 92 06. Tauchschule.

Surfen – **Tutti Fruti Surf School:** 42, bd. de la Plage, Cap Ferret, Tel. 05 56 60 61 78, www.lecoledesurf.com. Eine Stunde zum Kennenlernen kostet 29 € für Kinder zwischen 6 und 10 Jahren, Erwachsene zahlen 40 € für 2 Std. Die beharrlich falsche Schreibweise »fruti« statt »frutti« soll auf die etwas abgedrehte Atmosphäre der Schule verweisen.

Infos & Termine

Office de Tourisme: 1, av. du Général de Gaulle, Claouey, 33950 Lège-Cap Ferret, Tel. 05 56 03 94 49, www.lege-capferret.com.

Office de Tourisme: 12, av. de l'Océan, 33970 Cap Ferret, Tel. 05 56 60 63 26, www.lege-capferret.com. Kleiner Pavillon, nur Juni–Sept. besetzt.

Fête de l'Huître: Mitte Juli, Austernfest mit Musik, außerdem natürlich Austernverzehr.

Open-Air-Konzerte: Juli/Aug., abwechslungsreiches Programm mit Jazz, Klassik und Rock.

Bus: Linie 601 Bordeaux–Lège–Cap Ferret.

Fähre: Ab Jetée Bélisaire, Tel. 05 56 54 60 32, in 30 Min. nach Arcachon (Passagiere, mit Fahrradtransport).

Autoverkehr: Radfahrer können den Weg nach Arcachon abkürzen und von Cap Ferret übersetzen. Autofahrer müssen nach Lège zurückkehren und von dort der Straße D 3 folgen.

Andernos-les-Bains ▶ C 5

Die Wurzeln des heutigen Badeortes reichen in prähistorische Zeit zurück. Später war Andernos Heilbad der Römer. Von ihnen künden die Fundamente einer Basilika (4. Jh.), die sich am Nordrand des Ortes neben der romanischen Kirche St-Eloi (11./12. Jh.) befinden. Von der Kirche blickt man zur Rechten auf den Austernhafen, der bei weitem nicht so malerisch wirkt wie die dörfliche Szenerie am Cap Ferret. Dennoch ist dies ein lohnendes Ziel für Gourmets, die hier von den Züchtern bei der Austernprobe beraten werden

Übernachten

Zum Entspannen – **De la Plage:** 20, bd. de la Plage, Lanton, Tel. 05 56 82 06 01, www.hotel-de-la-plage.fr, Jan.–Mitte März geschl., 17 Zimmer, DZ 63–97 €. Das Logis de France-Hotel liegt in der Nähe des Austernhafens von Lanton, etwa

150 m vom Strand entfernt. Das Hauptgebäude ist von hellen, freundlichen Chalets umgeben, einige davon besitzen eine Loggia. Diese Holzhäuser für zwei bis vier Personen können nur in der Hochsaison gemietet werden und kosten ab 310 € pro Woche.

Camping – **Fontaine-Vieille:** 4, bd. du Col. Wurtz, Andernos, Tel. 05 56 82 01 67, www.fontaine-vieille.com, April–Sept., 840 Plätze, Stellplatz ab 16 €. Die Anlage am Bassin verfügt über einen eigenen Strand sowie über Pool, Bar, Restaurant und Kino. Wer auf Animation und Abendunterhaltung Wert legt, findet wenig Angebote. Eher geht es um einen ruhigen Familienurlaub mit sportlicher Betätigung wie Volleyballspielen oder Windsurfen.

Einkaufen

Frisches Angebot – **Markt:** Im Sommer tgl. überdachter Markt in Andernos, Di und Fr auch unter freiem Himmel.

Aktiv

Bootsausflüge – **Jetée d'Andernos:** Tel. 05 57 72 28 28. Ab Anleger Jetée d'Andernos auf dem Bassin d'Arcachon.

Fahrräder – **Delort Sport:** 125, bd. de la République, Tel. 05 56 82 11 45.

Kletterpark – **Escalad'Parc:** Centre Sportif, av. Coubertin, Andernos, Tel. 06 87 84 90 47, www.escalad-parc.fr, im Sommer Mo–Sa 10–19, So 14–19 Uhr, übrige Zeit nur an Wochenenden und in den Ferien tgl. 14–19 Uhr, 18 €, Kinder 7–12 Jahre 16 €, 3–6 Jahre 11 €. Kletterpark unter Pinienkronen mit sechs Parcours unterschiedlicher Schwierigkeitsgrade.

Segeln – **Sport Nautique:** 1, rue Lamothe, Andernos, Tel. 05 56 82 07 03. Unterricht für Anfänger und Fortgeschrittene.

Infos & Termine

Office de Tourisme: Esplanade du Broustic, 33510 Andernos, Tel. 05 56 82 02 95, http://tourisme.andernoslesbains.fr.

Jazz en Liberté: Ende Juli, Gratiskonzerte in der Stadt und Kulturprogramm.

Fête de l'Huitre: Ende Juli, am Austernhafen von Andernos dreht sich alles um die Spezialität der Region.

Bus: Linie 610 Lège–Mios mit Haltestellen in Arès und Andernos (Umsteigen in 614 nach Bordeaux).

Réserve Ornithologique du Teich ❗ ▶ D 6

Le Teich, rue du Port, www.reserve-ornithologique-du-teich.com, Tel. 05 56 22 80 93, Juli, Aug. tgl. 10–20, Mitte April–Ende Juni und erste Septemberhälfte 10–19, sonst 10–18 Uhr, Erwachsene 7,90 €, Kinder (5–14 Jahre) 5,70 €, unter 5 Jahren kostenlos

Nur keine Skrupel bei der Aussprache: Le Teich ist ein deutsches Lehnwort. Es bezieht sich auf den großen Teich von Arcachon, der nicht nur vom Meer, sondern auch vom Land her mit Wasser versorgt wird. Größter Zustrom ist der Fluss Leyre, an dessen Delta 1970 der Vogelpark *(parc ornithologique)* eingerichtet wurde.

Dieses Schutzgebiet, in dem einst Fischzucht betrieben wurde, ist heute Brut- und Rastplatz für 260 Vogelarten; immerhin 80 davon halten sich ganzjährig hier auf. Zu den Kurz- und Langzeitgästen zählen Löffel-, Silber- und Graureiher, Blesshühner, Kormorane, Störche, Graugänse, Knäk- und Stockenten, Lach- und Silbermöwen. Dabei beeindruckt neben der Vielfalt der Arten die schiere Zahl der Vögel. Über 300 000 sind es mitunter, die im

Fischgründe für Graureiher und Löffler: im Vogelreservat bei Le Teich

Herbst oder Frühjahr ihr friedliches Rendezvous in Le Teich abhalten.

Der Blick in die Vogelwelt wird den Besuchern denkbar einfach gemacht. Über 6 km erstrecken sich im insgesamt 120 ha großen Schutzgebiet behindertengerecht angelegte Spazierwege. Sie führen an 20 Beobachtungsposten vorbei, vier davon sind erhöht und gestatten so einen glänzenden Überblick.

Da jede Vogelart ihre bestimmten Futterpflanzen und Nistplätze bevorzugt, sind die jeweiligen Arten auch tatsächlich an den ausgewiesenen Stellen anzutreffen: Löffelreiher beim Observatoire de la spatule, Silberreiher beim Observatoire de l'aigrette, Kormorane beim Observatoire du cormoran, Wildenten beim Observatoire de la sarcelle.

Obwohl die Vögel im Park an Menschen gewöhnt sind, ist es ratsam, in kleinen Gruppen oder besser noch allein auf die Pirsch zu gehen. Mindestens zwei Stunden sollte der Federfreund für den Besuch einplanen. Ferngläser können am Eingang ausgeliehen werden. Die Kleinbildkamera sollte mit einem Teleobjektiv von mindestens 300 mm bestückt sein, damit gute Bilder zumindest von größerer Vögeln wie Reihern oder Störcher gelingen.

Aktiv

Naturerlebnis – **Maison de la Nature du Bassin d'Arcachon:** Le Teich, rue du Port, Tel. 05 56 22 80 93, www.parc-landes-de-gascogne.fr. Das Naturkundehaus bietet neben Aktivitäten für Schulklassen auch Kajakfahrten ins Bassin d'Arcachon hinaus oder landeinwärts auf der Leyre, z. B. bis Belin-Béliet (s. Entdeckungstour S. 220). Bei diesen Touren kann das Naturerlebnis fortgesetzt werden.

Vielfältige Aktivitäten – **Villetorte Loisirs:** Tel. 05 56 22 66 80, Mitte Juni–Aug./Mitte Sept. An der Straße, die zum Vogelreservat führt, weist rund 300 m vor dem Parkplatz rechts ein Schild zu dem Anbieter von Kanufahrten. Dort können auch Pferde ausgeliehen und Angeltouren gebucht werden, bei denen Forellen gefangen werden.

Infos

Office de Tourisme: 1, place Pierre Dubernet, 33470 Le Teich, Tel. 05 56 22 80 46, www.leteich-tourisme.com.

Gujan-Mestras und La Teste ▸ C 6

Die dicht besiedelte Südküste der Bucht von Arcachon wirkt nicht sonderlich einladend. Facture ist Industrieort und Verkehrsknotenpunkt, in Gujan-Mestras liegt der größte Austernhafen der Bucht. Diverse Freizeit- und Abenteuerparks bemühen sich darum, Familien mit Kindern die Langeweile zu vertreiben, in La Hume befinden sich **Village Médieval,** Haustierpark und Streichelzoo **La Coccinelle, Parc Botanique, Kid Parc** und **Aqualand;** in La Teste-de-Buch gibt es **Zooland** (alle Juli/Aug. tgl. 10–18/19 Uhr).

Maison de l'Huitre

Port de Larros, Gujan-Mestras, Tel. 05 56 66 23 71, www.maison-huitre. fr, tgl. 10–12.30, 14.30–18 Uhr, Sept.–Juni, So geschl., 5,80 €
Das Informationszentrum im Austernhafen von Gujan-Mestras lohnt einen Besuch. In der interaktiven Ausstel-

lung erfährt man vieles über die Hintergründe der Austernzucht und das handwerkliche Rüstzeug der *ostréiculteurs* (Austernzüchter).

Einkaufen

Frisches Angebot – **Wochenmarkt:** Mi in Gujan-Mestras, Do, Sa, So in La Teste.

Aktiv

Golf – **Golf de Gujan-Mestras:** Route de Sanguinet, Tel. 05 57 52 73 73. Schöne Anlage mit Teichen und Sandbunkern. 18 Loch, par 72, 6225 m; 9 Loch, par 35, 2635 m.

Rundflüge – **Aéroclub du Bassin:** Aérodrome de Villemarie, route de Cazaux, La Teste, Tel. 05 56 54 72 88, www.acba-fr.com. Ein halbstündiger Flug kostet 85 € für eine Person, 75 € pro Person bei zwei Passagieren.

Infos & Termine

Jazz en Buch Festival: Mitte Juli, in La Teste.
Gujan-Mestras en Fêtes: Mitte Aug., Musikgruppen, Festessen und abschließendes Feuerwerk.
Bus: Linie 610 Lège–Mios mit Haltestellen in Audenge und Facture (umsteigen in Zug nach Arcachon).

Arcachon ▸ C 6

La Teste, das heute für den Tourismus nur noch untergeordnete Bedeutung besitzt, war bis Mitte des 19. Jh. Ziel der Badegäste aus Bordeaux. Hier war Endstation der Bahnlinie – bis die Bankiers Émile und Isaac Péreire den Schienenstrang nach Westen vorschoben. Dort, in Arcachon, kauften die pfiffigen Brüder 1861 Land zur Bebauung auf, und schon zwei Jahre später erschien Kaiser Napoléon III, um die Qualität des neuen Kurortes zu erproben. In die Fußstapfen Seiner Majestät traten Adlige und Geschäftsleute, Literaten, Künstler und Musiker.

Gujan-Mestras ist der größte Austernhafen der Bucht von Arcachon

Ob Toulouse-Lautrec, Sartre oder Debussy – die Prominenz war begeistert vom Bassin. Freilich genoss man damals nicht den Badebetrieb heutiger Fasson, sondern suchte in Arcachon den Körper und vor allem die Lunge zu stärken, galt doch die würzige Kiefernluft als heilsam.

Ville d'Hiver und Ville de Printemps

So war denn auch anfangs der landeinwärts gelegene Dünenkamm und nicht der Strand beliebtester Siedlungsraum in Arcachon. Dort entstand ab 1870 die **Ville d'Hiver,** die ›Winterstadt‹ der Reichen. Ihre Prachtbauten bilden ein Freilichtmuseum der verspielten Belle-Époque-Architektur.

Hier sollte der Stadtrundgang beginnen, am besten am **Observatoire Ste-Cécile** **1** (tgl. 9–19 Uhr). Man kann diesen Ausguck, eine Stahlkonstruktion aus dem Jahre 1863, besteigen, um auf Arcachon hinabzuschauen. Am Fuß der Winterstadt befindet sich die **Basilique Notre-Dame** **2** (Mitte 19. Jh.) und in ihr die Chapelle des Marins (1722) mit einer Madonnenfigur, die der Franziskanermönch Thomas Illyricus am Strand von Pereire gefunden haben soll. Dort, im Westen Arcachons, wo die schönsten Badebuchten schlummern, erstreckt sich die **Ville de Printemps,** die ›Frühlingsstadt‹.

Ville d'Automne und Ville d'Été

Auch Herbst und Sommer sind vertreten: Im Osten gruppiert sich die **Ville d'Automne** um den Fischerei- und Jachthafen, während im Zentrum, zwischen Bahnhof und Strandpromenade, die **Ville d'Été** liegt, ein Herzstück voller Geschäfte, Hotels,

Diskreter Charme der Belle Époque: Villa Toledo in der Ville d'Hiver von Arcachon

---

Mein Tipp

Ein Ausflug in die Belle Époque
Geführte Spaziergänge durch die **Ville d'Hiver** mit ihren verspielten Villen der Wende zum 20. Jh. werden im Sommer über das Office de Tourisme vermittelt, wo auch der Startpunkt der Touren ist (Mi, Fr ab 10.30 Uhr).

Restaurants und Touristen. Die Sommerstadt war und ist die Adresse der weniger betuchten Badegäste ... mit einer Ausnahme: Napoléon III verbrachte seinen Urlaub im 1853 erbauten **Château Deganne,** in dem seit 1903 das **Casino** seinen Sitz hat. Hinter dem Casino verläuft die Strandpromenade, eine verkehrsfreie Zone im Urlaubstrubel. Die Cafés sind stets gut besucht, der feine Sand dicht mit Badetüchern bedeckt.

Übernachten

Die Sommerstadt ist heute das eigentliche Zentrum von Arcachon. Die Hotels dort sind fast ausnahmslos überteuert, die Zimmer oft klein, ungemütlich und wegen des Straßenlärms auch ziemlich laut. Abseits des Trubels finden sich einige stilvolle Häuser, die allerdings nicht mehr so nah am Strand liegen.

Strandhotel – **Les Vagues** **1** : 9, bc. de l'Océan, Tel. 05 56 83 03 75, www. lesvagues.fr, 30 Zimmer, DZ 86–235 €. Das moderne Logis de France-Hotel liegt direkt am Strand, verfügt über Parkplatz und Pool. Unschlagbar ist das allseits – und sogar am Boden – verglaste Penthouse. Für Familien gibt es Zimmer mit Verbindungstür. Enorme Preisschwankung zwischen Haupt-

Bassin d´Arcachon

und Nebensaison (Aufschlag um etwa 70 %). Das recht gute Restaurant bietet einen traumhaften Blick auf die Bucht (Menü 28–36 €, Nov.–Ende März geschl.). Das Haus ist empfehlenswert für alle, die mitten im Trubel noch relativ ungestört wohnen möchten.

Traditionshaus am Wasser – **Grand Hôtel Richelieu** [2] : 185, bd. de la Plage, Tel. 05 56 83 16 50, Nov.–Mitte März geschl., www.grand-hotel-richelieu. com, 45 Zimmer, 92–210 €. Das Hotel mit Garten liegt nicht weit vom Casino direkt an der Bucht und besitzt einen eigenen Strand. Gegenüber dem modernen Les Vagues setzt es eher auf stilvolle, antike Einrichtung. Parkplatz

ist vorhanden, Internetzugang erhält man gratis. Auch hier kann man mitten im Geschehen wohnen und findet dennoch Ruhe.

Stilvoll – **Dauphin** [3] : 7, av. Gounod, Tel. 05 56 83 02 89, www.dauphin-arcachon.com, 50 Zimmer, DZ ab 89 €. Die Villa aus dem späten 19. Jh. befindet sich zwischen Herbst- und Sommerstadt, ca. 300 m vom Meer. Magnolien und Palmen schmücken den Garten, ein Pool an der Rückseite des Hauses ermöglicht ungestörtes Baden. Privatparkplatz und Klimaanlage steigern den Komfort, der leider durch die nahe Feuerwache beeinträchtigt wird. Auch die Kaufhaus-Einrichtung

Arcachon

Sehenswert
1. Observatoire Ste-Cécile
2. Basilique Notre-Dame

Übernachten
1. Les Vagues
2. Grand Hôtel Richelieu
3. Dauphin
4. Orange Marine
5. Marinette
6. Club d'Arcachon

Essen & Trinken
1. Le Cabestan
2. Grand Bleu

Einkaufen
1. Markthalle

Aktiv
1. U.B.A.
2. Locabeach 33
3. Cercle de la Voile d'Arcachon
4. Plage Péreire

Abends & Nachts
1. Le Scotch

---

der kleinen Zimmer wird dem übrigen Anspruch nicht gerecht.

Schlicht und passabel – **Orange Marine** 4: 35–37, bd. Chanzy, Tel. 05 57 52 00 80, www.hotel-orange-marine.fr, 21 Zimmer, DZ 59–99 €. Das moderne Hotel beim Jachthafen besitzt einige Zimmer mit Blick auf das Bassin. Erreichbar sind die Zimmer von einer Galerie, die um den Patio verläuft. Dort werden unter tropischen Pflanzen Frühstück und Abendessen serviert. Zum Komfort gehören Garage und WLAN.

Ganz versteckt – **Marinette** 5: 15, allée José-Maria de Hérédia, Tel. 05 56 83 06 67, www.hotel-marinette.com,

ganzjährig geöffnet, 23 Zimmer, DZ 55–105 €. Das schöne Haus in der Winterstadt ist sehr gemütlich, die Zimmer selbst sind allerdings recht klein, Frühstücksterrasse, Parkplatz. Zum Strand sind etwa 800 m zurückzulegen.

Camping – **Club d'Arcachon** 6: 5, allée de la Galaxie, Abatilles, Tel. 05 56 83 24 15, www.camping-arcachon. com, ganzjährig. 250 Plätze, Stellplatz für zwei Personen mit Auto und Zelt 17–45 €. Die Anlage ist zwar etwa 2 m vom Strand entfernt, besitzt aber eine große Wasserlandschaft, darunter ist auch ein überdachter Pool. Auf Animation wird kein Wert gelegt, der Platz eignet sich also für diejenigen, die sich in der Natur erholen möchten. Restaurant und Tennis vorhanden.

Essen & Trinken

An der Strandpromenade zwischen Casino und Hotel Richelieu finden sich Restaurants mit schöner Terrasse, die fast alle halbwegs taugliche, aber überteuerte Fischgerichte und Meeresfrüchte anbieten. Eher zu empfehlen sind:

Qualität zum fairen Preis – **Le Cabestan** 1 : 6, av. du Gén. de Gaulle, Tel. 05 56 83 18 62, Mo, Di geschl., Menü 20–30 €. Das etwas lieblose Interieur sollte nicht abschrecken, denn dieses Restaurant zählt zu den wenigen Adressen in Arcachon, die sich bei Service und Küche Mühe um den Gast geben. Fisch, Meeresfrüchte und traditionelle Gerichte mit manchmal ausgefallener Note.

Franko-spanisch – **Grand Bleu** 2 : 30, bd. de la Plage, Tel. 05 56 54 92 92, www.restaurant-legrandbleu-arcachon.fr, außerhalb der Saison So abends und Mo geschl., Menü ab 22,50 €. Das blau-weiße Dekor des Restaurants in der Nähe des Hafens lässt keinen Zweifel: Seemannskost ist angesagt. Neben dem französischen Klassiker Bouillabaisse gibt es auch spanische Fischspezialitäten wie Zarzuela und natürlich die Paella in manierlicher Qualität. Auch Gerichte zum Mitnehmen.

Einkaufen

Lebensmittel – **Markthalle** 1 : Bd. du Général Leclerc. Di–So 7–13, im Sommer bis 13.30 Uhr.

Aktiv

Bootsausflüge – **U.B.A.** 1 : 76, bd. de la Plage, Tel. 05 57 72 28 28, www.

bateliers-arcachon.com. Überfahrten nach Cap Ferret und Andernos, Ausflüge auf dem Bassin, Fahrten auf der Leyre, Fischfang etc. ab Jetée Thiers, Jetée d'Eyrac und Jétée Moulleau. Rundfahrten (1–10 Std.) ab 16 €. Angeltouren ab 30 €.

Zweiräder und mehr – **Locabeach 33** 2 : 326, bd. de la Plage, Tel. 05 56 83 39 64, www.locabeach.com, im Sommer tgl. Der versierte Anbieter vermietet auch Motorroller und Quads. Fahrrad/Tag 10 €, Scooter ab 40 €.

Segelschule – **Cercle de la Voile d'Arcachon** 3 : Centre Nautique Pierre Mallet, Port de Plaisance, Tel. 05 56 83 05 92, www.voile-arcachon.org. Segelunterricht ab vier Jahren; Katamaransegeln, Windsurfen ab 13 Jahren.

Strand – **Plage Péreire** 4 : Der Strandabschnitt zwischen Arcachon und Pyla-sur-Mer ist weniger überlaufen als die Hauptzone am Casino.

Abends & Nachts

Disco im Casino – **Le Scotch** 1 : 163, bd. de la Plage, Tel. 05 56 83 41 44, www.casinoarcachon.com, 10–4 Uhr. Im Sommer eine der beliebtesten Adressen für Nachtschwärmer.

Infos & Termine

Office de Tourisme d'Arcachon: Esplanade Georges Pompidou, 33120 Arcachon, Tel. 05 57 52 97 97, www.arcachon-tourisme.com.

Follies: April, traditionelle Musik und Tanz.

Jeunes Solistes: Oster- und Sommerferien, klassische Musik.

18 heures d'Arcachon: Anfang Juli, Segelregatta.

Fête de la Mer: Mitte Aug., u. a. Prozession von Booten.

Abendstimmung am Bassin d'Arcachon

Bahn: Gare SNCF, place des Compagnons de la Libération, Tel. 08 36 35 35 35. Eilzug Arcachon–Facture–Bordeaux (ca. 50 Min.). In Facture Anschluss nach Dax und ins Baskenland.
Bus: Buszentrale 47, bd. Gén. Leclerc, Tel. 05 57 72 45 00; Linie 611 nach Le Pyla (im Sommer weiter nach Biscarrosse), 613 Arcachon–La Teste–Cazaux, 612 Stadtbus.
Taxi: Tel. 05 56 83 88 88.

Ausflüge in der Bucht von Arcachon ▶ C 5/6

Von den Ablegestellen Jetée d'Eyrac und Jetée Thiers in Arcachon kann man zu Bootsfahrten auf dem Bassin aufbrechen und dort die Bucht so recht lieben lernen. Unzählige beneidenswerte Freizeitkapitäne tuckern draußen mit großen und kleinen Booten herum und vertrödeln den Tag inmitten der weiten Wasserfläche. Man benötigt Erfahrung und Ortskenntnis, um es ihnen gleichtun zu können, denn bei Ebbe sind zwischen den Sandbänken nur schmale Fahrrinnen schiffbar, während bei Flut die starke Strömung zur Gefahr werden kann.

Île aux Oiseaux
Sicher ist man auf einem der Ausflugsboote, die u. a. zur Île aux Oiseaux aufbrechen. Die von Austernbänken umgebene Insel taucht bei Flut fast ganz unter. Aus dem Wasser ragen dann noch die beiden berühmten Tchanque-Hütten, Pfahlbauten, die einst zur Entenjagd genutzt wurden und heute als Sommerhäuser dienen.

Banc d'Arguin
Noch weiter hinaus geht es zur Banc d'Arguin, einer Sandbank neben der Öffnung des Bassins zum Meer.

Dieses Stück Land, das ständig seine Form ändert, wurde 1972 zum Vogelschutzgebiet erklärt und erweitert das Reservat von Le Teich um ein wertvolles, von Menschenhand unberührtes Areal. Die Boote setzen von hier die Reise fort, um ihren Gästen die Meerseite der Dune du Pilat zu präsentieren.

Pyla-sur-Mer ▶ C 6

Die Häuser des Badeortes Pyla-sur-Mer, ziehen sich am kilometerlangen Boulevard de l'Océan entlang. Von den Stränden hat man immer wieder einen schönen Blick auf die Dune du Pilat.

Dune du Pilat !
Mit fast 3 km Länge und 114 m Höhe (die Angaben schwanken) ist die Dune du Pilat Europas größte Düne – eine Wanderdüne, die Jahr für Jahr landeinwärts vorrückt, denn die Strömung an der Einfahrt zum Bassin ist so stark, dass sich hier die Sandmassen nicht aufhalten ließen. Das imposante Naturgebilde wird jährlich von ca. 1 Mio. Touristen besucht, die sich den Aufstieg über Holztreppen zum Dünenkamm erkämpfen.

Solche Treppen befinden sich bei den Campingplätzen (und können dort nur von deren Gästen benutzt werden) sowie beim Parkplatz am Ortsausgang von Pyla (Parkgebühren). Alternativ kann man sein Fahrzeug am Straßenrand abstellen und die Düne zwischen den Campingplätzen oder besser vom Hôtel Corniche aus über die freie Flanke erklimmen, ein schweißtreibendes Unterfangen. Belohnt wird man in jedem Fall durch einen unvergesslichen Blick über das blaue Meer, die gelben Sandmassen und den grünen Kiefernwald.

Übernachten

Einfach und preiswert – **Guitoune:** 95, bd. de l'Océan, Tel. 05 56 22 20 00, www.laguitoune.com, Mitte Nov.–Ende März geschl., 18 Zimmer, DZ 87–108 €. Kleineres Hotel an der Hauptstraße von Pyla, unweit vom Strand. Die Zimmer versprühen noch den Charme der Blümchentapeten-Ära, was aber wohl nicht jeden erfreut. Vorteil für Familien: Die größeren Zimmer besitzen eine Verbindungstür. Restaurant (Juni–Sept. Do–So, Menü 14–40 €).

Camping – **De la Forêt:** Route de Biscarrosse, Tel. 04 30 63 38 60, www.

Eine Wanderdüne, die zu Höhenflügen anregt – die Düne von Pilat

Mein Tipp

Die Düne für Insider – Hôtel La Coorniche
In echter Traumlage direkt neben der großen Düne befindet sich das Coorniche. Das Haus im baskischen Stil besitzt eine Holzterrasse mit grandiosem Blick über das Bassin. Parkettboden, Einrichtung in Sandfarben und gefüllte Bücherregale machen die Zimmer, teils mit Balkon, zu einem Erlebnis. In der Hauptsaison klettern die Preise allerdings auf leider schier unerschwingliche Summen. Ein gutes Restaurant, das Meeresfrüchte und Gerichte der Landes serviert, rundet das Angebot ab (Hôtel La Coorniche, 46, bd. Louis Gaume, Tel. 05 56 22 72 11, www.lacoorniche-pyla.com, April–Okt.,15 Zimmer, DZ in der Nebensaison ab 380 €, Suite ab 675 €, Menü ab 50 €).

campinglaforet.fr, April–Sept., 469 Plätze, Stellplatz 88–238 €/Woche. Anders als die betriebsamen Anlagen direkt am Fuß der Düne mit ihrem mehr oder weniger gleich ausgerichteten Angebot (Pool, Animation, Restaurant, Fahrradverleih, Tennis) ist dieser Platz recht ruhig und noch dazu preiswert.

Essen & Trinken

Gutes preiswert – **L'Authentique d'Éric Thore:** 35, bd. de l'Océan, Tel. 05 56 54 07 94, www.ericthore-authentic.com, So abends, Mo und Di geschl., Menü ab 50 €. Die schöne Holzterrasse liegt leider an der Durchgangsstraße und bietet keinen Meerblick. Spezialität bleibt auch nach dem Besitzerwechsel der Hummer an Estragon und Portwein, aber auch das Thunfisch-Medaillon mit grüner Sauce im Menü ist zu empfehlen.

Infos

Office de Tourisme: 13bis, rue Victor Hugo, 33260 La Teste-de-Buch, Tel. 05 56 54 63 14, www.tourisme-latestedebuch.fr; im Sommer befindet sich eine zusätzliche Informationsstelle im Pavillon du Marché direkt in Pyla.
Bus: Linie 611 von Arcachon.

Die südliche Côte d'Argent

Biscarrosse-Plage ▸ C 7

Ein weiteres Mal lockt die Côte d'Argent mit der Kombination aus Seebad und Badesee. Biscarrosse-Plage ist eine moderne Touristenhochburg mit Casino, Diskotheken und belebtem Strand. Den unbewachten Südabschnitt teilen sich Surfer und FKK-Anhänger.

Übernachten

Familientauglich – **Forestière:** 1300, av. du Pyla, Tel. 05 58 78 24 14, www.hotellaforestiere.com, April–Okt., 49 Zimmer, DZ 58–136 €. Das Logis de France-Hotel liegt etwas abseits vom Strand. Die 16 Zimmer im Anbau verfügen über Verbindungstüren und ermöglichen damit einen idealen Familienurlaub. Außer Parkplatz und Pool ist ein durchschnittliches, preiswertes Restaurant vorhanden (Menü 20–45 €, So abends geschl.).

Camping – **Campéole Le Vivier:** 681, rue du Tit-Les Campéoles, Tel. 05 58 78 25 76, www.de.camping-biscarros se.info, Ende April–Ende Sept., 835 Plätze, Stellplatz, je nach Ausstattung und Saison für zwei Personen 19–36 €. Große, moderne Anlage im Kiefernwald, allerdings immerhin 800 m vom bewachten Strand Le Vivier entfernt. Pool, Tennis, Volleyball und Basketball. Animation für Kinder und Tanzabende für Erwachsene.

Einkaufen

Frisches Angebot – **Wochenmarkt:** Sa bzw. im Sommer tgl.

Aktiv

Zweiräder – **Cycles Évasion:** 543, bd. d'Arcachon, Tel. 05 58 78 33 63. Kleiner Anbieter für Mietfahrräder und Motorroller.

Strandsegeln – **Alizés Speed:** La Plage, Tel. 06 85 63 82 98, www.a izes-speed. com. Unterricht in einer besonders schnellen Sportart ohne Motor. Eine 15-minütige ›Strandsegel-Taufe‹ im Zweisitzer kostet 10 € bzw. 7 € für Kinder, Unterricht 40 €/2 Std.

Surfen – **Maison du Surf La Vigie:** 788, bd. des Sables, Tel. 05 58 78 37 79, www.la-vigie-biscarrosse.com. Surfschule, auch für Kinder. Fünf Unterrichtsblöcke zu je 90 Min. kosten 135 €, ein Surfbrett oder Bodyboard kann für 10 €/2 Std. oder 20 €/Tag gemietet werden.

Abends & Nachts

Dinner und Automaten – **Casino:** 720, bd. des Sables, Tel. 05 58 78 26 99, www.casinobiscarrosse.com, tgl. 12–

2/3 Uhr. Das Casino ist zwar nur eine bessere Spielhalle, besitzt aber ein sehr preiswertes Restaurant und eine Bar.

Infos

Office de Tourisme: 55, place G. Dufau, 40602 Biscarrosse-Plage, Tel. 05 58 78 20 96, www.biscarrosse.com.
Bus: Im Sommer Pendelbus zwischen Biscarrosse-Bourg und -Plage.

Lac Nord ▸ C 6–7

Am nördlichen Ortsausgang von Biscarrosse-Plage befindet sich der Abzweig zum 5750 ha großen Étang de Cazaux et de Sanguine, kurz Lac Nord genannt. Die Straße trifft beim Jachthafen Port-Maguide auf den fischreichen See und folgt dessen Ufer bis Navarrosse – eine bezaubernde Strecke.

Übernachten

See vor der Tür – **Caravelle:** 5314, route des Lacs, Ispe, Tel. 05 58 09 82 67, www.lacaravelle.fr, März–Nov., 11 Zimmer, DZ 88–128 €. Das Logis de France-Hotel liegt direkt am Ufer des Sees, die hellen, freundlichen Zimmer besitzen kleine Balkone zum Wasser hin. Im Restaurant sind außer Fischgerichten auch Spezialitäten der Landes erhältlich (Menü 12–35 €, Mo mittags und Di mittags geschl.).

Camping – **La Rive:** Route de Bordeaux, Biscarrosse, Tel. 05 58 78 12 33, www.larive.fr, April–Aug., 640 Plätze, Stellplatz für zwei Personen mit PKW und Zelt 32–62 €. Sehr schöne Anlage am Seeufer mit mehreren Pools, Tennis, Volleyball, Billard, Restaurant und einem großen Angebot für Kinder. Verleih von Tretbooten, Kanu, Kajak und Katamaran.

Aktiv

Motorboote – **Charlet Nautique:** Port-Maguide, Lac Nord, Tel. 05 58 09 85 85, www.charletnautic.com. Vermietung von Motorbooten und Ankerplätzen.

Golf – **Golf de Biscarrosse:** Route d'Ispe, Lac Nord, Tel. 05 58 09 84 93, www.biscarrossegolf.com. Meernahe 18-Loch-Anlage in hügeligen Gelände der bewachsenen Dünen (par 72, 5794 m) und 9-Loch-Anlage beim See mit technisch anspruchsvollen Kurzbahnen (par 32, 2172 m). Auf dem Gelände gibt es ein Gourmet-Restaurant.

Segeln – **CNBO:** Port de Navarrosse, Lac Nord, Tel. 05 58 78 10 51, http://cnbiscarrosseolympique.jimdo.com. Bootsverleih für Fortgeschrittene und Schule für Anfänger ab Kindesalter.

Biscarrosse-Bourg und Lac Sud ▶ C 7

Biscarrosse-Bourg ist ein eher reizloser Ort, der allerdings an einem sehr schönen See liegt, dem Étang de Biscarrosse et de Parentis (auch Lac Sud genannt). Touristisch nutzbar ist er aber nur zum Teil. Am Westufer erstreckt sich militärisches Sperrgebiet, während am Ostufer rings um Parentis-en-Born große Industrieanlagen stehen. Dort nämlich wird seit 1954 Erdöl gefördert (Ausstellung dazu im Musée du Pétrole, route du Lac, nur Juli, Aug.). Trotz allem hat der 3600 ha große See seinen Reiz. Schiffbare Kanäle verbinden ihn im Norden über den Étang de Cazaux mit Arcachon, im Süden über den kleinen Étang d'Aureilhan mit Mimizan.

Musée Historique d'Hydraviation
332, av. Louis Bréguet (am Nordufer des Sees), www.hydravions-biscar

rosse.com, Juli/Aug. tgl. 10–19, Sept.–Dez., Feb.–Juni Di–So 14–18 Uhr, 5 € Zwischen 1930 und 1955 wurden in Biscarrosse Wasserflugzeuge gebaut und für die Atlantiküberquerung erprobt. Im Zweiten Weltkrieg diente der See als Stützpunkt für Flugzeuge, die auf offener See U-Boote betankten. Über diese Zeit und Flugpioniere wie Antoine de Saint-Exupéry informiert dieses einzigartige Museum. In der angeschlossenen Boutique sind u.a. Pilotenkleidung und Bücher zum Thema erhältlich.

Einkaufen

Frisches Angebot – **Wochenmarkt:** Fr und So in Le Bourg.

Aktiv

Reiten – **Centre Équestre l'Eperon:** 1802, av. de Laouadie, Le Bourg, Tel. 05 58 78 13 64. Der See mit seinen umliegenden Wäldern ist ein herrliches Reitgebiet. Das Reitzentrum bietet Unterricht bereits für Vierjährige.

Infos

Bus: Station an der Strecke Bordeaux–Mimizan; Verbindung zu den Bahnhöfen Facture (Anschluss nach Arcachon, Bordeaux) und Morcenx (Anschluss nach Dax); im Sommer Linie 611 nach Arcachon und Pendelbus zwischen Biscarrosse-Bourg und -Plage.

Mimizan ▶ C 8

Am Südufer des Étang d'Aureilhan liegt Mimizan, ein Ort, der auf die gallo-römische Zeit zurückgeht. Die antike Siedlung fiel im 6. Jh. den Wanderdünen zum Opfer. Der Sand blieb eine ständige Bedrohung, und auch die mittelalterliche Stadt, die sich ab Ende des 10. Jh. um eine Benediktinerabtei gruppierte, wurde im 18. Jh. verschüttet. Von der Abtei hat sich lediglich der romanische Glockenturm erhalten, heute ein Wahrzeichen des unter Napoléon III neu aufgebauten Mimizan. Die wirtschaftlichen Stützen des Ortes sind heute die Papierindustrie (Fabrikanlagen) und der Tourismus mit Zentren am Étang sowie in Mimizan-Plage, einem Paradies für Surfer (am Nordstrand) und Badeurlauber (Plage Sud).

Übernachten

Oase der Ruhe – **Du Lac Mimizan:** 34, av. du Lac, Le Bourg, Tel. 05 58 04 82 99, www.hoteldulacmimizan.com, März–Okt., 8 Zimmer, DZ 77–125 €. Das gediegene Hotel mit Privatparkplatz befindet sich in besonders idyllischer Lage am See. Die Zimmer sind ein wenig altbacken eingerichtet. Das benachbarte Restaurant unter Leitung von Meisterkoch Jean-Pierre Caule hat in der Gegend keine Konkurrenz (Menü ab 39 €).
Camping – **Club Marina:** Plage Sud, Tel. 05 58 09 12 66, http://marinalandes.com, Mitte April–Mitte Sept. 580 Plätze, Stellplatz für Fahrzeug, Zelt und bis zu drei Personen 15–60 €. In einem Pinienhain 500 m vom Strand gelegen. Die Anlage setzt besonders stark auf Animation, die von 10 Uhr morgens bis 1 Uhr dauert. Sie umfasst Sport, Wanderungen, Kabarett und Karaoke, aber auch Zeichnen und Malen und ein Programm für Kinder. Großer Pool, Tennis, Restaurant, Disco.

Einkaufen

Frisches Angebot – **Wochenmarkt:** Fr in Le Bourg, im Sommer auch Do in La Plage.

Aktiv

Fahrradverleih – **Cyclo'land:** 8, rue du Casino, La Plage, Tel. 05 58 09 16 65, www.cycloland40.fr. Das große Unternehmen hat noch mehrere andere Stationen, so auch beim Campingplatz Club Marina.
Surfunterricht – **Maéva Surf Club:** 1 av. de la Côte d'Argent, Tel. 05 58 82 44 42, http://maevasurfmimizan.com. Unterricht auf Englisch und Französisch, 1 Std. 25 €.

Abends & Nachts

Barmusik – **Casino:** Rue du Casino, La Plage, Tel. 05 58 09 05 02, www.casinomimizan.com, tgl. 12–2/3 Uhr. Spielautomaten, Piano-Bar, Restaurant und Tanztee.

Infos

Office de Tourisme: 38, av. Maurice Martin, 40202 Mimizan-Plage, Tel. 05 58 09 11 20, www.mimizan-tourisme.com.
Bus: Schnellbusse nach Dax, Bayonne (über Léon, Vieux-Boucau, Hossegor), Morcenx (Anschluss an Zug Bordeaux–Bayonne) sowie Bordeaux (über Biscarrosse).

Zwischen Contis-Plage und Étang de Léon ▶ B 8–9

Die Region im Süden von Mimizan betreibt eine fast aussichtslose Kampagne um die Gunst der Touristen. Zu weit liegen die großen Städte entfernt, als dass sich Urlauber in großer Zahl hierherverirren. Naturliebhaber werden dies schätzen und gern die Strände Contis-Plage, St-Girons-Plage und Moliets-Plage aufsuchen, die selbst im Hochsommer ziemlich ruhig sind.

Übernachten

Familienfreundlich – **Du Lac:** 2, rue des Berges du Lac, Léon, Tel. 05 58 48 73 11, www.hoteldulac-leon.com, April–Okt., 16 Zimmer, DZ 60–105 €. 6 km vom Meer und dennoch am Wasser: Idyllische Kulisse des Hotels ist der Lac de Léon, der viele Arten von Wassersport ermöglicht und wegen seiner Abgeschiedenheit besonders familientauglich ist. Die Zimmer besitzen eine Terrasse oder einen Balkon zum Seeufer. Im Salon de Thé werden Crêpes und Waffeln serviert.

Camping – **Lous Seurrots:** Contis-Plage, Tel. 05 58 42 85 82, www.lous-seurrots.com, Ende März–Sept., 610 Plätze, Stellplatz 18–53 € für zwei Personen. Idealer Platz als Basis für Radtouren oder Ausflüge zu Pferd. Mehrere Pools, Tennis und Basketball, zudem Panoramarestaurant und Bar. Die Animation beschränkt sich weitgehend auf sportliche Aktivitäten.

Essen & Trinken

Am idyllischen Kirchplatz von Léon liegen gleich mehrere Restaurants mit Terrasse.

Für Feinschmecker – **Les Gemelles:** Route du Lac, Bourg de Vielle, Tel. 05 58 42 91 35, Menü 20–38 €. Dieses anspruchsvolle Haus bringt neben Austern und Jakobsmuscheln in Sauternes auch ein typisches Gericht der Landes auf den Tisch, nämlich in Honig geschmorte Taube.

Aktiv

Bootsvermietung – **Atlantis Loisirs:** D 340 bei Contis-Plage, Tel. 05 58 42 84 51. Verleih von Kanus und Kajaks für Fahrten auf dem Courant de Contis.

Fahrradverleih – **Cycles Labat:** Rue de la Poste, Léon, Tel. 05 58 48 71 98. Das kleine Unternehmen offeriert günstige Mietpreise.

Golf – **Golf de Moliets:** Rue Mathieu Derbieys, Moliets, Tel. 05 58 48 54 65, www.golfmoliets.com. 18 Loch (par 72, 6173 m) und 9 Loch (par 31, 1905 m) auf einem weitflächigen Gelände. Einige Abschläge erfolgen mit grandiosem Meerblick.

Surfschule – **Maâ Surf Shop:** 3, La Tête de Plage Place de la Balise, Moliets-et-Maâ, Tel. 05 58 48 55 69, www.ecole-surf-landes-maasurf.fr. Surfschule an einem abgeschiedenen Strand, für Teilnehmer ab sechs Jahren. Außerdem Vermietung von Surfbrettern, 9 € für den halben Tag.

Infos

Office de Tourisme: 104, Route de l'Océan, 40170 Vielle-St-Girons, Tel. 05 58 47 94 94, www.cotelandesnaturetourisme.com.

Bus: St-Girons und Moliets sind Stationen an der Strecke Mimizan–Bayonne; über St-Girons verkehrt zudem der Bus von Mimizan nach Dax.

Vieux-Boucau und Umgebung ▶ B 10

Der Adour, der größte Fluss der Landes, war bis ins 16. Jh. ein launenhafter Geselle, der mal in Vieux-Boucau, dann wieder in Capbreton ins Meer mündete. 1569 ließ König Charles IX die Wasserader kanalisieren und nach Bayonne umleiten, um in der Nähe zu Spanien einen zuverlässigen Militärhafen einrichten zu können. Vieux-Boucau geriet in Vergessenheit und wurde erst in unseren Tagen als Ferienziel wiederbelebt. Hübsche alte Fachwerkhäuser säumen die Einkaufszone, durch die als Reminiszenz an vergangene Tage ein Kanal in Richtung der traumhaft schönen Dünen verläuft. Landeinwärts befinden sich bei Soustons und Seignosse zwei Seen mit Freizeitangeboten.

Réserve Naturelle de l'Étang Noir

Es lohnt, einen Spaziergang zu dem Naturreservat bei Seignosse zu unternehmen, wo man auf Holzstegen Flora und Fauna beobachten kann. Üppige Farne sind das Charakteristikum des kleinen Heide- und Moorgebietes.

Übernachten

Einfach und preiswert – **Côte d'Argent:** Rue Principale, Vieux-Boucau, Tel. 05 58 48 13 17, www.lacotedargent-vieuxboucau.fr, Mitte Nov.–Febr. geschl., 30 Zimmer, DZ 52–78 €. Das Logis de France-Hotel in der Fußgängerzone ist gewiss kein überragendes, aber ein preiswertes Haus mit freundlichem Service. Die Bar mit großer Terrasse serviert traditionelle Speisen und Fischgerichte mittlerer Qualität (Menü 20–30 €, So abends und Mo geschl.).

Einkaufen

Frisches Angebot – **Märkte:** Im Sommer Mo–Sa, im Winter Di und Sa in Vieux-Boucau. Mi in Seignosse-Bourg, im Sommer auch Di, Do, So place V. Gentille in Seignosse-Plage; Mo, im Sommer auch Do in Soustons.

Aktiv

Fahrradverleih – **Locacycles:** 19, grand' rue, Vieux-Boucau, Tel. 05 58 48 04 79, www.locacycles.fr. Fahrräder, Mountainbikes sowie Tandems (19 €/Tag).

Golf – **Blue Green:** Av. du Belvédère, Seignosse, Tel. 05 58 41 68 30, http://bluegreen.com. Schöne Anlage mit

Wasser- und Sandhindernissen. 18 Loch, par 72, 6129 m.

Infos

Office de Tourisme: 11, promenade du Mail de Port d'Albret, 40480 Vieux-Boucau, Tel. 05 58 48 13 47, www.tourisme-vieuxboucau.com.
Bus: Vieux-Boucau wird vom Bus Mimizan–Bayonne bedient.

Hossegor ▶ B 10

Ein Seitenarm des Adour verläuft als Grenze zwischen den beiden eng verwachsenen Orten Hossegor und Capbreton, von denen der Surfertreff Hossegor das elegantere Flair besitzt. Hier hat der Fluss an seiner Mündung einen See gebildet, den Lac d'Hossegor, der in den 1920er- und 30er-Jahren Literaten und Maler anzog. Ihre Villen im baskischen Stil sind größtenteils noch erhalten und machen neben den belebten Einkaufsstraßen den Reiz des Ortes aus.

Übernachten

Luxus pur – **Les Hortensias du Lac:** 1578, av. du Tour du Lac, Tel. 05 58 43 99 00, www.hortensias-du-lac.com, Mitte März– Mitte Nov., 25 Zimmer, DZ ab 105 €. Das Hotel aus den 1930er-Jahren liegt am Seeufer. Es besitzt noch den Charme längst vergangener Zeiten, hat aber auf ein modernes Mobiliar umgestellt Außer den sehr freundlichen, sauberer Zimmern gibt es eine Bel Etage vor 80 m^2 – exklusiv für Gäste ohne Geldsorgen. Garten, Pool, Terrasse. Mahlzeiter können aufs Zimmer bestellt werden.
Am Strand – **De la Plage:** 94, place des Landais, Tel. 05 58 41 76 41, www.hotel-hossegor.fr, 15 Zimmer, 1 Suite, DZ 66–131 €, Suite 158–201 €. Zentraler

kann man kaum wohnen. Die meisten der freundlich eingerichteten Zimmer besitzen einen Balkon zum Meer. Parkplatz ist vorhanden.

Man spricht Deutsch – **La Paloma:** 156, av. de la Côte d'Argent, Tel. 05 58 43 46 00, www.hotel-lapaloma-hossegor. com, 18 Zimmer, DZ 66–102 €. Familiäre Atmosphäre in einem ruhigen Fachwerkhaus zwischen See und Strand. Der Inhaber spricht Deutsch. Die teureren Zimmer besitzen einen Patio. Pool, WLAN und im Sommer Abendessen auf Vorbestellung.

Camping – **Du Lac:** 518, rue de Janin, Tel. 05 59 45 28 45, www.camping-du-lac.fr, Mitte März–Ende Okt., 250 Plätze, Stellplatz 19–43 € für zwei Pers. Eine kleinere Anlage in Strandnähe, die weniger auf Animation als auf Erholung setzt. Restaurant und mehrere Pools.

Einkaufen

Frisches Angebot – **Wochenmarkt:** An der Avenue J. R. Sourgen, Juni–Sept. Mo, Mi, Do, So.

Aktiv

Golf – **Golf Club d'Hossegor:** 333, av. du Golf, Tel. 05 58 43 56 99, www.golf hossegor.com. 1927 gegründeter Club mit 18-Loch-Anlage (par 72, 6001 m).

Schiffe in Sicht? Weitblick aufs Meer am Leuchtturm von Capbreton

Segeln – **Yacht Club Landais:** Av. du Touring Club, Tel. 05 58 43 96 48, www.yacht-club-landais.com. Der geschützte See ermöglicht Segelunterricht schon für Vierjährige. Mit Ausnahme einiger Sonderangebote ist eine temporäre Mitgliedschaft erforderlich.

Surfen – **Hossegor Surf Club:** Tel. 05 58 43 80 52, http://hossegor-surfclub. com. Surfunterricht, auch für Kinder ab fünf Jahren.

Abends & Nachts

Stilvoll zocken – **Casino Le Sporting:** 119, av. M. Martin, Tel. 05 58 41 99 99, www.casino-hossegor.com, bis 3 Uhr. Gediegenes Casino aus den 1930er-Jahren im baskischen Baustil. Mit Bar, gutem Restaurant und einer beliebten Diskothek.

Infos & Termine

Office de Tourisme: Place des Halles, 40150 Hossegor, Tel. 05 58 41 79 00, www.hossegor.fr.
Championnat du Monde de Surf: Aug., Surfweltmeisterschaft.
Bus: Über Capbreton nach Bayonne, über Léon nach Mimizan.

Capbreton ▶ B 10

Das im Vergleich zu Hossegor kleine Capbreton, heute Fischerei- und Jachthafen, ist von seiner Geschichte als Ankerplatz von Walfängern geprägt und besitzt aus dieser Zeit noch Häuser, deren Ursprünge bis ins 15. Jh. reichen.

Écomusée de la Pêche et Aquarium
Maison du Port, av. Georges Pompidou, www.ecopeche.fr, Juli/Aug.

tgl. 10–19, April–Juni und Sept. tgl. 14–18, Okt.–Dez. und Febr./März Mi, Sa, So 14–18 Uhr, 5,50 €

An der Hafeneinfahrt befindet sich das moderne zweistöckige Fischereimuseum, in dessen Meerwasseraquarien die Fische der Gascogner Bucht präsentiert werden. Die nachgebildete Kommandobrücke vermittelt vor allem Kindern einen Eindruck vom Leben an Bord der Fischkutter. Abteilungen zum Surfen und Tauchen machen mit den beliebtesten Sportarten der Region vertraut, während im Multimediasaal Filme zur Fischerei gezeigt werden.

Einkaufen

Frisches Angebot – **Wochenmarkt:** Im Sommer tgl., sonst Di, Do, Sa.

Aktiv

Zweiradverleih – **VTT Loisirs:** 50, allées Marines, Tel. 05 58 72 19 99, www. vtt-loisirs.fr. Ein überregionales Unternehmen, das außer Mountainbikes auch Motorroller und Motorräder vermietet.

Reiten – **L'Appaloosa:** Parc du Gaillou, 2, bd. des Cigales, Tel. 05 58 41 80 30. Reitverein mit Pferdeverleih.

Surfen – **Capbreton Surf Club:** Plage de la Savane, Tel. 05 58 72 33 80, www.capbretonsurfclub.com. Surfschule für Teilnehmer ab sechs Jahren. Einzelkurs 1 Std. 50 €.

Infos

Office de Tourisme: Av. du Président Pompidou, 40130 Capbreton, Tel. 05 58 72 12 11, www.capbreton-tourisme.com.
Bus: Bayonne sowie zum Bahnhof von Labenne, dort hat man Anschluss nach Dax.

In den Landes

Highlight!

Écomusée Marquèze: Ein Museumsbesuch, der mit einer Bahnfahrt beginnt: Im historischen Zug geht es von Sabres nach Marquèze, wo in einem Bilderbuchdorf Bau- und Lebensweisen alter Zeiten demonstriert werden. Mächtige Ochsen ziehen schwere Holzkarren, ein Schäfer treibt seine Herde übers Gelände, Handwerker zeigen Kindern und Erwachsenen, wie einst gearbeitet wurde. Obendrein finden sich auf dem weiten Areal viele abgeschiedene Plätze für ein Picknick. S. 222

Auf Entdeckungstour

Kanutour auf der Leyre durch die Landes: Der Fluss Leyre bietet mit seinen Galeriewäldern ein einzigartiges Naturschauspiel. Erleben lässt sich das nur vom Kanu oder Kajak aus, beispielsweise auf einer geführten Tour flussabwärts Richtung Delta mit Start im Erlebniszentrum Graoux bei Belin-Béliet. S. 220

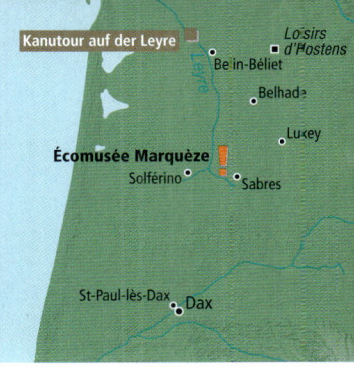

Kanutour auf der Leyre

Loisirs d'Hostens
Belin-Béliet
Belhade
Luxey
Écomusée Marquèze
Solférino
Sabres

St-Paul-lès-Dax
Dax

Kultur & Sehenswertes

Écomusée de Luxey: Die Harzgewinnung prägte einst das Leben vieler Menschen in den Landes. Das Museum vermittelt Einblicke in ein vergessenes Handwerk. S. 222

Solférino: Das Dorf, das Kaiser Napoléon III als Muster für die Besiedelung der Landes vorsah, wirkt heute wie eine Geisterstadt. S. 225

St-Paul-lès-Dax: Die romanische Kirche in einem Vorort von Dax besitzt an der Außenwand ihres Chors die ältesten steinernen Reliefs der Region. S. 229

Aktiv unterwegs

Domaine de Loisirs d'Hostens: Die Seen mit einer Fläche von insgesamt 300 ha eignen sich zum Baden und für Kanutouren. Fahrradexkursionen und Angeln sind weitere Attraktionen des beliebten Ausflugsziels. S. 218

Genießen & Atmosphäre

Table du Capucin in Belhade: Entengerichte und lokale Weine in einem prächtigen Landgasthof. S. 218

Auberge des Pins in Sabres: Gepflegte Wohnkultur in einem Hotel aus Fachwerk. S. 225

Sourcéo in St-Paul-lès-Dax: Das moderne Kurhotel liegt idyllisch am Lac de Christus. Auch wer nicht hier wohnt, kann die Wellnessangebote nutzen. s. S. 229

Abends & Nachts

Casino Barrière in Dax: Die Menschen in den Landes kennen Nachtleben nur aus den Küstenorten. Das Casino in Dax ist die einzige Möglichkeit, sich nach Mitternacht noch ein wenig zu vergnügen. S. 229

Auf altem Sumpfland – Europas größter Wald

Der Name schmeichelt nicht: *landes* bedeutet ›Ödland‹. Unwegsame Sümpfe prägten die Region, bis im 18. und 19. Jh. die Wanderdünen befestigt, der Boden entwässert und riesige Kiefernwälder angelegt wurden. Mit etwa 1 Mio. ha ist dieser Wald heute Europas größte Grüne Lunge, ein Paradies für Erholungsuchende. Knapp ein Drittel des Gebiets wurde 1970 zum Naturpark erklärt, dem Parc Naturel Régional des Landes de Gascogne.

Während die Dünen heutige Badeurlauber begeistern, galten sie einst als Bedrohung für Küste und Hinterland. Bis zu 25 m zogen die Sandmassen jährlich gen Osten. Der Ingenieur Nicolas Brémontier (1738–1809) bannte die Gefahr, indem er den Flugsand mit einem hölzernen Schutzwall fing und die so aufgetürmte Sandwand mit Strandkiefern, Ginster, Kork- und Steineichen bepflanzen ließ.

Damit war aber nur eine Voraussetzung für die Kultivierung der Landes geschaffen. Bis ins 18. Jh. wäre es un-

Infobox

Touristeninformation
Maison du Parc Naturel Régional des Landes de Gascogne: 33, route de Bayonne, 33830 Belin-Béliet, Tel. 05 57 71 99 99, www.parc-landes-de-gas cogne.fr. Auskünfte über Aktivitäten im Naturpark.

Verkehr
Bus: Die Linie 505 verbindet Bordeaux mit Belin-Béliet und Pissos. Dax ist am besten mit Bussen von den Küstenorten oder mit dem Zug zu erreichen (z. B. TGV ab Bordeaux 1 Std.). Die Stationen des Écomusée sind mit öffentlichen Verkehrsmitteln leider nur schwer oder gar nicht zu erreichen. Auf ein eigenes Fahrzeug kann also kaum verzichtet werden.

vorstellbar gewesen, sich, wie wir es heute tun, auf den Weg ins Landesinnere zu begeben. Der Boden dort war ein Schwamm, dessen Wasser nicht abtropfen konnte, weil in etwa 50 m Tiefe eisenhaltiges Gestein den Abfluss verhinderte. Das feuchte Land diente als Schafweide, und die Schäfer zogen auf Stelzen *(tchanques)* umher, um sich in dem gefahrvollen Gelände besser bewegen zu können. Nur an wenigen, meist erhöhten Stellen, den sogenannten *airials,* war in begrenztem Umfang Feldbau möglich. Hier lagen die einzigen Siedlungen der Landes, in der Regel an einem Wasserlauf. Diese Weiler waren Stationen der Wallfahrer nach Santiago de Compostela.

Durch die rundum veränderte Landschaft radelt es sich heute durchaus bequem, wobei die Kiefern zwar mit würziger Luft erfreuen, die weiten Forstflächen aber streckenweise wenig Abwechslung bieten. Anlaufpunkte bleiben die Siedlungen, nach wie vor eher gering an der Zahl und überschaubar klein. Museen und Freilichtausstellungen machen mit Leben Handwerk und Kultur der Vergangenheit vertraut.

Wald, so weit das Auge reicht – Kiefern im Parc Naturel Régional des Landes

Im Norden des Naturparks

Belin-Béliet ▶ D 6

Belin-Béliet zählt mit etwa 3600 Einwohnern zu den winzigen Orten, die den Landes noch Leben einhauchen. Freitags sorgt der Markt auf der Place de l'Église für ein wenig mehr Betriebsamkeit. Ansonsten regiert in Belin die Lethargie. Nur wenig Geld kam einst mit den Jakobspilgern in die Region, denn wer überhaupt den Weg durch die Sümpfe wählte, hielt sich nicht lange dort auf. Die bescheidenen Spenden ermöglichten den Bau kleiner romanischer Kirchen, so in Belin-Béliet, dessen Gotteshaus auf das 11. Jh. zurückgeht. Damals soll das Dorf Sitz der Herzöge von Aquitanien gewesen sein, vielleicht sogar der Geburtsort von Aliénor (s. S. 58). Obwohl dies nicht gesichert ist, glaubt man in Belin-Béliet die genaue Geburtsstätte zu kennen: Über die Rue Ste-Quitterie geht es Richtung ›Hôtel Aliénor‹ zu einer Gedenktafel, die diese Stelle markiert.

Übernachten, Aktiv

Paddeln auf der Leyre – **Centre du Graoux:** s. Entdeckungstour S. 220.

Infos

Maison du Parc Naturel Régional des Landes de Gascogne: s. Infobox S. 216.
Bus: Linie 505 von Bordeaux.

Hostens ▶ E 6/7

In Hostens wurde zwischen 1933 und 1963 Braunkohle abgebaut, doch wegen des steigenden Grundwassers musste man die Minen aufgeben. In den Senken bildeten sich Seen, die heute als Erholungsgebiete dienen.

Aktiv

Erholungsgebiet – **Domaine de Loisirs d'Hostens:** 54, route de Bazas, Tel. 05 56 88 70 29. Freizeitzentrum an den Seen von Hostens mit Bade- und Angelmöglichkeit sowie Verleih von Kanus und Mountainbikes.

Belhade ▶ E 7

Über einen Abzweig geht es nach **Belhade**, das Kunst mit kulinarischem Genuss verbindet. Zentrum des Dorfes ist die im romanischen Stil der Landes errichtete Église St-Vincent mit einem Glockenturm aus dem 11. Jh. und einem geschmückten Portal aus dem 12. Jh.

Essen & Trinken

Fisch und Fleisch – **Euloge Chêne Pascal:** 259, rue Église, Tel. 05 58 07 72 01, www.restaurant-euloge.com, Mo und Di abends geschl., Menü 25–45 €. Das Restaurant eröffnet den kleinen Reigen einfach ausgestatteter Gasthöfe, meist mit Terrasse, die relativ günstig hochwertige traditionelle Küche anbieten und die Landes zu einem Gastro-Tipp machen. In dem Haus gleich neben der Kirche werden Austern, Fisch- und Fleischspezialitäten serviert.

Landgasthof – **Table du Capucin:** 275, rte. Tille, Tel. 05 58 08 21 17, Sept.–Febr. geschl., außerhalb der Saison nur Sa, So, Fei, Juli/Aug. Mi–Mo abends, Sa, So auch mittags geöffnet, Menü 25 €. Das traumhafte Fachwerkhaus im Landaiser Stil ist für sich schon ein

Mein Tipp

Dorfplatz als Kulisse für ein Festmahl – Le Haut Landais in Moustey
Der Charme einer Welt, die in der Freizeit den Perfektionismus ablegen kann – dieses verwunschene Restaurant am verschlafenen Dorfplatz scheint wie der Inbegriff einer solchen Lässigkeit. Zugleich steht es für ein kulinarisch vereintes Europa: Der aus Amsterdam stammende Wirt verleiht den Gerichten der Landes eine niederländische Note. Auf Anfrage wird auch ein vegetarisches Gericht serviert. Zum Abschluss gibt es *café landais* mit Sahne und einem Schuss Armagnac (Le Haut Landais, rue de la Verrerie, Moustey, Tel. 05 58 07 77 85, So bis Mi abends sowie Mo ganztägig geschl., Menü 21–28 €).

Erlebnis. Zur traditionellen Küche der Region, oftmals Entengerichte, werden Weine aus dem Süden der Landes gereicht.

Im Süden des Naturparks

Moustey ▶ D 7

Moustey, einst Sitz eines Filgerhospitals, schien der geeignete Ort, um die mittelalterliche Religiosität im Rahmen des Écomusée de la Grande Lande zu erläutern. Hier nämlich stehen nebeneinander zwei romanische Dorfkirchen, von denen die eine, St-Martin, weiterhin dem Gottesdienst vorbehalten ist, während man die andere, Notre-Dame, in ein Museum des Volksglaubens umgewidmet hatte.

Église Notre-Dame
Die Kirche Notre-Dame war als Musée du Patrimoine Religieux et des Croyances Populaires früher Teil des Écomusée de la Grande Lande. Eine Ausstellung im mittlerweile geschlossenen Kirchenschiff vermittelte Einblicke in die Geschichte der Jakobspilgerschaft und in den regionalen Volksglauben. Einer Hinweis auf die grausamen Auswüchse dieses Glaubens gibt nun lediglich noch eine zugemauerte Tür in der Kirchenfassade. Dieser niedrige Eingang war einst für die *cagots* bestimmt, Menschen, die nur innerhalb ihrer Kaste Kontakte pflegen und nur niedere Berufe ausüben durften.

Aktiv

Boote – **Base Nautique de la Vigne:** Quartier Lavigne, Tel. 05 58 07 75 60. Verleih von Kanus für Fahrten auf der Leyre.

Infos

Bus: Linie 505 Bordeaux–Pissos über Moustey.

Pissos ▶ D 7

Maison des Artisans
Pissos, im Ortszentrum, Mitte Juni–Mitte Sept. und während der Schulferien tgl. 10–12, 15–18, sonst Di–Sa 15–18 Uhr ▷ S. 222

Auf Entdeckungstour:
Kanutour auf der Leyre durch die Landes

Der Fluss Leyre bietet mit seinen Galeriewäldern ein einzigartiges Naturschauspiel. Erleben lässt sich das nur vom Kanu oder Kajak aus, beispielsweise auf einer geführten Tour flussabwärts Richtung Delta mit Start im Erlebniszentrum Graoux bei Belin-Béliet.

Reisekarte: ▶ D 6
Zeit: 3 oder 5 Std.
Start: Centre du Graoux, 31, route du Graoux, Belin-Béliet, Tel. 05 57 71 99 29, www.canoesurlaleyre.com; vom Ortskern ausgeschildert; im Naturpark an einem Radfernweg von der Küste ins Hinterland gelegen.
Tourenplanung: Verleih von Fahrrädern, Kanus und Kajaks im Centre du Graoux, außerdem mehrtägige Touren mit oder ohne Führer, je nach Länge der Tour 17–29 €/Person.

Hinweis: Mindestalter für die Teilnahme an einem Paddelausflug sechs Jahre, Schwimmkenntnisse Voraussetzung!
Übernachtungsmöglichkeit: im Centre du Graoux in Zwei- und Dreibettzimmern 25 €/Person.

Den Flößern kämen ihre Landes spanisch vor, vielleicht sogar verhext, jedenfalls nicht vertraut. Denn wo früher gerodete Baumstämme auf die Reise zu den Verbrauchern gingen, ist die reinste Wildnis gewachsen, weil der Mensch die Flüsse als Transportwege abgeschrieben hat. Einst wurde das Holz über die Wasserstraßen transportiert. Seitdem neue Verkehrsmittel zur Verfügung stehen, erobert die Natur die Flussufer zurück. Die Galeriewälder entlang der Leyre werden in Aquitaine inzwischen gar als ein »zweites Amazonas-Gebiet« gehandelt. Perfekt wird die französische Dschungel-Eskapade einzig bei einer Fahrt im Kanu oder Kajak.

Aufbruch von Graoux

Grande und Petite Leyre vereinen sich nördlich von Moustey zum breiteren Fluss, der ab dort flussabwärts bis zum 90 km entfernten Delta am **Bassin d'Arcachon** mit Kanus und Kajaks befahren werden kann. Saugnacq, Belin-Béliet und Le Teich – von den drei Stationen, die Ausrüstung und bei Bedarf auch ortskundige Führer anbieten, wählen wir die mittlere. Die Tour beginnt im Doppelort **Belin-Béliet**. Von der Kirche im nördlichen Ortsteil Béliet führt die Route du Graoux nach knapp 2 km zum **Centre du Graoux**.

Abenteuer Natur

Die Kanusaison dauert bis in den Oktober und beginnt im Mai, wenn sich das Wasser der Leyre genügend erwärmt hat – denn ein unbeabsichtigtes Bad in den Fluten kann allemal Bestandteil der Tour sein. Wer mehr Sicherheit wünscht oder kleinere Kinder mitnehmen möchte, steigt in ein Zehn-Personen-Kajak, dessen Bauweise jegliches Kentern verhindert. Auf solche Weise in Abrahams Schoß gebettet, ist die Reise der pure Genuss unter dem grünen Dach des Waldes, der hinter jeder Biegung des Flusses mit immer neuen Naturüberraschungen aufwartet. Das rostbraune Wasser über dem sandigen Grund sieht zunächst wenig einladend aus, doch die Farbe ist harmlosen Ursprungs: Sie rührt vom Eisenoxidgehalt der Erde. Tatsächlich zeichnet sich die Leyre durch äußerst sauberes Wasser aus. Im Übrigen ergibt der Rot-Ton des Flusslaufes einen reizvollen Kontrast zum satten Grün der Erlen, Sumpfeichen, Eschen und Farne, die als schmales, aber dichtes Band die beiden Ufer säumen. Dieser Galeriewald ist die Heimat von Libellen, Bachstelzen, Eisvögeln und Schildkröten. Wer Glück hat, entdeckt während der Flussreise sogar einen Fischotter.

Vom Galeriewald zur Deltalandschaft

Einsteiger wählen die dreistündige Etappe zwischen Graoux und **Salles** (10 km), wo sich der Fluss wenige tief, dafür mit vielen Biegungen und lebhaft fließend zeigt – eine reizvolle Paddelstrecke. Enthusiasten setzen die Tour zwei weitere Stunden fort bis **Mios** (22 km ab Graoux). Hier fließt die Leyre ruhiger, wird noch immer von Galeriewald und Pinien begleitet, gewinnt aber bereits an Tiefe und Breite, um sich am Ende zum Delta zu öffnen.

Écomusée de la Grande Lande

1968 eröffnete die Naturparkverwaltung das Écomusée de la Grande Lande, das an verschiedenen Standorten im Nationalpark – in Marquèze, Le Teich, Garein und Brocas-les-Forges – die kulturelle und ökonomische Vergangenheit der Region zu veranschaulichen sucht. Wer sich Zeit nimmt und außer dem großen Freilichtmuseum in Marquèze auch das Schmiedemuseum in Brocas und den Walderlebnispark Graine de Forêt in Garein besuchen möchte, erhält mit dem Ticket für Marquèze Rabatt bei den anderen Stationen.

Das Haus der Kunsthandwerker in Pissos macht mit dem Kulturschaffen der Landes vertraut. Neben Ausstellungs- und Verkaufsräumen mit allerlei Kunstgewerbe beherbergt das Haus eine Glasbläserei.

Übernachten

Idyllisch – **Du Commerce:** 42, rue du Pont Battant, Tel. 05 58 08 90 16, www.cafe-de-pissos.com, Nov.–Jan. geschl., übrige Zeit So, Di und Mi geschl., 5 Zimmer, DZ 45–70 €. Landgasthaus wie zu Zeiten der Großeltern. Das angeschlossene Café de Pissos serviert Landaiser Küche. Dort sitzt man auf hübscher Terrasse unter 200-jährigen Platanen (Menü 22–33 €).

Aktiv

Boote und mehr – **Base Nautique de Testarouman:** Tel. 05 58 08 91 58, www.pissos.fr/Loisirs-et-activites. Außer der Vermietung von Kanus bietet das Freizeitzentrum am Waldrand Bogenschießplatz und Kletterparcours.

Infos

Bus: Linie 505 ab Bordeaux.

Écomusée de Luxey ▶ E 8

101, rue Jacques Desert, Luxey, www.parc-landes-de-gascogne.fr, Juni–Mitte Sept. tgl. 10–12, 14–19 Uhr, 5 €
Die Station des Écomusée de la Grande Lande erläutert einen der traditionellen Erwerbszweige in den Landes: die Gewinnung und Verarbeitung von Kiefernharz, aus dem man Terpentinöl und Kolophonium für Lacke, Klebstoffe, Reifen oder Reinigungsmittel erzeugte. Es war ein einträgliches Geschäft, das in Luxey 1859–1954 betrieben wurde. Mit der Entwicklung von Kunstharzen kam das Handwerk zum Erliegen.

Écomusée Marquèze❗ ▶ D 8

Route de la Gare, Sabres, Tel. 05 58 08 31 31, www.parc-landes-de-gascogne.fr, Museumsbahn Sabres–Marquèze Züge alle 40 Min., April, Juni, Anfang–Mitte Sept. tgl. 10.10–12.10, 14–16.40, Mai, Mitte Sept.–Ende Okt. Mo–Sa 14–16.40, So 10.10–12.10, 14–16.40, Juli/Aug. tgl. 10.10–17.20 Uhr, 13,50 €
In Sabres startet eine besonders beeindruckende Etappe auf dem Weg in die Geschichte der Landes: Von dort fährt eine historische Eisenbahn, die einst Holz beförderte, in das ca. 10 km entfernt gelegene Museumsdorf Marquèze. Die Waggons stammen aus den Jahren 1906–11, gezogen von einer jüngeren Diesellok (zwei Dampfloks harren noch der Restauration). Der Zug verkehrte ursprünglich zwischen 1889 und 1959.

Das Bauerndorf Marqueze, heute wichtiger Teil des Écomusée de la Grande Lande, entstand im 19. Jh., wurde aber im Zuge der Landflucht im frühen 20. Jh. verlassen. Die Parkbehörde kaufte die Siedlung auf, restaurierte die Häuser und versetzte später weitere Bauten hierher. So konnte ein nahezu authentisches Landes-Dorf rekonstruiert werden. In einer **Boulangerie** wird nach alter Methode Brot aus Roggenmehl gebacken (s. Lieblingsort S. 224), ein Schäfer hütet seine Schafe und Kunsthandwerker fertigen diverse Produkte, die man auch käuflich erwerben kann.

Zentrum der Anlage ist das 1824 errichtete **Haus des Grundbesitzers,** um das sich das Haus des Schäfers und das des Harzzapfers wie auch Scheunen und Ställe gruppieren. Obstbäume, Beete mit Gemüse und Heilpflanzen sowie ein wenig Ackerland umgeben die Gebäude. Gedüngt wurde der Boden einst mit dem Mist der Schafe, die so in mehrfacher Hinsicht Nutzen brachten – bis der von Menschen ge-pflanzte Wald schließlich die Heide verdrängte.

Wer sich nicht der ausgezeichneten Führung anschließen möchte, orientiert sich auf dem Gelände anhand der Informationsbroschüre (auch in deutscher Sprache), die an der Kasse in Sabres ausgegeben wird. Eine Scheune beherbergt zudem ein Dokumentationszentrum, wo Bilder und Modelle die sozialen und ökonomischen Zusammenhänge veranschaulichen.

Bei einem Gang hinunter zum Fluss lernt man nicht nur Mühle und Haus des Müllers, sondern auch die heimische Flora kennen. Während der Kiefernwald, der uns auf unserer Fahrt durch die Landes begleitet, erst vor relativ kurzer Zeit von Menschen angelegt wurde, stehen hier noch die seit Jahrhunderten heimischen Kastanien, Eichen, Weiden oder Robinien. Die Wasserläufe sind Lebensraum solcher Laubbäume, denn hier war der Boden nicht so sauer wie auf den Ebenen, wo in der Staunässe nur Heide, Farn und Gräser gediehen. Verdrängt wur-

Hier geht es noch geruhsam zu – Ochsengespann im Freilichtmuseum von Marquèze

Lieblingsort

Backstube im Écomusée Marquèze ▶ D 8

Angeblich, so hörte ich als Kind, bekommt man Bauchschmerzen von warmem Brot und heißem Kuchen – ein Ammenmärchen, jedenfalls für meinen Magen. Weil das Verbotene lebenslang seinen Reiz bewahrt, liebe ich die Backstube in Marquèze, in der man ofenfrische Bäckerware erhält. Die schwierigste Entscheidung: köstlich heißes Brot oder köstlich heißer Stuten? Was immer es wird, ich muss es sofort essen und habe dann schon keinen Blick mehr für das malerische Fachwerk der alten Häuser (s. S. 222).

de diese Vegetation samt bäuerlicher Lebensweise und Schafzucht, nachdem die Entwässerung der Landes gelungen und so der Weg frei war für Harzgewinnung und Holzwirtschaft in großem Stil.

Übernachten

Bezahlbarer Luxus – **Auberge des Pins:** Route de la Piscine, 40630 Sabres, Tel. 05 58 08 30 00, www.aubergedespins. fr, 25 Zimmer, DZ ab 84 €. Das Fachwerkhaus im Landaiser Stil ist wie ein kleines Schloss inmitten der Wälder. Hell eingerichtete Zimmer mit Balkon und Blick ins Grüne. Das Restaurant zählt zur Spitzenklasse der Region (Menü ab 20 €, außerhalb der Saison So abends, Mo geschl.).

Camping – **Du Peyricat:** Route de Luglon, Tel. 05 58 07 51 88, www.ecotourisme-landes-de-gascogne.fr, Mitte Juni–Mitte Sept., 69 Plätze, ab 349 € Wochenpreis für ein Chalet (bis fünf Personen), außerhalb der Saison auch Aufenthalte unter einer Woche. Das kleine Camp mit Pool bietet eine solide Basisausstattung in idyllischer Lage und die preiswerteste Übernachtungsmöglichkeit der Region.

Solférino ▶ D 8

Nachdem die Aufforstung erste Erfolge gezeitigt hatte, erließ Napoléon III im Juni 1857 ein Gesetz, das die Gemeinden zu weiteren Urbarmachungen verpflichtete. Auf einem Gelände von 7000 ha, das der Kaiser angekauft hatte, ließ er 1863 als Muster für die künftige Besiedelung der Landes ein Dorf errichten. Dieses Solférino – der italienische Name erinnert an den Ort einer Schlacht und den Sieg über Österreich 1859 – umfasst zehn Bauernhöfe, 28 Pächterhäuser, zehn Handwerks-

Freilaufgeflügel aus den Landes
Die artgerecht im Freiland gehaltenen Hähnchen aus den Landes, durch das frankreichweit seit 1960 etablierte Gütesiegel ›Label Rouge‹ gekennzeichnet, werden in bäuerlichen Betrieben mit rein pflanzlichem Futter aufgezogen, vor allem Mais. Andere ›Maishähnchen‹ bekommen oft Karotin als Futterzutat, das zwar die Farbe beeinflusst, doch kaum den Geschmack.

stätten, Schule, Kirche und ein kleines Hospital. Mit seiner Reihenhaus-Tristesse wirkt das Dorf bis heute geradezu spukhaft inmitten des Kiefernwaldes. Wer damals eines der Häuser beziehen und 2 ha Land zugeteilt bekommen wollte, musste im Gegenzug jährlich mindestens 75 Arbeitstage in die Viehwirtschaft und den Anbau von Getreide und Gemüse investieren.

Das wesentliche Interesse der Regierung bestand allerdings darin, die Forstwirtschaft voranzutreiben, denn für den geplanten Ausbau der Eisenbahn wurden große Mengen Holz benötigt. Doch erwies sich der Handel mit Harz und Holz immer wieder als unzuverlässiges Geschäft. Solférino blieb ein nie kopiertes Musterdorf, die Landflucht war auf Dauer nicht aufzuhalten. Ein Großfeuer 1949 wies auf weitere Gefahren der Monokultur hin. Als Maßnahme gegen Waldbrände wurden Mais-Korridore im Forst angelegt.

Dax und Umgebung

Dax ▶ C 10

Am besten, Sie stellen das Auto am Ufer des Flusses ab, des breiten Adour, der einst Hauptverkehrsweg der Landes war. Die Parkplätze sind allerdings knapper geworden, seitdem eine Promenade namens **Balcon de l'Adour** das Ufer säumt.

Dax' Entdeckung als Kurort geht der Legende nach auf einen römischen Legionär zurück, der seinen von Rheuma geplagten Hund ertränken wollte, um ihm weiteres Leid zu ersparen. Doch das Tier sprang putzmunter wieder an Land. Die Schnellheilung machte Furore, selbst Julia, Tochter des Kaisers Augustus, soll voller Hoffnung nach Dax gereist sein. Hier und dort fanden Archäologen Spuren vom römischen Aquae Tarbellicae, doch erwarte man kein archäologisches Juwel. Auch in Dax sind die Mauern der römischen Ära längst gefallen. An ihrer Stelle stehen Kurhotels und Badeanlagen, in denen sich die wohlhabende Klientel mit mineralhaltigen Schlammpackungen gegen Rheuma und Venenleiden behandeln lässt. Ein mondänes Flair, wie es etwa Vichy bietet, fehlt in Dax. Dafür hat die Stadt Mut zu Nervenkitzel bei den *courses landaises* (s. S. 36). Daneben gibt es nette Erholungsgebiete wie den Bois de Boulogne im Westen und den botanischen Garten Parc du Sarrat im Süden des Stadtzentrums (**Parc du Sarrat** nur im Rahmen einer Führung Febr.–Nov. Di, Do, Sa 15.30 Uhr, 4,20 €), und es existiert eine belebte Fußgängerzone mit guten Einkaufsmöglichkeiten, teils in noblen Geschäften.

Im Zentrum

Vom Flussufer, wo dichter, sicherlich nicht heilsamer Verkehr an den Kurhotels vorbeirollt, geht es gleich zur Hauptattraktion von Dax, der **Fontaine Chaude** **1** . 2,4 Mio. l kalzium- und sulfathaltiges Wasser sprudeln täglich aus dieser bis zu 65 °C heißen Quelle der Néhé. Arkaden aus dem

19. Jh. umgeben den Jungborn, um den sich Cafés, Restaurants und einige Feinschmeckerläden scharen.

In der **Chapelle des Carmes** **2** in der Fußgängerzone ist vorübergehend das **Musée de Borda** untergebracht (Rue des Carmes, Di–Sa 14–18 Uhr, 2,70 €). Es trägt den Namen des in Dax geborenen Mathematikers und Seefahrers Jean-Charles de Borda (1733–99), der sich um die Entwicklung von Navigationssystemen verdient gemacht hat. Das Museum zeigt Exponate zu seinem Lebenswerk, zudem einige interessante Stücke aus prähistorischer und gallo-römischer Zeit.

Richtung Süden erstrecken sich die Einkaufszonen; sie münden schließlich in den Platz vor der **Cathédrale Notre-Dame** **3** . Die Kirche stammt aus dem 17. Jh.; von den Vorgängerbauten aus dem 11.–14. Jh. hat sich nur die Innenfassade des gotischen Portals im linken Querhaus erhalten. Auch der Bischofspalast am begrünten Square Max Mora fiel dem Zahn der Zeit zum Opfer, hier erhebt sich heute das Hôtel de Ville, das Rathaus.

Nun geht es zur sogenannten **Crypte archéologique** **4** (27, rue Cazade, Di–Sa 14–18 Uhr, 3 €). Die Überreste eines Tempels aus dem 2. Jh. n. Chr. befinden sich in einem Stadtpalais aus dem 17. Jh., der nach Abschluss des Umbaus das Musée de Borda aufnehmen wird.

Übernachten

Edle Architektur – **Splendid Hôtel** **1** : 1, cours de Verdun, Dax, 130 Zimmer. Das Kurhotel im Art-déco-Stil, das älteste der Stadt, ist verlockend wegen seiner Architektur, der erlesenen Ausstattung und der geschmackvoll eingerichteten Zimmer. Die Übernachtung hier war entsprechend teuer. Leider ist das Haus seit Juni 2013 geschlossen.

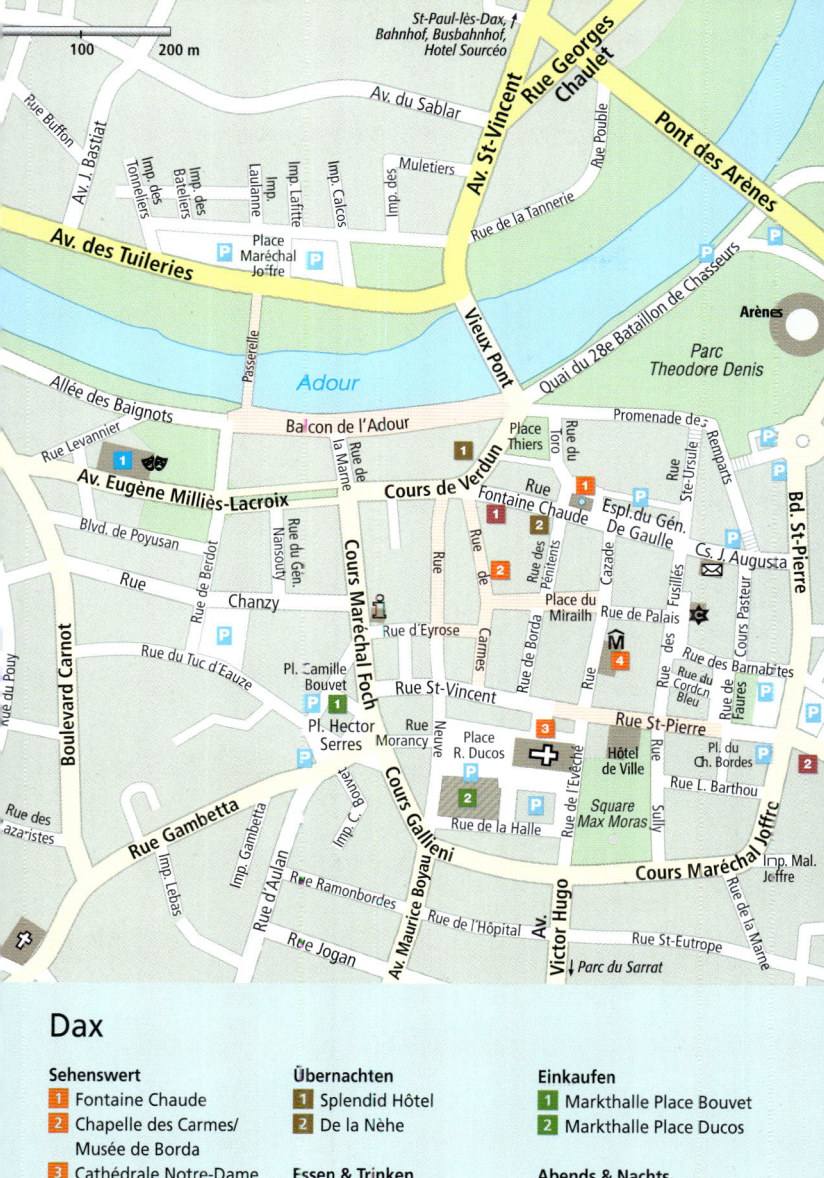

Dax

Sehenswert
1 Fontaine Chaude
2 Chapelle des Carmes/
  Musée de Borda
3 Cathédrale Notre-Dame
4 Crypte archéologique

Übernachten
1 Splendid Hôtel
2 De la Nèhe

Essen & Trinken
1 La Table II
2 Shiva

Einkaufen
1 Markthalle Place Bouvet
2 Markthalle Place Ducos

Abends & Nachts
1 Casino Barrière de Dax

Angesichts seiner Bedeutung drängte die Stadt auf Wiederbelebung. Vacances Bleues als neuer Betreiber plant ein Vier-Sterne-Hotel.

Zentral und preiswert – **De la Nèhe**  : 18, rue de la Fontaine Chaude, Dax, Tel. 05 58 90 16 46, www.hotel-nehe-dax.com, 20 Zimmer, DZ 63–67 €. Das sehr zentral gelegene Hotel erhält seit seiner Renovierung besonders viele positive Kundenbewertungen. Die freundlich eingerichteten Zimmer sind großzügig bemessen, jene zur Straße hin allerdings recht laut. Internet und bewachter Parkplatz sind kostenlos.

Essen & Trinken

Hausmannskost – **La Table II**  : 4, rue de la Fontaine-Chaude, Dax, Tel. 05 58 74 89 00, Febr./März geschl., sonst So, Mo geschl., Menü ab 45 €. Das urige Bistro serviert landestypische, meist deftige Speisen. Halbwegs preiswert sind die Tagesgerichte.

Exotisch – **Shiva**  : 22, av. Clemenceau, Dax, Tel. 05 58 56 28 92, Mo und Mi mittags geschl., Menü ab 18 €. Nicht ganz authentische, aber trotzdem gute Küche aus Indien und Sri Lanka als willkommene Abwechslung. Für Einsteiger gibt es ein Probiermenü.

Einkaufen

Markthalle – **Place Bouvet** : Dax, Sa und So vorm. (bis ca. 12/13 Uhr), Käse, Obst, Gemüse u. v. m., erster Do im Monat ganztägig (bis 18 Uhr) Antiquitäten.

Markt vor der Kathedrale – **Place Ducos** : Dax, Sa vormittags Lebensmittel im Freien, Geflügel in der Markthalle vor der Kathedrale.

Bei der Feria in Dax

Abends & Nachts

Glücksspiel am Flussufer – **Casino Barrière de Dax** **1**: 8, av. Milliès Lacroix, Dax, Tel. 05 58 58 77 77, tgl. 10–3 Uhr. Das Casino mit Bar veranstaltet regelmäßig Unterhaltungsabende. Das zugehörige Restaurant Soleil Safran besitzt eine Terrasse am Ufer des Adour.

Infos & Termine

Information
Office de Tourisme: 11, cours Foch, 40100 Dax, Tel. 05 58 56 86 86, www.dax-tourisme.com.

Termine
Karneval: März, Kostümumzug.
Feria de Dax: Mitte Aug., sechs Tage lang Umzüge, Musik- und Folkloredarbietungen als Begleitung des Stierkampfgeschehens.
Toros y Salsa: Anfang Sept., Stierkämpfe und Salsa-Konzerte.

Verkehr
Bahn: Gare SNCF Tel. 08 36 35 35 35. TGV nach Bayonne und Hendaye (1 Std. 40 Min.), Pau (50 Min.) sowie Bordeaux (1 Std.), mit Schnellzügen über Strecke Bordeaux–Bayonne u. a. nach Facture (Anschluss nach Arcachon).
Bus: Gare routière RDTL, 11, av. de la Gare, Tel. 05 58 56 80 80. Verbindungen u. a. nach Léon (über Vieux-Boucau), Mimizan, Hossegor, Bayonne, Mauléon, Pau, Peyrehorade und Mont-de-Marsan.
Stadtverkehr; Die Stadtbusse (URBUS) umfassen sechs Linien.

St-Paul-lès-Dax ▶ C 10

Auch die Nachbargemeinde von Dax am nördlichen Flussufer hat Anteil am Kurbetrieb und besitzt vielleicht sogar die schöneren Hotels, von denen einige idyllisch an einem See gelegen sind. Der Ortsname ist mit dem hl. Vincent de Paul verknüpft (1581–1660), der nicht weit von hier geboren wurde. Seit 1608 als Priester in Paris, engagierte sich Vincent für die medizinisch-soziale Betreuung der Armen und gilt damit als Wegbereiter der Caritas. 1625 gründete der Geistliche die Männerkongregation der Lazaristen, 1633 den Orden der Vinzentinerinnen, um die Versorgung Kranker zu verbessern.

Wenn nicht rheumatischer Beschwerden wegen, so sucht man St-Paul-lès-Dax in der Regel auf, um die gleichnamige **Kirche** zu besichtigen. Ihre Flachreliefs am Chor aus dem 11. Jh. sind zwar nur zum Teil im Original erhalten, doch geben sie einen wichtigen und seltenen Einblick in das frühe Schaffen der aquitanischen Romanik. Zu sehen sind u. a. Fabelwesen, die heilige Veronika, Samson auf dem Löwen sowie Abendmahl, Judaskuss und Kreuzigung.

Übernachten

Spa-orientiert – **Sourcéo:** 355, rue du Centre Aéré, Lac de Christus, St-Paul-lès-Dax, Tel. 05 58 90 66 00, www.hotelsourceo.com, 197 Zimmer, DZ ab 75 €. Als ›Best Western‹ ist auch dieses Kurhotel einer Kette angeschlossen. Die obere Preiskategorie bezieht sich auf ungewöhnlich geräumige Suiten mit hohem Komfort. Für die Nutzung der Pools wird allerdings ein Zuschlag verlangt. Das moderne Haus mit Parkplatz und Restaurant (Menü ab 28 €) liegt am See im Vorort St-Paul. Die Kureinrichtungen stehen auch ›Nicht-Residenten‹ gegen Entgelt offen (telefonische Voranmeldung erforderlich).

Côte Basque

Highlights!

Bayonne: Mehrstöckige Fachwerkhäuser im baskischen Stil säumen das
Ufer der Nive in Grand Bayonne und
ergeben ein farbenfrohes und eindrucksvolles Stadtpanorama. S. 232

Biarritz: Die Grande Plage, Europas ältestes Surfer-Revier, wartet mit einer
mächtigen Brandung auf, die sich an
imposanten Felsen bricht. Das Schauspiel erweist sich als tagfüllende Unterhaltung, bei der Sie obendrein die
Schönen und Reichen aus aller Welt
beim Müßiggang erleben können.
S. 239

Auf Entdeckungstour

**Schokolade im Museum – ein süßer
Pfad durch Biarritz:** Als bitteres Ge-
tränk brachten spanische Eroberer
Schokolade aus Amerika nach Europa.
Drehscheibe für raffinierteste Kreatio-
nen wurde das Baskenland, wo sich in
Biarritz ein Museum der Schokolade
widmet. S. 244

**Château d'Abbadie – das Schloss des
Sternenguckers:** Hoch auf den Klip-
pen der baskischen Küste steht bei
Hendaye ein verträumtes Schloss, das
aus dem Mittelalter stammen könnte.
Sein verspieltes Interieur erinnert an
die Expeditionen des Bauherrn, der
Teile Äthiopiens erforschte. S. 254

Schokolade als Museumsstück

Biarritz
Bayonne
Corniche Basque
St-Jean-de-Luz
Château d'Abbadie
Château d'Urtubie
Hendaye

Kultur & Sehenswertes

Cathédrale Ste-Marie in Bayonne: Aquitaniens erste große Kirche im Stil der nordfranzösischen Gotik besitzt einen wunderbaren Kreuzgang. S. 233

Musée Basque in Bayonne: Auf riesiger Ausstellungsfläche informiert das Museum über die baskische Kultur. S. 235

St-Jean-Baptiste in St-Jean-de-Luz: In dieser Barockkirche heiratete der Sonnenkönig. S. 248

Aktiv unterwegs

Golf de Chiberta in Bayonne: Eine Anlage des Architekten Tom Simpson – landschaftlich spektakulär mit Blick aufs Meer. S. 238

Surfen in Biarritz: Wer den Sport beherrscht, entdeckt hier sein Traumrevier. Eine Schule unterrichtet auch Anfänger. S. 246

Genießen & Atmosphäre

Einkaufsbummel in Bayonne: Die Altstadtgassen im Viertel rund um die Kathedrale empfangen Sie mit Leckereien aller Art. S. 233

Corniche Basque: Die gewundene Küstenstraße entlang der felsiger Bucht eröffnet herrliche Panoramen. S. 253

Château d'Urtubie bei Urrugne: In dem beeindruckenden Palast kann man die Nacht verbringen oder auch sich nur umschauen. S. 256

Abends & Nachts

Théâtre de Bayonne: Das Stadttheater ist der bedeutendste Kulturtempel im Baskenland. S. 238

Casino in St-Jean-de-Luz: Ein letzter Ort an der baskischen Küste, der noch Varieté auf die Bühne bringt. S. 253

Schicke Strände, karge Klippen

Kurz hinter Capbreton schieben sich die Felsausläufer der Pyrenäen resolut bis an die Fluten des Atlantik vor. Mächtige Wellen rollen herein, auf denen die Elite der Surfer ihre Balanceakte vollführt. Die nur 30 km lange baskische Küste, eine traumhafte Landschaft zwischen Berg und Meer, vereint Städte ganz unterschiedlichen Charakters: vom ehrwürdigen Hafen Bayonne über das mondäne Seebad Biarritz bis hin zum Touristenmekka St-Jean-de-Luz. So stürmisch und spektakulär begrüßt uns die Heimat der Basken. Die Frage nach Abstammung und Alter des Volkes hat vor allem Linguisten beschäftigt, die nach den Wurzeln der baskischen Sprache *(Euskara)* forschen. Touristen sehen sich unvermittelt mit ihr konfrontiert, sobald sie die baskische Grenze queren: Die Hinweisschilder sind gespickt mit Zungenbrechern, und selbst die Schrift erweist sich als eine eigenwillige Variante des lateinischen Alphabets. Wo französische Wegweiser aufgepflanzt wurden, sind sie oft mit baskischen Namen übermalt. Die Konflikte, die sich hier nomenklatorisch niederschlagen, rühren aus einer nicht ganz so fernen Vergangenheit. Noch im 11. Jh. hatten sich die Herzogtümer Aquitanien und Gascogne zu einer Union zusammengeschlossen, die zu erheblichem Wohlstand gelangte. Erst als die Franzosen Mitte des 15. Jh. den Hundertjährigen Krieg gewannen und Paris die Aufsicht über Aquitanien errang, verdüsterte sich das Verhältnis zu den gascognischen Nachbarn. Die baskische Sprache wurde verboten, der vormals so einträgliche Handel erlahmte. Was vom alten Tauziehen blieb, sind ein paar gut gepflegte Ressentiments, aber keine aufbrausenden Spannungen. Denn nicht zuletzt die Touristen bescheren dem französischen Teil des Baskenlandes Wohlstand und Zufriedenheit.

Bayonne! ▶ B 11

Das einstige Römerlager Baiona (von Baskisch *Ibaï on*: Zusammenfluss, hier des Adour mit der Nive) kam letztlich nicht allzu schlecht weg unter dem Pariser Regiment. Als Frankreichs König Charles IX (reg. 1560–74) einen verlässlichen Militärhafen im spanischen Grenzgebiet suchte und deshalb den Adour kanalisieren ließ, lebte der zwischenzeitlich verlandete Hafen von Bayonne auf. Seit 1784 Freihandelszone, entwickelte er sich zum Umschlagplatz für Waren von und nach den Antillen, Spanien und Holland. Tragender Pfeiler des Geschäfts war die vom Königshaus geduldete Piraterie. Daneben florierte die Waffenindustrie, denn seit

Jambon de Bayonne – Schinken aus Bayonne

Anders als der Name vermuten lässt, ist die Heimat des ›Schinkens aus Bayonne‹ nicht die Hafenstadt oder das Baskenland, sondern das benachbarte Béarn. Dort wurde ein Verfahren der Schinkenerzeugung entwickelt, das besonders schmackhafte Produkte garantiert. Man nehme: Salz, Knoblauch, Essig und Chili und bestreiche die Schweinekeule mehrfach mit dieser Marinade. Die Peperoni geben Würze, sollten aber auch lästige Insekten abwehren. Immerhin muss der Schinken ein Jahr an der Luft trocknen, bevor er in den Handel kommt. Doch darf man angesichts der hohen Nachfrage nicht erwarten, dass all die Prachtstücke in den Metzgereien von Bayonne tatsächlich den traditionellen Anforderungen entsprechen. Wer Wert auf Qualität legt, achtet auf das Gütesiegel ›Jambon Ibaïona‹.

1703 zählte das in der Stadt erfundene Bajonett zur Standardausrüstung der nationalen Infanterie.

Stadtrundgang

Die alte Zitadelle

Adour und Nive, die beiden Flüsse, schneiden die Stadt in drei Teile: Grand Bayonne, Petit Bayonne und St-Esprit. Die meisten Besucher beginnen ihren Rundgang am linken Nive-Ufer in Grand Bayonne, dessen Ortskern von den Resten der alten Befestigungsanlagen und einem Grüngürtel umzogen ist. Wie in Bourg-sur-Gironde (s. S. 162) und anderen Städten, so war es auch hier Baumeister Vauban, der die Zitadelle im 17. Jh. errichtete. Auf einer Eckbastion wurde später der **Jardin Botanique 1** angelegt (15. April–15. Okt. Di–Sa 9.30–12, 14–18 Uhr). Südlich davon erhebt sich auf Fundamenten aus römischer Zeit das mittelalterliche **Château Vieux 2**, heute als Kaserne genutzt und deshalb der Öffentlichkeit nicht zugänglich.

Cathédrale Ste-Marie 3

Kathedrale, 15, rue des Prébendes, Mo–Sa 8–12.30, 15–19, So 8–12.30, 15.30–20 Uhr; Kreuzgang, place Montaut, Mitte Mai–Mitte Sept. tgl. 9–12.30, 14–18, sonst 9–12.30, 14–17 Uhr, gratis; Aufstieg auf den Südturm 6-mal tgl.

Architektonisches Herz der Altstadt ist die Kathedrale, 1213 bis 1544 über den Grundmauern eines antiken Tempels errichtet. Stilistisch folgte sie – nach zwei Bränden weitgehend im 15. Jh. umgebaut – als erster Sakralbau südlich der Loire dem Vorbild der nordfranzösischen Gotik: Die Île de France machte nach dem Sieg im Hundertjährigen Krieg auch ihren kulturellen Einfluss geltend. Dem alten Bilderschmuck haben die Soldaten der Französischen Revolution in ihrem üblichen Vandalismus arg zugesetzt; immerhin wurde die Fassade im 19. Jh. restauriert. Zum originalen Bestand gehört der bronzene Türklopfer (13. Jh.) am Nordportal, den man als ›Asylring‹ deutet: Wer ihn erreichte, genoss den Schutz der Kirche. Im Innern des Gotteshauses verdienen vor allem die Renaissancefenster im linken Seitenschiff Beachtung. Prunkstück der Kathedrale aber ist der **Kreuzgang** aus dem 14. Jh.

Altstadtgassen

Die malerischen Gassen rings um Ste-Marie verlocken zu Streifzügen.

Bayonnes anmutige Fachwerkfassaden spiegeln sich im Wasser der Nive

Die drei- bis vierstöckigen Häuser mit schmiedeeisernen Balkonen und farbenfrohen Fensterläden stammen zum größten Teil aus dem 18. Jh., Bayonnes Glanzzeit. Zu den wenigen älteren Zeugnissen gehört ein **Stadtpalais** aus dem 15. Jh. in der **Rue de la Salie** 4 Nr. 6, in dem heute ein Salon de Thé namens ›Belzunce‹ würdevoll untergebracht ist.

Für Diabetiker ist die **Rue Port-Neuf** 5 ein Dornenweg zwischen Schweinekeulen – in Form des luftgetrockneten Jambon de Bayonne (s. Kasten S. 233) – und Schokoladenbergen. Beide Verlockungen sind genauso eng mit Bayonne verknüpft wie das Bajonett. Bei der Schokolade fällt der gute Griff dagegen leichter. Ob man im Daranatz, im stadtweit für seine heiße Schokolade bekannten Cazenave, im Mauriac (Nr. 15, 19, 23, rue Port-Neuf) oder im **Atelier du Chocolat** 6 (2,

rue des Carmes) zulangt, ist eher eine Glaubensfrage, die jeder für sich entscheiden sollte.

Im 13. Jh. ging Bayonnes mittelalterliche Architektur in einem großen Brand unter. Beim Wiederaufbau setzte man die Stadt auf solide Steinfundamente – verschwunden jene Eichenpfähle, die sie bislang getragen hatten. Die in Bayonne umgeschlagene Ware wurde fortan in Kellergewölben gelagert (eines davon kann nach Absprache mit dem Office de Tourisme besichtigt werden) und aus den Arkaden über Stege auf Boote geladen – denn wo heute Straßenpflaster liegt, zogen sich bis ins frühe 17. Jh. Kanäle durch Bayonne. Am Ufer der Nive ist noch ein wenig von der alten Atmosphäre zu erahnen. Versäumen Sie nicht, über den **Pont Panneceau** 7 den Fluss zu queren! Von der anderen Seite genießt man den schöneren

Werfen Sie einen ausgiebigen Blick ins Musée Basque, untergebracht in der Maison Dagourette aus dem 17. Jh. Auf 4000 m^2 Ausstellungsfläche dokumentieren dort etwa 2000 Exponate Mode, Möbel, Musik, Tanz und Theater des Baskenlands, aber auch Themen wie Hexenglauben, Walfang und Schokoladenherstellung.

Musée Bonnat [9]

5, rue Laffitte, www.museebonnat. bayonne.fr, seit April 2011 geschlossen, über den aktuellen Stand informiert das Internet

Ein Stück weiter östlich beherbergt eine Villa aus dem späten 19. Jh. das Musée Bonnat mit einer außergewöhnlich kostbaren Kunstsammlung, die der Maler Léon Bonnat (1833–1922) seiner Heimatstadt hinterließ. Zu sehen sind u. a. Werke von Rubens, Goya, Constable, Delacroix und Degas, dazu Porträts sowie historische und biblische Szenen von Bonnat selbst, der Lehrer von Toulouse-Lautrec war.

Trinquet [10]

8, rue des Tonneliers, Spiele finden von Oktober bis Juni jeweils donnerstags statt. Ansonsten steht die Halle auch für das Training bereit und kann in dieser Zeit besichtigt werden.

In Petit Bayonne befindet sich diese Pelota-Halle, in der schon König Henri IV gespielt haben soll. Sie steht allerdings längst im Schatten des Trinquet Moderne an der Avenue Dubrocq in Grand Bayonne.

St-Esprit

Über die Rue Laffitte geht es vom Musée Bonnat zum Ufer des breiten Adour, den man auf dem Pont St-Esprit quert, um in den dritten Stadtteil von Bayonne zu gelangen. Die **Église St-**

Blick auf die eindrucksvollen bunten Fassaden von Grand Bayonne.

Petit Bayonne

Das ›kleine‹ Bayonne auf der rechten Nive-Seite besitzt noch einige Häuser mit mittelalterlichem Kern. In diesem Viertel lebt der ärmere und politisch aktivere Teil der Bevölkerung. Schon nach dem Hundertjährigen Krieg war die Festung **Château Neuf** errichtet worden, um das aufsässige Viertel Petit Bayonne in Schach zu halten. Gleich der Alten steht auch die Neue Burg nicht zur Besichtigung frei.

Musée Basque [8]

1, rue Marengo, www.musee-basque. com, Juli, Aug. Fr–Mi 10–18.30, Do 10–20.30, Sept.–Juni Di–So 10–18.30 (Okt.–März nur bis 18 Uhr), 6,50 €

Bayonne

Esprit 11 am Ende der Brücke ist romanischen Ursprungs, wurde aber im 15. Jh. umgestaltet. Ihr zu Füßen liegt die Vorstadt, in der einst vor allem die aus Spanien und Portugal geflohenen Juden siedelten. Auch ihnen setzte Vauban eine **Zitadelle** 12 vor die Nase; sie dient heute im Sommer als Schauplatz für die Fête de Bayonne.

Fast 100 Jahre (1903–98) produzierte die **Destillerie Izarra** in St-Esprit am Quai Bergeret einen grünen und einen gelben ›Kräuterlikör‹ – wohlgemerkt in Anführungszeichen, denn mit seinen 48% gehört der grüne Izarra eher in die Riege der harten Schnäpse.

Anglet ▸ A/B 11

Die südliche Nachbargemeinde von Bayonne bietet 4 km Sandstrand und Wellen für passionierte Surfer. Der Badeort ist nicht so mondän wie Biarritz, dafür weniger überlaufen. Die Bars und Diskotheken richten sich vor allem an junges Publikum.

Übernachten

Im Großraum Bayonne-Biarritz sind kaum günstige Hotels zu finden. Eine Ausweichadresse für die Übernach-

tung können die Häuser der Hotelketten Ibis oder Étap sein.

Bezahlbarer Luxus – **Best Western Grand Hôtel** 1 : 21, rue Thiers, Tel. 05 59 59 62 00, www.legrandhotel-bayonne.com, 57 Zimmer, DZ ab 69 €. Ein ehemaliges Nonnenkloster wurde zum ersten Hotel am Platz umgebaut. Sehr zentral, schönes Ambiente, geräumige Zimmer, aber ein wenig versnobt. Mit Parkplatz, WLAN und einer Bar, die kleine Gerichte anbietet.

Jugendherberge – **Auberge de Jeunesse »Gazté Etxea«** 2 : 19, route des Vignes, Anglet, Tel. 05 59 58 70 00, www.fuaj.org, Sept.–Mitte Juni geschl., Bus ab Mairie Bayonne STAB-Linie 9 (bis Auberge), 7.1 oder 7.2 (bis Les Sables), 96 Betten, ab 20 € pro Person. Die Jugendherberge im Kiefernwald von Anglet, etwa 500 m vom Strand, besitzt ein Pub (manchmal Livemusik). Fahrradvermietung, Kochmöglichkeit, im Sommer kann auch Abendessen bestellt werden.

Essen & Trinken

Für Gourmets – **Cheval Blanc** 1 : 68, rue Bourgneuf, Tel. 05 59 59 01 33, www.cheval-blanc-bayonne.com, Sa mittags, So abends und Mo geschl., Menü 24–84 €. Baskische Küche, die

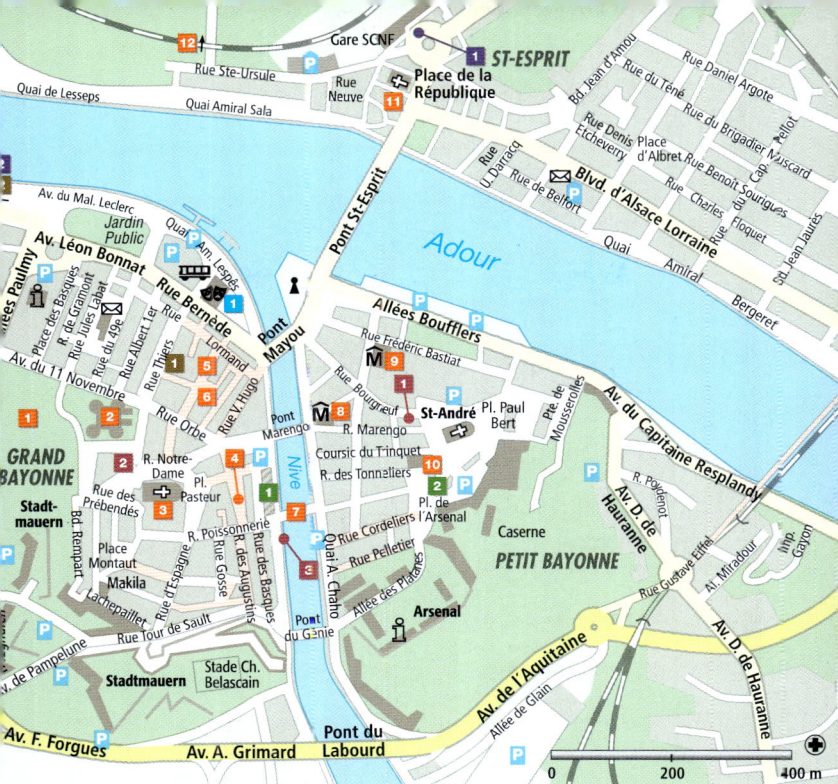

mit einem Michelin-Stern ausgezeichnet wurde. Die hohen Preise würden manchmal allerdings ein wenig mehr Finesse erwarten lassen.

Feine Küche – **Pavé** 2 : 8, rue des Gouverneurs, Tel. 05 59 59 51 74, Di und So abends sowie Mi ganztägig geschl., Menü ab 24 €. Das noble Restaurant mit einem Speisesaal im alten Kellergewölbe liegt gleich neben der Kathedrale. Die Küche ist hervorragend, der Service extrem unterkühlt.

Spanisch – **Chez Txotx** 3 : 49, quai Jaureguiberry, Tel. 05 59 59 16 80, http://restaurant-cheztxotx.allcommerces.com, Menü 23–36 €. Spanische Küche in einem urigen baskischen Haus mit Terrasse am Fluss. Die stimmungsvollen Folkloreabende an jedem Freitag und Sonntag sind nichts für Gäste, die Ruhe lieben.

Einkaufen

Lebensmittelmarkt – **Carreau des Halles** 1 : Quai Roquebert, Mo–Sa 7–14 Uhr, Fr auch nachmittags, Fr vormittags wird hier mit Trödel gehandelt.
Trödel und Antiquitäten – **Markt** 2 : Place de l'Arsenal. Fr 7–13 Uhr.

Aktiv

Zweiräder – **Sobilo** 1 : Gare SNCF, Tel. 05 59 24 94 47. Außer Fahrrädern werden auch Motorroller vermietet.

237

Golf – **De Chiberta** ■2■ : 104, bd. des Plages, Anglet, Tel. 05 59 52 51 10, www.golfchiberta.com, Mai–Sept. Herrliche Anlage in den Dünen mit vielen Ausblicken aufs Meer, 1927 von Tom Simpson entworfen. 18 Loch, par 71, 5650 m.

Abends & Nachts

Theater – **Théâtre de Bayonne** ■1■ : Place de la Liberté, Tel. 05 59 59 07 27, www.snbsa.fr. Im 1842 erbauten klassizistischen Stadttheater werden Schauspiel Musik, Tanz und Kabarett aufgeführt.

Infos & Termine

Touristeninformation
Office de Tourisme: Place des Basques, 64108 Bayonne Cédex, Tel. 05 59 46 09 00, www.bayonne-tourisme.com.

Termine
Foire au Jambon: Mitte April, Schinkenmarkt bei den Markthallen.

Journées du Chocolat: Um Christi Himmelfahrt in der Altstadt.

Corridas: Mitte Juli bis Anfang Sept. ist Stierkampfsaison, ausgetragen wird er in den Arènes Municipales, av. des Fleurs.

Les Fêtes de Bayonne: Ende Juli/Anfang Aug., Stadtfest bei der Zitadelle. Mit bis zu 100 000 Besuchern das größte Fest der Region Aquitanien. Schwerpunkte sind traditionelle Musik, Chorgesang und Tanz.

Verkehr
Flug: Der Flughafen Bayonne-Biarritz Aéroport de Parme (Tel. 05 59 43 83 83, www.biarritz.aeroport.fr) liegt in Anglet. Pendelbus ins Zentrum (1 € einfache Strecke). Taxi ab ca. 10 €.

Bahn: Gare SNCF, place Péreire, Tel. 08 36 35 35 35. Über Dax nach Bordeaux (auch TGV), über Cambo-les-Bains nach St-Jean-Pied-de-Port, über Pau nach Toulouse.

Bus: Ab Bayonne fahren Busse entlang der Küste, einige auch ins Hinter-

Ein häufiger Anblick an der Atlantikküste: Surfer und Surferinnen mit ›Handgepäck‹

land, allerdings werden dort nur die wichtigsten Orte bedient.

Stadtverkehr: Chronoplus, place de Gaulle, Tel. 05 59 59 59 52, www.chronoplus.eu. Stadtbusse im Gebiet Bayonne–Anglet–Biarritz. Tickets im Bus, 1 € (1 Std. gültig auf allen Strecken), 2 € (24 Std.).

Biarritz ▶ A 11

Enge, steile Straßen säumen den Stadtkern, in dem es Richtung Strandpromenade immer mondäner wird. Gepflegte Geschäfte laden zum Shopping, während nur wenige Meter weiter der Sand des Meeres an den Asphalt stößt. Auf den Cafeterrassen sinnieren Tagträumer beim teuersten Espresso, der in Aquitaine zu haben ist, und genießen das schönste Strandpanorama, das die Region bietet. Weit draußen in der Bucht vollführen Surfer zwischen bizarren Felsen wagemutige Manöver, während sich am Strand die Schönen und Reichen räkeln – eng beieinander wie die Ölsardinen, aber glücklich angesichts einer fantastischen Mischung aus Stadt, Meer und Sonne.

Promenade am Wasser

Hôtel du Palais 1

1, av. de l'Impératrice, www.hotel-du-palais.com

1854 verbrachten Kaiser Napoléon III und seine junge Gattin Eugénie ihren ersten gemeinsamen Urlaub in dem ehemaligen Piratennest Biarritz (baskisch: Miarritze). Im Jahre darauf leisteten sie sich dort eine prunkvolle Villa. Elf Jahre nach dem Tod des Kaisers, 1884, wurde die Residenz in das berühmte Hôtel du Palais umgebaut, damals eine der nobelsten Herbergen

der Welt. Nach einem Brand im Jahre 1903 wurde das Hotel neu errichtet, statt adliger Klientel aus Europa kam zunehmend Geldadel aus Amerika. Ob Rita Hayworth oder Ernest Hemingway, jeder, der etwas auf sich hielt, kannte das Hotel von innen. Noch heute erscheint es als Empfehlung in den meisten Reiseführern. Wer mindestens 400 € für ein Doppelzimmer übrig hat, mag sich anmelden, alle anderen müssen sich mit dem Besuch der Internetseite oder dem Blick auf die grandiose Fassade begnügen.

Plage Miramar

Nördlich des Hotels erstreckt sich die Plage Miramar bis zur Pointe St-Martin. Dort steht ein **Leuchtturm** 2 (Juli/Aug. tgl. 10–20, Mai, Juni, Sept. tgl. 14–19, sonst Sa/So 14–18 Uhr) aus den Jahren 1830–32, von dem man aus 73 m Höhe einen Blick auf die Stadt und die beeindruckende Bucht werfen kann.

Grande Plage

Vom Hotel Richtung Süden verläuft die Grande Plage, einer der beliebtesten Strandabschnitte der baskischen Küste. Dabei ist das Baden hier alles andere als ungefährlich – Bismarck wäre in den Fluten fast ertrunken. Dies hätte Biarritz zweifelhaften Ruhm eingebracht. Unzweifelhaften Ruhm genießt der Ort in der Surfwelt: 1956 reiste Drehbuchautor Peter Viertel anlässlich der Hemingway-Verfilmung »The Sun Also Rises« (deutsch: »Fiesta«) nach Biarritz. Viertel hatte sein Brett im Gepäck und vollführte damit die ersten Wellenritt Europas.

Inzwischen sind Surfer aus der Bucht nicht mehr wegzudenken. Mit dem Blick auf ihre Balanceakte folgt man der Strandpromenade, vorbei am **Casino Municipal** (1929) und am **Casino Bellevue** (1887, heute Kongresszentrum), zum idyllischen **Port des**

Biarritz

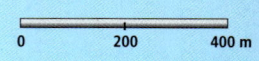

Sehenswert
1. Hôtel du Palais
2. Leuchtturm
3. Port des Pêcheurs
4. Église Ste-Eugénie
5. Rocher de la Vierge
6. Port-Vieux
7. Musée de la Mer
8. Musée Historique de Biarritz
9. Musée d'Art Oriental
10. Planète Musée du Chocolat

Übernachten
1. Château Clair de Lune
2. St-Charles
3. Escale Oceania
4. Auberge de Jeunesse »Aintziko Gazté Etxea«
5. Biarritz Camping

Essen & Trinken
1. La Table d'Aranda
2. Negresse & Co.

Einkaufen
1. Les Halles
2. Henriet
3. Daranatz
4. Pariès
5. Maison Arostéguy
6. Mille et un Fromages

Aktiv
1. Golf Le Phare
2. Biarritz Surf Training
3. BAB Subaquatique

Abends & Nachts
1. Casino Municipal

—— Ein ›süßer‹ Pfad durch Biarritz, s. Entdeckungstour S. 244

Couloum

Plage du
Vieux Port

Cachaous

Pêcheurs **3**, dem Fischerhafen, wo gleich neben der Tauchschule einige gute Restaurants ihre Tische im Freien aufgestellt haben. Über den Kais erhebt sich die **Église Ste-Eugénie** **4** (1898–1906), hervorgegangen aus einer Kapelle, die Kaiserin Eugénie 1856 gestiftet hatte.

Westlich der Kirche liegt die wohl meistbesuchte Attraktion des Ortes, der **Rocher de la Vierge** **5** mit einer Statue der Jungfrau Maria. Zu dem Felsen inmitten der Brandung führt eine eiserne Brücke, konstruiert von Gustave Eiffel. Auf dem Inselchen angelangt, genießt man einen schönen Rundblick auf die Strandpromenade im Norden und den **Port-Vieux** **6** im Süden. Jenseits des alten Hafens säumen die Strände Plage Côte des Basques, Plage Marbella und Plage Milady die Außenbezirke von Biarritz.

Musée de la Mer **7**

Plateau Atalaye, www.museedelamer. com, Nov.–März tgl. 9.30–19, April– Juni, Sept./Okt. tgl. 9.30–20, Juli/ Aug. tgl. 9.30–24 Uhr, Fütterung der Seehunde 10.30 und 17 Uhr, 14,50 €
Gegenüber dem Rocher de la Vierge ist in einem Gebäude von 1935 das Meeresmuseum untergebracht. Neben Aquarien mit Fischen aus Frankreichs Gewässern erläutern Exponate die Geschichte des Walfangs, den die baskischen Fischer bis ins 17. Jh. betrieben. Zu den interessantesten Abteilungen zählen die Seehund- und die Haifischbecken.

Im Stadtkern

Ein Gang durch das Zentrum offenbart schwere Wunden, die der Stadt während des Zweiten Weltkriegs zugefügt und anschließend mit viel Beton geschlossen wurden. Hie und da sind allerdings noch Villen der Belle Époque erhalten, so in der Avenue de la Reine Victoria und der Rue Gardères. Zudem findet man sehr gute, teils alteingesessene Einkaufsadressen.

Musée Historique de Biarritz **8**

Rue Broquelis, www.cheminsde memoire.gouv.fr, Di–Sa 10–12.30, 14–18.30 Uhr, 4 €
Das Museum, untergebracht in der ehemaligen anglikanischen Kirche an der Rue Broquedis, bietet Memorabilien aus der Stadtgeschichte, darunter das Modell des Zugs, den einst Napoléon III benutzte.

Musée d'Art Oriental **9**

1, rue Guy Petit, www.museeasiatica. com, Juli/Aug. Mo–Fr 10.30–18.30, Sa, So 14–19 Uhr, übrige Zeit tgl. 14–18.30 Uhr, 10 €
Bedeutend, wenngleich im Rahmen einer Frankreichreise ein unbestreitbar exotisches Ziel ist die Asiatika-Sammlung im Musée d'Art Oriental. Sie umfasst Skulpturen, Malerei, Textilien und Schmuck vor allem aus Indien, aber auch aus China, Nepal und Tibet. In der Boutique können Sie außer Büchern auch hervorragendes Kunsthandwerk kaufen.

Planète Musée du Chocolat **10**

s. Entdeckungstour S. 244.

Übernachten

Biarritz ist keine Adresse für Gäste mit schmalem Geldbeutel. Halbwegs günstige Hotels befinden sich in besonders verkehrsreicher Randlage oder sind schlichtweg schäbig.

Schlossromantik – **Château Clair de Lune** **1**: s. Mein Tipp.

Intim – **St-Charles** **2**: 47, av. Reine-Victoria, Tel. 05 59 24 10 54, www.hotelst charles.com, 13 Zimmer, DZ 80–130 €.

Villa mit Parkplatz. Die freundlich eingerichteten Zimmer haben allesamt Blick zum wunderschönen Garten. Frühstück auf der Terrasse möglich.

Zentrale Lage – **Escale Oceania 3** : 19, av. de la Reine Victoria, Tel. 05 59 22 04 80, www.oceaniahotels.com, 44 Zimmer, DZ ab 53 € pro Person. Das etwa 300 m von der Grande Plage gelegene, moderne Haus verfügt über einen Parkplatz, was in Biarritz ein unschätzbarer Vorteil ist. Die Atmosphäre ist ein wenig unterkühlt, die Zimmer aber sind sauber und geräumig. Behindertengerechte Ausstattung.

Jugendherberge – **Auberge de Jeunesse »Aintziko Gazté Etxea« 4** : 8, rue Chiquito de Cambo, Tel. 05 59 41 76 00, www.fuaj.org, Bus Chronoplus Linie 2 und 9 bis Bois de Boulogne/La Gare, vom Bahnhof Négresse sind es etwa 500 m, um die Jahreswende geschl., 95 Betten, ab 22 € pro Person. Die Herberge ist in einem modernen Gebäude von 1998 untergebracht, mit Garten und Cafeteria.

Camping – **Biarritz Camping 5** : 28, rue Harcet, Tel. 05 59 23 00 12, www.biarritz-camping.fr, April–Ende Sept., 196 Plätze, Stellplatz für zwei Personen mit PKW und Zelt 20–40 €. Kein traumhaftes Gelände, eher eine unpersönliche Anlage, aber eine preiswerte Alternative zum Hotel. 700 m zum Strand, mit Pool und Restaurant.

Essen & Trinken

An der autofreien Place Ste-Eugénie befinden sich mehrere Restaurants unterschiedlicher Preislage, teils mit Meerblick.

Für Gourmets – **La Table d'Aranda 1** : 87, av. de la Marne, Tel. 05 59 22 16 04, www.tabledaranda.fr, außerhalb der Saison So und Mo geschl., Menü um 45 €. Hervorragende kreative Küche, die Speisen appetitlich angerichtet,

Mein Tipp

Schlossromantik – Château Clair de Lune 1
Das traumhafte Schlosshotel mit riesigem Park befindet sich südöstlich des Bahnhofs von Biarritz in einem Wäldchen. Besonders schön sind die Zimmer mit Terrasse im Pavillon. Den recht hohen Übernachtungspreis darf man sich getrost für einen besonderen Tag des Urlaubs gönnen (48, av. Alan-Seeger, Tel. 05 59 41 53 20, www.hotelclairlune.fr, 15 Zimmer, DZ 110–180 €).

eine umfangreiche Weinkarte und ein preiswertes Mittagsmenü.

Stylish – **Negresse & Co. 2** : 44, rue Luis Mariano, Tel. 05 59 41 28 51, Menü 30 €. Das Haus in der Nähe des Bahnhofs serviert innovative, auf baskischer Wurzeln basierende Küche. Die moderne Einrichtung samt Bar hebt auf ein junges Publikum ab. Preiswertes Mittagsmenü.

Einkaufen

Markt – **Les Halles 1** : Place Sobradiel, tgl. 7.30–13 Uhr.

Süße Versuchungen – **Chocolateries: 2 – 4** : s. Endeckungstour S. 244

Feinkostladen – **Maison Arostéguy 5** : 5, av. Victor Hugo. Seit 1875 bietet das Haus erlesene Lebensmittelprodukte aus dem Baskenland an.

Käsegeschäft – **Mille et un Fromages 6** : 8, av. Victor Hugo. Käse und andere baskische Delikatessen.

Aktiv

Golf – **Le Phare 1** : 2, av. Edith Cavell, Tel. 05 59 03 71 80, www. > S. 246

Auf Entdeckungstour: Schokolade im Museum – ein süßer Pfad durch Biarritz

Als bitteres Getränk brachten die spanischen Eroberer Schokolade aus der Neuen Welt nach Europa. Drehscheibe für die raffiniertesten Kreationen wurde das Baskenland, wo in Biarritz ein Museum seine Hommage an die Schokolade richtet.

Cityplan: S. 240
Zeit: 3 Std.
Henriet  : Place Clemenceau, http://chocolaterie-henriet.com
Daranatz : 12, av. du Maréchal Foch, www.chocolat-bayonne-daranatz.fr, s. auch S. 234
Pariès : 1, place Bellevue, www.paries.fr
Planète Musée du Chocolat : 14, av. Beaurivage, www.planetemuseeduchocolat.com, Juli, Aug. und Schulferien tgl. 10–19, sonst Mo–Sa

10–12.30, 14–18.30 Uhr, 6,50 €, Kinder bis 12 Jahre 5 €, bis 4 Jahre gratis

»Les Rochers de Biarritz?« Ein Lächeln huscht über das Gesicht des Passanten, als er den Weg zu den berühmten Felsen in der Bucht erklären soll. »Immer geradeaus zur Place Clemenceau. Das Haus Henriet ist nicht zu verfehlen.« Die seltsame Beschreibung führt nicht zu den Felsen am Strand, sondern zu den »Rochers de Biarritz«, die Chocolatier **Henriet**  kreierte: Schokoladenbällchen mit Orangenstücken und Mandelsplittern. Eine kleine Selektion kostet bereits ein Vermögen, denn Meister Henriet und seine Kollegen lassen sich ihre Schöpfungen fürstlich bezahlen: bis zu 200 € pro Kilogramm.

Delikater Dornenweg zu einem Museum

Andere Halbgötter des Metiers locken nur wenige Häuser weiter, unter ihnen die Chocolaterie **Daranatz** **3**, die ihren Hauptsitz in Bayonne hat. Gnädiger bei der Preisgestaltung ist Henriets Nachbar **Pariès** **4**, der seine Pralinen zum Kilopreis von knapp 60 € geradezu verschleudert. ›Dann bitte eine kleine Schachtel.‹ Während die Köstlichkeiten aus der Packung geschält werden, geraten die Felsen von Biarritz in Vergessenheit, verirren sich die Schritte über die Rue Gambetta zur Avenue Beaurivage.

Schokolade als Kulturgut

Planète Musée du Chocolat **10** ist dort zu lesen, seitdem Meister Henriet das ehemalige Musée du Chocolat unter seine Fittiche nahm. 1996 hatte Schokoladenmeister Serge Couzigou eine Verkaufsausstellung in der Nähe des Hôtel du Palais gegründet. Nach dem Umzug an den heutigen Standort wurde daraus ein 600 m² großes Kulturinstitut. Die Figur des Quetzalcoatl zum Ausmalen und das alte Aztekenrezept zählen dort zu den Selbstverständlichkeiten. Schließlich hat Schokolade – eigentlich ›bitteres Wasser‹, gebildet aus den aztekischen Begriffen *xocóc* und *atl* – ihren Ursprung in Mexiko. Der Legende nach erhielten die Azteken vom Gott Quetzalcoatl den mit Wasser, Vanille und Chili vermischten Nektar der Kakaobohne. Der spanische Eroberer Hernán Cortés war vom Geschmack keineswegs begeistert, doch nahm er 1518 eine Probe mit nach Spanien für den Fall, dass geheime Kräfte darin schlummerten. Gänzlich falsch war diese Hoffnung nicht, denn nachdem die Europäer Honig und Rohrzucker zugegeben und ein Pressverfahren entwickelt hatten, wurde *xocócatl* als Schokolade die reinste Goldgrube.

Süße Kunstwerke

Den Weg ins Baskenland fand die Rezeptur 1609, als spanische Juden vor der Inquisition nach Bayonne flohen. Binnen Kurzem machte sich das Baskenland in ganz Europa einen Namen für erlesenes Naschwerk. Mittlerweile hat der Konkurrenzkampf Produkte hervorgebracht, die mit der simplen Tafel Schokolade kaum etwas gemein haben. Höchste Finesse etwa bezeugen im Museum die Schokoladenskulpturen, darunter eine süße Variante vom berühmten »Kuss« des Bildhauers Rodin. Schokoladenwerbung einst und heute, Gefäße, aus denen heiße Schokolade getrunken wird, Maschinen, die man zur Ferti-

gung benötigt – all das ist im Museum von Biarritz zu bestaunen. In einem ›Atelier‹ dürfen Kinder mit Schokolade auf Schokolade malen, um ihre Kreation hernach aufzuessen. Der letzte Gang führt dann zum Schokoladensortiment in der Boutique.

Baden mit Risiko

Riffe, Strömungen und die hohe Brandung machen das Baden an der baskischen Küste zu einem nicht ungefährlichen Vergnügen. Schwimmer sollten sich unbedingt auf die wenigen Abschnitte beschränken, die im Schutz stiller Buchten legen. Für Kinder sind die Strände mit Ausnahme von Hendaye und einem kleinen Bereich bei St-Jean-de-Luz nahezu untauglich.

golfbiarritz.com. Die ersten Spieler putteten hier bereits 1888. Das weitgehend flache Gelände ist allerdings nicht so reizvoll wie der Platz im benachbarten Anglet. 18 Loch, par 69, 5402 m.

Surfen – **Biarritz Surf Training** **2** : 102, rue Pierre de Chevigné, Tel. 05 59 23 15 31, www.surftraining.com. Kurse auf Surfbrettern und Bodyboards mit und ohne Unterkunft. Wochenendkurs (Fr–So) mit Halbpension ab 230 €.

Tauchschule – **BAB Subaquatique** **3** : Port des Pêcheurs, Tel. 05 59 24 80 40, www.babsub.fr. Diverse Ausflüge zu Tauchgründen in der Region.

Abends & Nachts

Zwanglos – **Casino Municipal** **1** : 1, av. Édouard VII, Tel. 05 59 22 37 00. Im Unterschied zum Casino Bellevue die zwanglosere Adresse. Im Haus befinden sich ein Nachtclub und auch das beheizte Stadtbad.

Infos & Termine

Office de Tourisme: 1, square d'Ixelles, 64200 Biarritz, Tel. 05 59 22 37 10, http://tourisme.biarritz.fr.
Quiksilver Surf Master: Anfang Sept. an der Grande Plage. Hier trifft sich die Surfelite der Welt.

Flug: Pendelbus zum Aéroport de Parme in Anglet (s. Bayonne S. 238).
Bahn: Gare SNCF, Allée du Moura, 3 km südlich im Vorort Négresse, Tel. 05 59 50 83 07; Stadtbüro: 13, av. Foch, 9–12, 14–18 Uhr.
Bus: Fernbusse ab Square d'Ixelles: ATCRB (Tel. 05 59 26 06 99; St-Jean-de-Luz, Hendaye, San Sebastian) und TPR (Tel. 05 59 27 45 98; Pau).
Stadtverkehr: Stadtbusse der Chronoplus, av. Louis Barthou, Tel. 05 59 24 26 53; u. a. nach Bayonne, zum Flughafen und zu den Stränden.

Bidart und Guéthary ▶ A 11/12

Der kleine Strandort **Bidart** (Bidarte) rühmt sich des Panoramablicks von der Chapelle Ste-Madeleine, doch sind es mehr noch zwei andere Attraktionen, die Besucher hierherlocken. Die eine ist ein Restaurant mit baskischer Küche, Les Frères Ibarboure, die andere der berühmte Golfplatz Ilbarritz.

Guéthary, baskisch Getaria geschrieben, besitzt einen guten Ruf unter Surfern. Hier türmen sich an der Plage Parlamentia bis zu 6 m hohe Wellen auf.

Übernachten

Oase der Ruhe – **Villa L'Arche:** Chemin Camboénéa, Bidart, Tel. 05 59 51 65 95, www.villalarche.com, Mitte Nov.–Ende Jan. geschl., 6 Zimmer und 2 Suiten, DZ ab 145 €. Haus mit Garten in herrlicher Küstenlage, von den Zimmern aus Meerblick.

Essen & Trinken

Berühmte baskische Küche – **Les Frères Ibarboure:** Chemin de Ttaliénèa,

Bidart, Tel. 05 59 54 81 64, www.fre
resibarboure.com, Menü ab 41 €. Erlesene, über die Grenzen hinaus bekannte baskische Küche.

Einkaufen

Frische Lebensmittel – **Markt:** Auf der
Place de la Mairie von Bicart, Sa ab
8 Uhr traditioneller Markt.

Aktiv

Berühmter Golfplatz – **Centre d'Entrai-
nement d'Ilbarritz:** Av. du Château, Bidart, Tel. 05 59 43 81 30, www.golf-il
barritz.com. Ein Golfplatz am Meer,
auf dem Anfänger unter Anleitung
von Profis spielen dürfen; 9 Loch, par
32, 2176 m.

St-Jean-de-Luz ▶ A 12

Im Unterschied zu Biarritz lebt St-
Jean-de-Luz (Donibane Lohizun) nicht
vom Fremdenverkehr allein, sondern
weithin immer noch vom Fischfang.
Statt im Nordmeer Wal und Kabeljau
fängt man nun Sardellen, Sardinen
und Thunfische. Der **alte Hafen** **1**
an der Mündung der Nivelle ist eine
Sehenswürdigkeit und ein hübsches
Fotomotiv.

Zwar hat eine Sturmflut 1749 großen Schaden in der Stadt angerichtet,
doch haben sich einige der alten Ree-
derhäuser erhalten. Zwei von ihnen er-
langten nicht durch den Fisch-, sondern
durch einen Heiratshandel Bedeutung,
den 1659 spanische und französische
Diplomaten ausgeheckt hatten: Um
den uralten Streit der Mächte beizu-
legen, sollte Louis XIV die spanische
Infantin Marie-Thérèse heiraten. Dem
jungen König blieb keine Wahl, denn
er hatte sich damals noch den Weisun-
gen seiner Mutter und damit indirekt

dem Diktat des Kardinals Mazarin zu
fügen. Ein Jahr nach Abschluss des
Pyrenäenfriedens, am 8. Mai 1660, erschien Louis in St-Jean-de-Luz, wo die
Hochzeit stattfand.

Maison Louis XIV **2**

*Place Louis XIV, www.maison-louis-
xiv.fr, Juli, Aug. Mi–Mo 10.30–12.30,
14.30–18.30, Juni, Sept.–Mitte Okt.
Mi–Mo 11, 15, 16 und 17 Uhr, 6 €*
Der junge König Louis XIV kam in dem
Haus einer Reederfamilie unter. Das
Haus von 1643 mit historischer Einrichtung (Möbel, Tapeten) ist heute
als Maison Louis XIV bekannt und wird
von unzähligen Touristen belagert.

Place Louis XIV

Auf dem Platz vor der Maison Louis
XIV steht ein Reiterbildnis des Königs, umgeben von Straßencafés, dem
hübschen Rathaus (1654) und einem
Musikpavillon, wo an Sommerwo-
chenenden Blasorchester zum Tanz
aufspielen. Ebenfalls an der Place Louis XIV, im Haus Nr. 6, befindet sich die
Pâtisserie Maison Adam **2**, die sich
rühmt, ihre Makronen bereits für den
Sonnenkönig hergestellt zu haben.

Maison de l'Infante **3**

*3, rue Mazarin, Juni–Mitte Sept.,
Ende Okt.–Mitte Nov. Di–Sa 11–12.30,
14.30–18.30, So und Mo 14.30–18.30
Uhr, 2,50 €*
Marie-Thérèse weilte bis zum Tage
der Hochzeit in einem anderen Ree-
derhaus, das heute als Maison de l'Infante bekannt ist. Zu sehen sind die
leeren Gemächer, in denen seinerzeit
die Infantin wohnte.

17, rue de la République **4**

Dass die Aussöhnung mit Spanien von
höchster Dringlichkeit war, wusste

St-Jean-de-Luz

Sehenswert
1 Alter Hafen
2 Maison Louis XIV
3 Maison de l'Infante
4 17, Rue de la République
5 Église St-Jean-Baptiste

Übernachten
1 Bel Air
2 Grand Hôtel de la Poste
3 Camping Inter-Plages

Essen & Trinken
1 Brouillarta
2 La Boïna
3 Muscade

Einkaufen
1 Les Halles (Markthalle)
2 Pâtisserie Maison Adam

Aktiv
1 Bootsanleger Marie Rose
  und Nivelle III
2 Sobilo
3 Golf de Chantaco

Abends & Nachts
1 Casino

man in St-Jean sehr wohl. Schließlich war noch die Brandschatzung der Stadt durch die Spanier 1558 in Erinnerung. Nur ein Haus aus der Zeit vor jenem Inferno blieb erhalten, es ist die Nr. 17 in der Rue de la République, die am Ende der Rue Mazarin links zur Grande Plage abzweigt.

Église St-Jean-Baptiste 5

Hält man sich am Abzweig von der Rue Mazarin in die Rue de la République geradeaus, so gelangt man in die Rue Gambetta, die Haupteinkaufsstraße von St-Jean. In der Kirche zur Linken, St-Jean-Baptiste, gaben sich Louis und Marie am 9. Juni 1660 das Eheversprechen. Die Tür, durch die das königliche Paar schritt, wurde nach der Trauung zugemauert; niemand anderes sollte nach ihnen über diese Schwelle treten. Trotz der schlechten Vorzeichen lebten die Zwangsverheirateten gut miteinander. Als Marie 1683 starb, meinte der Sonnenkönig sogar, dies sei der einzige Kummer gewesen, den sie ihm je bereitet habe. Über die Trauer tröstete er sich allerdings schnell hinweg: Schon 1684 ging er heimlich mit der Marquise de Maintenon einen Ehebund ein.

Louis' erste Trauung in St-Jean war dagegen mit allem Pomp gefeiert worden. Noch heute überwältigt das Innere der äußerlich schlichten Kirche (14. Jh., nach einem Brand 1419 erneuert), doch muss man sich die Ausstattung zum Zeitpunkt der Hochzeit ein wenig anders vorstellen, denn das prachtvolle Altarretabel entstand erst einige Jahre später. Es existierten jedoch bereits die Galerien aus Eichenholz, die nach baskischer Tradition den Männern vorbehalten waren, während die Frauen unten im Kirchenschiff saßen. Das Boot, das von der Decke herabhängt, spendete Kaiserin Eugénie, nachdem sie von Fischern des Ortes aus Seenot errettet wurde.

Ciboure

Am anderen Ufer der Nivelle gegenüber von St-Jean-de-Luz liegt **Ciboure** (Ziburu). Die Küstenstraße D 902 trägt innerorts den Namen Quai Ravel. Im Haus Nr. 27, einem hübschen Gebäude aus dem 17. Jh., in dem heute die Touristeninformation untergebracht ist, wurde am 7. März 1875 der Komponist Maurice Ravel geboren.

Übernachten

Strand vor der Tür – **Bel Air** 1 : 60, promenade Thibaud, Tel. 05 59 26 04 86, www.hotel-bel-air.com, Allerheiligen–März geschl., 20 Zimmer, DZ 100–

195 €. Das charmante Haus liegt direkt am Strand, einige der mittlerweile deutlich ansprechender und moderner eingerichteten Zimmer besitzen einen Balkon mit Meerblick. Es gibt einen Garten und eine Bar, während das Restaurant inzwischen aufgegeben wurde. Parkplatz vorhanden.

Stilvoll – **Grand Hôtel de la Poste** 2 : 83, rue Gambetta, Tel. 05 59 26 04 53, www.grandhoteldelaposte.com, 34 Zimmer, DZ 66–158 €. Das in der Altstadt gelegene Haus stammt aus dem 18. Jh. Marquis de Lafayette wohnte dort, bevor er sich 1777 nach Amerika einschiffte, um am Freiheitskrieg teilzunehmen. Parkplatz, Bar und Billardtisch im Kaminzimmer garantieren ebenso wie die freundlich eingerichteten Zimmer einen angenehmen Aufenthalt.

Camping – **Inter-Plages** 3 : 305, route des Plages, Quartier Acotz, Tel. 05 59 26 56 94, www.campinginterplages. com, April–Sept., 100 Plätze, Stellplatz PKW, Zelt, zwei Personen 17–35 €. Die meisten Campingplätze von St-Jean-de-Luz liegen östlich der Stadt und damit weiter landeinwärts. Diese Anlage ist zwar recht einfach, aber direkt am Strand. Fahrradverleih, Tischtennis, Pool und WLAN.

Lieblingsort

**Catwalk aus Fachwerk – die
Promenade in St-Jean-de-Luz**
St-Jean ist wie aus dem Bilderbuch
geschnitten. Rot-weiße Fachwerkhäuser säumen die Fußgängerzone, in der allein die charmanten
Konditoreien eine Versuchung
nach der anderen in den Weg
legen. Zwar quillt das hübsche
Städtchen über vor Touristen, aber
es besitzt für mich auch einen
Ort der Kontemplation mitten im
Tumult: die Strandpromenade. In
der geschützten Bucht plätschern
Tretboote auf dem Wasser, altes
Fachwerk schiebt sich bis dicht an
die Meereswogen, und dahinter erhebt sich die Kulisse der sattgrünen
baskischen Berge wie eine Bestätigung dafür, dass vieles in der Welt
immer noch in Ordnung ist.

Essen & Trinken

Viele hervorragende Restaurants mit baskischer Küche in der Rue de la République und in Querstraßen der Strandpromenade (Vorbestellung ratsam).

Am Wasser gebaut – **Brouillarta** ■: 48, promenade Thibaud, Tel. 05 59 51 29 51, www.restaurant-lebrouil larta. com, Mo, Di geschl., Menü 35 €. Das Restaurant des Hôtel de la Plage liegt an der Strandpromenade und ist schon deshalb sehr beliebt. Die Grill- und Fischgerichte sind nicht sonderlich raffiniert, aber schmackhaft.

Feines preiswert – **La Boïna** ■: 34, bd. Thiers, Tel. 05 59 26 05 50, Mi geschl., Menü 20–30 €. Zur Wahl stehen baskische Spezialitäten und eine hervorragende Paella. Auch das preiswertere Menü bietet vielfältige Kombinationsmöglichkeiten.

Für den kleinen Hunger – **Muscade** ■: 20, rue Garat, Tel. 05 59 26 96 73, Nov.–Jan., sonst Mo geschl., www.tar teriemuscade.com, Gerichte ab 7 €. In dem liebevoll eingerichteten kleinen Saal gibt es Salate sowie herzhafte und süße Torten.

Einkaufen

Markthalle – **Les Halles** ■: Bd. Victor Hugo. Di, Fr, im Sommer auch Sa. Breit gefächertes Marktangebot.

Königliches Gebäck – **Pâtisserie Maison Adam** ■: 6, place Louis XIV. Traditionsreiche Feinbäckerei.

Aktiv

Boots- und Angelfahrten – **Anleger im Hafen** ■: Nivelle V (Tel. 06 09 73 61 81, www.croisiere-saintjeandeluz.com).

Im Hafen von St-Jean-de-Luz ist nicht zu übersehen, dass man auch vom Fischfang lebt

Fahrräder – **Sobilo 2** : Gare SNCF, Tel. 05 59 26 75 76. Der führende Anbieter entlang der baskischen Küste.

Golf – **Golf de Chantaco 3** : Route d'Ascain, Tel. 05 59 26 14 22, www. chantaco.com. Der Club von 1928 besitzt eine gut gepflegte Anlage auf leicht welligem Gelände. Auch Golfunterricht. 18 Loch, par 70, 5722 m.

Abends & Nachts

Varietézauber – **Casino 1** : Place Maurice Ravel, Tel. 05 59 51 58 58, www. joa-casino.com. Spielsalon mit Bar und Restaurant. Regelmäßig Musikveranstaltungen und Varieté.

Infos & Termine

Office de Tourisme: 20, bd. Victor Hugo, 64500 St-Jean-de-Luz. Tel. 05 59

26 03 16, www.saint-jean-de-luz.com.
Fête du Thon: erste Juliwoche, Thunfischfest mit Feuerwerk.
Bahn: Gare SNCF, av. de Verdun, 05 59 55 50 50; Station an der Strecke Bayonne–Hendaye.
Bus: Verbindungen entlang der Küste mit ATCRB (Tel. 09 70 80 90 74, www. transports-atcrb.com), ins Hinterland mit Le Basque Bondissant (Tel. 05 59 26 25 87, www.basque-bondissant. com).
Fähre: Digue aux Chevaux (nordöstlich des Casinos), Tel. 05 59 47 21 87, Juli–Sept. tgl. 9–20 Uhr alle 30 Min., April–Juni nur Sa, So. Personenfähre zum Fort Socoa am anderen Ende der Bucht mit Aussichtspunkt.

Über die Corniche Basque bis Hendaye

Bei der **Festung Socoa** oberhalb von Ciboure beginnt eine berühmte, allerdings kurze Panoramastraße, die **Corniche Basque**, die der bizarren Felsküste bis zur spanischen Grenze folgt. Die Festung, die 1677 unter Vauban errichtet wurde, beherbergt heute einen Segelclub und ist deshalb nicht zu besichtigen. Von einem Aussichtspunkt bietet sich aber ein wunderbarer Blick. Kurz vor Hendaye steht hoch auf den Klippen der baskischen Küste **Château d'Abbadie,** dessen Besitzer weit mehr als der Blick aufs Meer interessierte (s. Entdeckungstour S. 254).

Hendaye ▶ A 12

Letzte Stadt auf französischer Seite ist Hendaye (Hendaia), ein schlichter, aber betriebsamer Ferienort, dessen größter Vorzug darin besteht, dass man hier ausnahmsweise einmal risikoarm baden kann. ▷ S. 256

Auf Entdeckungstour: Château d'Abbadie – das Schloss des Sternenguckers

Hoch auf den Klippen der baskischen Küste steht bei Hendaye ein verträumtes Schloss, das aus dem Mittelalter stammen könnte. Sein verspieltes Interieur erinnert an die Expeditionen des Bauherrn, der Teile Äthiopiens erforschte.

Reisekarte: ▶ A 12
Zeit: 2 Std.
Château d'Abbadia: www.chateau-abbadia.fr, April–Juni, Sept., Okt. Mo–Fr 10–12, 14–18, Sa, So 14–18, Führung 14.30, 16.30, Juli, Aug. tgl. 12–14, 18–19.30, Führung 10–12, 14–17, Nov., Dez., Ende Jan.–Ende März Di–So 14–18 Uhr, 6,60 € bzw. 7,90 € mit Führung

Mit einem Kreisverkehr endet Frankreich: Von der äußersten Spitze des **Boulevard de la Mer** in **Hendaye** fällt der Blick über den Fluss Bidassoa nach Spanien. Wir machen kehrt und folgen der Strandpromenade, bis nach gut 2 km das große Krankenhaus die **Route de la Corniche** zu einem Bogen landeinwärts und durch ein kleines Neubaugebiet zwingt. Auf dieser Straße ist nach gut 1 km das Tor zu einem Märchenschloss erreicht.

Architekt trifft Wissenschaftler
Eugène Emmanuel Viollet-le-Duc (1815–79) besaß als Architekt einen Namen in Frankreich, nachdem er im

Alter von nur 26 Jahren die Abteikirche Ste-Madeleine in Véze ay restauriert hatte. Was er dort in Szene setzte, fußte allerdings nicht auf wissenschaftlichen Forschungen, sondern entsprach seinem eigenen verträumten Mittelalterbild. Hart an der Grenze zu Spanien realisierte dieser Mann aus Paris mit **Château d'Abbadia** ein vergleichsweise kleines Projekt. Ausnahmsweise war er nicht Restaurator, sondern Planer des neogotischen Schlosses, das sein Assistent Edmond Duthoit ausführte. Statt Monsterfratzen finden sich an der Fassade auch Elefantenköpfe, denn der Auftraggeber war ein leidenschaftlicher Afrika-Reisender: Antoine Thomson d'Abbadie d'Arrast.

Ein Weltreisender mit baskischen Wurzeln

Abbadie wurde 1810 in Dublin als Sohn einer Irin und eines Basken geboren. Zeitlebens blieb er e friger Verfechter der baskischen Sprache. Als er zehn Jahre alt war, zog die Familie nach Toulouse, wo er seine wissenschaftlichen Grundlagen als Physiker und Astronom erwarb. Eigentliche Schule des Lebens aber wurde Abessinien, das spätere Äthiopien. Dorthin brach er 1837 mit seinem Bruder Arnould Michel auf, um zwölf Jahre lang den ›dunklen Erdteil‹ zu erkunden.

Die Heirat mit Virginie Vincent de Saint-Bonnet setzte 1859 solch langen Expeditionen ein Ende. Abbadie beschloss, sich an der baskischen Küste niederzulassen, und wählte dazu ein 340 ha großes Grundstück bei Hendaye. Nach Jahren der Planung dauerten die eigentlichen Bauarbeiten von 1864 bis 1879. Die an der Fassade eher zurückhaltenden Verweise auf ferne Länder werden bei der verspielten Innendekoration zum beherrschenden Element. Schon auf der Haupttreppe erwartet den Besucher eine Holzstatue Abdullahs, den Abbadie aus der Sklaverei befreite, um ihn mit nach Frankreich zu nehmen. Auf 18 Stühle im Speisesaal sind äthiopische Buchstaben gestickt, sie ergeben den Wunsch: »Möge an diesem Tisch nie ein Verräter Platz nehmen.«

Das Observatorium des Sternenguckers

Leitsätze in allerlei Sprachen zieren das Schloss, in dessen Observatorium Abbadie 1880 ein Meridian-Teleskop installierte. Zum Studium der Strahlenbrechung ließ er mehrmals die Schlossmauern durchbrechen, um freie Sicht auf den Berg La Rhune zu haben. Die baskische Inschrift über dem letzten Loch zieht den Schluss: »Ich sah nichts, ich lernte nichts.« In der Krypta der schlosseigenen Kapelle ist das Ehepaar Abbadie beigesetzt. Bevor der Hausherr 1897 starb, stiftete er sein Anwesen der Akademie der Wissenschaften. Ein Teil des Parks ist mittlerweile als Vogelreservat ausgewiesen.

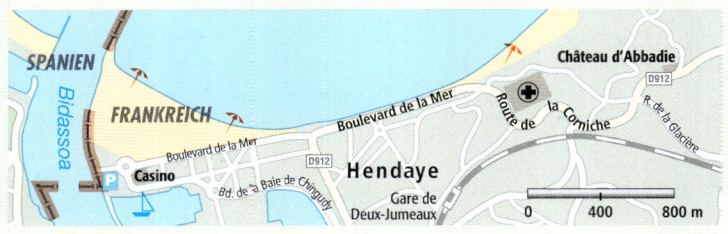

Côte Basque

Bescheidene Attraktionen sind an der Strandpromenade das **Casino** und im Zentrum einige Villen aus dem 19. Jh. In einer davon, der Villa **Bakhar Etchea** (Rue des Pêcheurs), starb am 10. Juni 1923 Pierre Loti. Der 1850 als Julien Viaud in Rochefort geborene Schriftsteller ist bekannt für seine exotistischen Romane, Novellen und Reisebeschreibungen.

Der Grenzort Hendaye war mehrfach Schauplatz politischer Unterredungen. Am 23. Oktober 1940 verhandelten Franco und Hitler am Bahnhof über eine Teilnahme Spaniens an den deutschen Feldzügen. Auch der Pyrenäenfrieden von 1659 wurde in Hendaye verabschiedet, genauer: auf der Île aux Faisans, einer Insel im Grenzfluss Bidassoa. Zuvor schon, 1526, war hier der in spanische Gefangenschaft geratene König François I ausgelöst worden, und 1615 vereinbarten Louis XIII von Frankreich und Philipp II von Spanien auf der ›Fasaneninsel‹, dass zum Wohle der beiden Länder jeder die Schwester des anderen heiraten solle. In all diesen Fällen wurden französisch-spanische Probleme bereinigt. Für die Basken hingegen bleibt die Grenze am Bidassoa nichts als eine am Reißbrett gezogene Linie.

Übernachten

Wie ein Museum – **Château d'Urtubie:** An der N 10 bei Urrugne, Tel. 05 59 54 31 15, www.chateaudurtubie.fr, Anfang April–Ende Okt., 10 Zimmer, DZ 85–175 €. Das Schloss aus dem 14.–18. Jh. liegt inmitten eines herrlichen, 7 ha großen Parks. Auch wer nicht Gast des Hauses ist, kann das Gebäude besichtigen (tgl. 10.30–12.30, 14–19 Uhr, letzte Führung jeweils 11.30 bzw. 18 Uhr). Mit antiken Möbeln ausgestattete Zimmer und der Pool bei der Orangerie sind unschlagbare Vorzüge.

Markante Lage – **Uhaïnak:** 3, bd. de la Mer, Tel. 05 59 20 33 63, www.hotel-uhainak.com, Dez.–Mitte Febr. geschl., 14 Zimmer, DZ 82–140 €. Das Hotel liegt am Strand, neun der geräumigen, aber einfach ausgestatteten Zimmer haben Meerblick. Frühstückssaal mit Panoramaaussicht.

Einkaufen

Frisches Angebot – **Markt:** Place de la République (in der Innenstadt von Hendaye) Mi; Markt am Strand (place Sokoburu) jeden Sa.

Aktiv

Bootsausflüge – **Jachthafen Sokoburu:** Ausfahrten mit der Hendayais II

(Tel. 05 59 47 87 45). Angeltouren auf hoher See.

Bootsverleih – **Moby Dick:** Port de la Floride, 5, rue Orangers, Tel. 05 59 20 45 33, www.mobydick-nautisme.com. Segelboote für 4 Personen (z. B. eine Woche ab 730 €), Motorboote für 6–12 Personen (z. B. ein halber Tag ab 125 €).

Surfen – **Fluide Système:** 71, bd. de la Mer, Hendaye, Tel. 05 59 20 67 47. Zwischen Juli und September Surfunterricht an einem Strand, der sich gut für Anfänger eignet.

Golf – **De la Nivelle:** Place William Sharp, Ciboure, Tel. 05 59 47 18 99, www.golfnivelle.com. Der Club von 1907 unterhält einen Platz, der manchen Blick auf St-Jean und seinen Hafen eröffnet. Schönes Clubhaus aus Fachwerk. Parcours: 18 Loch, par 70, 5587 m.

Infos & Termine

Office de Tourisme: 12, rue des Aubépines, 64700 Hendaye, Tel. 05 59 20 00 34, www.hendaye-tourisme.fr.
Fête du Chipiron: 13. Juli, Verkostung kleiner Tintenfische *(chipiron)*, dazu Folkloredarbietungen.
Bahn: Über Bayonne nach Bordeaux (auch TGV).
Bus: Richtung Bayonne und San Sebastian.
Fähre: Hendaye–Fontarrabie (Spanien) mit der ›Marie-Louise‹, Tel. 06 07 02 55 09; Anf. Juli–Mitte Sept. 10–1 Uhr alle 15 Min., übrige Zeit 11–19 Uhr alle 30 Min.

Die baskische Küste von ihrer friedlichen Seite – am Strand von Hendaye

Das baskische Hinterland

Highlights!

Gorges de Kakouetta: Der Pfad führt durch die tiefe Schlucht mit steilen Felswänden, in deren Schutz seltene Pflanzen gedeihen. Am Ende der Klamm stürzt ein beeindruckender Wasserfall von den Felsen herab. S. 267

Aïnhoa: Die lange Hauptstraße in dem baskischen Musterdorf ist von prächtig gepflegten Fachwerkhäusern gesäumt, zu deren Fassadenschmuck knallrote Chilis statt Geranien gehören. In den Gärten lässt das milde Atlantikklima sogar Bananen gedeihen. S. 280

Auf Entdeckungstour

Wandern auf dem Jakobsweg – das Geheimnis von Ostabat: Versteckte Spuren der Vergangenheit deuten auf die einstige Größe des Dorfes Ostabat. Im Mittelalter kreuzten sich dort drei der vier bedeutendsten Pilgerwege zum Jakobsgrab. S. 264

Mit der Spürnase zum Erfolg – Villa Arnaga: Die Villa Arnaga in Cambo-les-Bains enthält Erinnerungsstücke an den Schriftsteller Edmond Rostand, den geistigen Vater der berühmten literarischen Figur des Cyrano de Bergerac. S. 278

Kultur & Sehenswertes

Grottes d'Isturitz et Oxocelhaya: Nahezu 100 000 Jahre alt sind die Gravuren von Menschen, die in der Altsteinzeit in den Höhlen Unterschlupf fanden. S. 261

Abbaye d'Arthous: Die restaurierte Prämonstratenser-Abtei besitzt ein archäologisches Museum. S. 262

L'Hôpital St-Blaise: Die romanische Kirche zählt wegen ihrer ausgefallenen Architektur zum UNESCO-Welterbe. S. 266

Zu Fuß unterwegs

Aldudes: Eine leichte, wenig anstrengende Wanderung, aber viel Gebirgsflair. S. 274

La Rhune: Die Aussicht vom heiligen Berg der Basken ist traumhaft. Zum Gipfel fährt eine historische Zahnradbahn. In etwa fünf Stunden ist er aber auch zu erwandern. S. 282

Genießen & Atmosphäre

Bootsfahrt auf dem Adour: Ab Peyrehorade kann man Touren Richtung Dax unternehmen und dabei die Zeit vergessen. S. 263

Crevasses de Holzarte: In berauschender Höhe quert eine Hängebrücke die Klamm. S. 270

Espelette: Im Dorf dreht sich alles um Chilis, die sogar an den Häuserwänden aufgehängt werden – zum Trocknen und als Schmuck. S. 277

Abends & Nachts

Für Nachtschwärmer ist das baskische Hinterland unergiebig. Nach Einbruch der Dunkelheit bleiben fast nur Restaurants als Einkehrmöglichkeit.

Idylle mit Fachwerk und grünen Hügeln

Sanft gewellte Hügel, sprudelnde Wildbäche, hier und da eine tiefe Schlucht, schroffe Felsnadeln und weite Ausblicke auf eine Gebirgslandschaft, die nach Osten hin immer bizarrer wird. Das baskische Hinterland ist reich an prachtvollen Panoramen, was sich unter Reisenden längst herumgesprochen hat. Vor allem die spanischen Basken sind entzückt vom überbordenden Grün der Landschaft und den bezaubernden Dörfern, von denen die meisten weitaus besser gepflegt und attraktiver sind als diejenigen jenseits der Grenze. Die Kehrseite der Medaille: Besonders an Wochenenden und in den Ferienmonaten nimmt der Autoverkehr auf den Straßen enorm zu. Je weiter man allerdings ins Hinterland fährt, desto schwächer wird der Ansturm. Die Urlauber ziehen ein Quartier an der Küste vor und dringen bei einem Tagesausflug gar nicht erst bis in die abgelegenen Winkel vor. Tatsächlich aber beginnen dort erst die wahren Verlockungen der Natur, die zu Wanderungen und vielen anderen sportlichen Betätigungen einladen. Weil der Tourismus Richtung Osten beträchtlich ausdünnt, bereitet es auch in der Hauptsaison keine Schwierigkeiten, ohne Reservierung ein preiswertes Zimmer zu bekommen – nicht selten in einem der schönen Fachwerkhäuser, viele davon aus dem 17. und 18. Jh.

Am Ufer von Adour und Gave d'Oloron

Hasparren und Umgebung ▶ B 12

Ab Bayonne geht die Fahrt zunächst über die idyllische Route impériale des Cimes (D 22), die ›kaiserliche Höhenstraße‹, ins 25 km entfernte Hasparren

(Hazparne). 17 Jahre lang wohnte in diesem Agrarstädtchen Francis Jammes (1868–1938), Autor von Gedichten (»Gebete der Demut«, 1911/2) und bewusst schlicht gehaltenen Romanen (»Der Hasenroman«, 1903, Neuauflage 2009 im Autorenhaus Verlag).

Musée Hatzen Bidea

Place du Fronton, im Sommer So–Fr 10.30–12.30, 13.30–18.30 Uhr, sonst nach Voranmeldung unter Tel. 05 59 29 10 66, 4 €

Das Museum des Instituts zur Vor- und Frühgeschichte gibt Einblick in die Arbeit der Archäologen und zeigt Funde aus der Grotte von Isturitz sowie eine Nachbildung der Höhle.

Grottes d'Isturitz et Oxocelhaya
► C 12

St-Martin-d'Arberoue, www.grottes-isturitz.com, Führungen stdl. März–Mai, Okt. und Nov. tgl. 14–17, Juni, Sept. 11–12, 14–17, Jul., Aug. 10–13, 14–18 Uhr, 10 €

Bekannt ist die Region um Hasparren für einen bedeutenden prähistorischen Fundort: die Grottes de Isturitz (Izturitze) et Oxocelhaya (Otsozelaiko), die man am schnellsten über den Vorort Ayherre erreicht. Zu besichtigen sind zwei übereinanderliegende Höhlen, von denen die eine, **Isturitz,** von Menschen in der Altsteinzeit gefertigte Felsritzungen aufweist, während die andere, **Oxocelhaya,** durch ihre Tropfsteinformationen fasziniert. Von Menschen genutzt wurde die seit 1930 erkundete Stätte über einen ungewöhnlich langen Zeitraum, nämlich von ca. 80 000 bis 10 000 v. Chr. Im Jahre 1973 wurde mit **Erberua** eine weitere Höhle entdeckt. Auf diesem dritten Niveau verläuft heute der unterirdische Fluss **Arberoue,** der auch die beiden anderen Grotten ausgewaschen hat.

La Bastide-Clairence ► B 11/12

Man fährt zurück ins Dorf Isturitz, biegt dort rechts auf die D 156, später links in die D 123 ein und gelangt nach La Bastide-Clairence (Bastida), eine jener ummauerten, meist im Schachbrettmuster angelegten Siedlungen, die zu Zeiten des Hundertjährigen Krieges in den zwischen Franzosen und Engländern umstrittenen Gebieten errichtet wurden. Das hübsche Dorf, in dem sich mehrere Kunsthandwerker niedergelassen haben, geht auf eine Gründung im Jahre 1312 zurück.

Etwa 3 km nördlich pflegen die Mönche der **Abbaye de Belloc** mit großem Engagement die baskische Kultur (u. a. Bibliothek mit regionaler Literatur).

Bidache ► C 11

Nicht so einladend wie La Bastide wirkt Bidache (Bidaxune), wo sich aus dem 16. Jh. die Ruine des **Château des Ducs de Gramont** erhalten hat (April–Okt., im Sommer Mo–Sa 15.30 und 17, Juni Fr, Sa, Sept. Fr, Sa, So, April–Mai, Okt. Sa jeweils 16 Uhr, 5 €). Attraktiver als die bröckelnden Mauern sind die Flugkünste der Raubvögel, die ein Falkner täglich um 15.30 Uhr, in den Sommermonaten zusätzlich um 17 Uhr, im Château präsentiert.

Übernachten

Einfach und preiswert – **Relais des Tilleuls:** 1, place de Verdun, Tel. 05 59 29 62 20, www.hotellestilleuls-hasparren.com, 15 Zimmer, DZ 65–70 €. Ruhiges Nebengebäude des an der Hauptstraße gelegenen Zwei-Sterne-Hotels Les Tilleuls mit dem besten Restaurant des Ortes (außerhalb der Saison Sa, So abends geschl., Menü 15–47 €).

Herzliches Willkommen – **Maison Berheta:** Quartier Minhotz, Tel. 05 59 70 20 04, 4 Zimmer, DZ 60 €. Ruhiges

Chambre d'hôte in einem renovierten Bauernhaus aus dem 17. Jh. Beim gemeinsamen Frühstück in der gemütlichen Stube werden die Neuigkeiten des Tages ausgetauscht. Abendessen auf Vorbestellung (um 20 €).

Einkaufen

Wochenmarkt – **Markt:** An jedem zweiten Di (im Sommer jeden Di) und an jedem Sa.

Infos

Office de Tourisme: 2, place St-Jean, 64240 Hasparren, Tel. 05 59 29 62 02, www.hasparren-tourisme.com.
Bus: Mit Sallaberry nach Bayonne. Mit S.A.R.L. Lata über Cambo nach St-Jean-de-Luz.

Peyrehorade und Umgebung ▶ C 11

Nördlich von Bidache quert man die baskische Grenze zu einem Abstecher ins Département Landes. Ziel ist **Peyrehorade,** wo Gave de Pau und Gave d'Oloron sich zu den Gaves Réunis vereinen, um ein Stück weiter westlich in den Adour zu münden. Vom Port de Plaisance des Ortes kann man zu einem Ausflug auf dem Adour starten (s. Mein Tipp, S. 263). Oder man mietet ein Kanu für die Erkundung auf eigene Faust.

Sorde-l'Abbaye

Monastère St-Jean, Place de l'Église, Besichtigung nur im Rahmen einer Führung April–Okt. Di–Sa 11, 12, 15, 16, 17, 18, So 15, 16, 17, 18, März, Nov. Di–So 15 und 16 Uhr, 3 €
Der Ort östlich von Peyrehorade geht auf jungsteinzeitliche Wurzeln zurück, wie Funde des Magdalénien

belegen, und entwickelte sich im Mittelalter zu einer bedeutenden Station am Jakobsweg. Davon zeugt noch heute die große Benediktinerabtei St-Jean, die über einer römischen Befestigungsanlage am Adour errichtet wurde. Das äußere Erscheinungsbild des Monastère ist jedoch sehr schlicht. Trotz vielfacher Umbauten wurde der Klosterkomplex 1998 in die Liste des UNESCO-Welterbes aufgenommen – freilich nur als Station der französischen Jakobswege, die in ihrer Gesamtheit diesen Status genießen. Herausragende bauliche oder skulpturale Details weist das Kloster nicht auf. Die **Klosterkirche,** die frei zugänglich ist, besitzt im Chor Bodenmosaike aus dem 11. oder 12. Jh., die wegen hoher Luftfeuchtigkeit leider teils schwer zu erkennen sind. Sie zeigen pflanzliche Ornamentik und einige Jagdmotive.

Abbaye d'Arthous

Hastingues, westl. von Peyrehorade, www.arthous.landes.org, April–Sept. Di–So 11–13, 14–18.30, Okt.–März Di–So 14–17 Uhr, 4,50 € (ab 18 Jahren)
Die 1160 von Prämonstratensern gegründete Abtei wurde während der Französischen Revolution in einen Gutshof umgewandelt; später verfiel sie. Nach umfangreichen Renovierungen sind die Gebäude und das kleine Museum (u. a. spätrömische Mosaiken, 4. Jh.) inzwischen zugänglich.

Übernachten

Traditionsreich – **Le Central:** Place A. Briand, Peyrehorade, Tel. 05 58 73 01 44, www.hotel-le-central.com, Okt.–März geschl., 15 Zimmer, DZ 72–125 €. Der Flur dieser ehemaligen Poststation aus dem 18. Jh. war einst eine Gasse. Ruhiges, zentral gelegenes Haus mit einfachen Zimmern, Parkplatz und einem guten Restaurant (Menü 16–38 €).

Einkaufen

Wochenmarkt – **Markt:** Mi, Sa in Peyrehorade. Landwirtschaftliche Produkte und Blumen.

Infos

Office de Tourisme: 147, quai du Sablot av. des Évadés, 40300 Peyrehorade, Tel. 05 58 73 00 52, http://tourisme.paysdorthe.fr.
Bus: Nach Bayonne mit Domejean (Tel. 05 58 73 01 00) und T.E.R. (Tel. 05 58 74 15 57). Mit RDTL (Tel. 05 58 56 80 80) nach Dax.

St-Palais ▶ C 12

Ab Peyrehorade geht es – mit teilweise schönen Ausblicken auf den Fluss – am Gave d'Oloron entlang Richtung Süden. Nach 25 km führt ein Abzweig nach St-Palais (Donapaleu), in dessen Schloss einst die Könige von Navarra residierten.

Musée de Basse-Navarre et de Chemins de St-Jacques

Das Museum, welches eine hervorragende Sammlung besitzt, musste bedauerlicherweise aus Sicherheitsgründen geschlossen werden. Ein Freundeskreis kümmert sich jetzt um die Unterbringung in einem neuen Gebäude.
Das Museum zeigte u. a. eine Sammlung diskusförmiger Grabstelen, wie sie im Baskenland typisch sind, sowie Exponate zur Geschichte der Pilgerwege nach Santiago de Compostela. Drei dieser Wege trafen südlich von St-Palais, kurz vor dem Dorf Ostabat, aufeinander. Ein Denkmal an der D 302, die **Stèle de Gibraltar**, markiert diese Stelle (s. Entdeckungstour S. 264). Veranschaulicht wurde die

Mein Tipp

Flussfahrt auf dem Adour
Von März bis Oktober verkehren zwischen Bayonne und Peyrehorade Ausflugsboote auf dem Adour. Die Fahrten, die zu den schönsten Erlebnissen in den Landes zählen, dauern ein bis zu neun Stunden, wobei die längeren Touren Verpflegung an Bord einschließen (Adour Loisirs, rue du Coursic, 64100 Bayonne, Tel. 05 59 25 68 89, http://adour.loisirs.free.fr).

Wallfahrt im Rahmen einer 20-minütigen Ton-Bild-Schau.

Übernachten, Essen

Schön und preiswert – **De la Paix:** 33, rue du Jeu de Paume, Tel. 05 59 65 73 15, www.hotellapaix.com, 27 Zimmer, DZ 63–68 €. Alle Zimmer in diesem hübschen Haus mit Garten besitzen Balkone, auf denen auch das Frühstück serviert wird. WLAN vorhanden. Im Restaurant werden gute regionale Gerichte serviert (Sa geschl., Menü 15–35 €).

Einkaufen

Wochenmarkt – **Markt:** Fr in den Hallen von St-Palais.

Infos

Office de Tourisme: 14, place de Gaulle, 64120 St-Palais, Tel. 05 59 65 71 78, www.tourisme-saintpalais.com.
Bus: An der Strecke Dax–Mauléon. Außerdem mit Hiruak Bat u. a. nach St-Jean-Pied-de-Port.

Auf Entdeckungstour: Wandern auf dem Jakobsweg – das Geheimnis von Ostabat

Vollends in die Randlage des Weltgeschehens abgedrängt, liegt nur wenige Kilometer südlich von St-Palais das Dorf Ostabat. Versteckte Spuren der Vergangenheit deuten auf die einstige Größe des Ortes: Im Mittelalter kreuzten sich dort drei der vier bedeutendsten Pilgerwege zum Jakobsgrab.

Reisekarte: ▶ C 12

Zeit: Mit dem Auto 1 Std. über die D 302 bis Uhart-Mixe und dort auf die D 2933; Wanderung 3 Std. (eine Strecke), ca. 11 km
Planung: Auskunft im Museum und Touristenbüro in St-Palais (s. S. 263)
Unterkunft in Ostabat: Maison Gaineko Etxea, Tel. 06 72 73 78 56, www.gites64.com/osta bat-compostelle

Ausgangspunkt ist die Rue Gambetta (D 2933) in **St-Palais**. Hinter einer Kurve zweigt rechts ein Sträßchen nach Süden ab: die Route de Gibraltar (D 302). Sie führt nach ca. 3 km zu einem Gedenkstein am **Mont St-Sauveur**. Wer mystische Verbindungen zur Halbinsel im Mittelmeer sucht, wird nicht fündig: Die **Stèle de Gibraltar** trägt ihren Namen nach dem baskischen Wort *chibaltarem*, abgeleitet von Lateinisch *salvatorem* (Erlöser).

Das Fünfeck am Pass

Würde man alle Mystik in den Wind schreiben, dann wäre dieser Ort belanglos, allenfalls ein netter Ausguck auf die baskischen Hügel. Doch die seltsame Stele, die 1964 auf dem Pass errichtet wurde, verleiht der Stätte durchaus etwas Geheimnisvolles. Der steinerne Diskus auf schmalem Sockel erinnert an die alten Grabmale, die man auf einigen baskischen Friedhöfen sieht, und auch er trägt ein Symbol. Es handelt sich um ein Pentagramm, von Laien oft verwechselt mit dem sechszackigen Davidstern. Das Fünfeck aber ist ein beziehungsreiches Sinnbild, an das Mystiker mancherlei Rituale knüpfen.

Schnittpunkt im Nirgendwo

Vor allem steht das Pentagramm in Zusammenhang mit einem Ritus um die Große Göttin und verweist so auf vorchristliche Quellen der baskischen Kultur. Wie ein Dorn stach m Mittelalter der Jakobsweg in diese entlegene Welt des Okkultismus, die sich schnell der neuen Bewegung ergab. Beim Stein von Gibraltar handelt es sich aber nicht um ein Grabmal, vielmehr erinnert er an die Jakobspilgerschaft. Auf vier Hauptwegen zogen die Wallfahrer einst durch Frankreich, drei der Wege bündelten sich an diesem Ort.

Moderne Straßen haben längst das alte Wegenetz überlagert, einzig der Fernwanderweg GR 65 deutet noch vage auf einstige Verläufe hin. Er umgeht allerdings St-Palais im Südosten, trifft auf die Stele von Gibraltar und folgt dann einer Route über die Hügel. Historisch korrekt wäre indessen die bequemere Tour durch das Bidouze-Tal auf der heutigen D 2933. Wanderweg und Straße treffen sich in Ostabat. Nachdem sich die Pilger der drei Routen am Schnittpunkt von Gibraltar vereint hatten, strebten sie einer Herberge entgegen.

Schutz in der Bastide

Der weiße Kirchturm über den grünen Wiesen wirkt jung, er ist offensichtlich kein Zeuge des Mittelalters. Erst in den rechtwinklig angelegten Gassen entdecken Besucher echte Spuren der langen Pilgergeschichte. **Ostabat,** als Bastide im 12. Jh. gegründet, umgab einst eine Stadtmauer. In ihrem Schutz sollen bis zu 5000 Pilger übernachtet haben, bevor sie die nächste Tagesetappe ins 20 km entfernte St-Jean-Pied-de-Port zurücklegten und nach zwei weiteren Tagen Wanderung Pamplona erreichten.

Die Spuren in Ostabat

Nur noch 200 Einwohner leben heute in Ostabat. Von der romanischen Kirche haben sich lediglich Reste neben dem alten Pilgerhospiz St-Antoine erhalten. Der Hundertjährige Krieg und die Religionskriege führten zur Verarmung des Ortes, die erst König Henri IV durch neuerliche Privilegien milderte. Das Bürgermeisteramt gegenüber der heutigen Kirche verweist noch auf die Stelle, an der sich einst ein florierender Markt befand. Ansonsten künden einige Inschriften über Türstürzen von der großen Vergangenheit.

Über Mauléon und Tardets nach Süden

Mauléon-Licharre und Umgebung ▶ D 13

Mauléon (Maule), die kleine Hauptstadt der baskischen Provinz Soule, besitzt die Bergfestung Château-Fort aus dem 11.–14. Jh. und das um 1600 für den Bischof von Oloron errichtete Château d'Andurain. Bekannt ist der Ort für die *espadrilles*, die berühmten Leinenschuhe mit Bastsohle. Sie wurden seit dem 19. Jh. für Minenarbeiter in Nordfrankreich, Belgien und England produziert und erlebten eine Renaissance als Freizeitschuhe. Ein kleiner Betrieb am südlichen Ortsausgang bestückt bis heute unzählige Souvenirläden im Baskenland.

Château-Fort
Mitte Juni–Mitte Sept. tgl., Mai–Mitte Juni nur Sa, So 11–13.30, 15–19 Uhr, 2,50 €, Kinder unter 7 Jahren gratis
Die kleine Wehranlage mit Rundturm, die im Mittelalter um einen Innenhof entstand, wurde im Jahr 1642 geschleift, aber schon wenige Jahre später in Teilen nach dem ursprünglichen Plan rekonstruiert. Während der Französischen Revolution diente sie als Gefängnis.

Château d'Andurain
Place de la croix Blanche, Juli–Mitte Sept. Führungen Fr–Mi 11 und 15–17.30 Uhr, So nur vormittags, 4,50 €
Das Renaissanceschlösschen mit vier quadratischen Ecktürmen wird noch heute von den Nachkommen seines Erbauers bewohnt. Sie gewähren Zutritt zu sieben der im Originalstil möblierten Zimmer. Zu sehen ist auch eine Sammlung seltener Bücher.

Gotein ▶ D 13
Typisch baskische Baukunst repräsentiert die romanische Kirche in Gotein 3,5 km südlich von Mauléon: Der Turm ist nur Fassade, darin hängen frei die schweren Glocken, über denen drei spitze Giebel die Dreifaltigkeit symbolisieren.

Col d'Osquich ▶ C 13
Von Mauléon sollte man einen Ausflug auf der D 918 zum 14 km westlich gelegenen **Col d'Osquich** unternehmen, wo sich herrliche Ausblicke auf die Gebirgslandschaft ergeben (s. Lieblingsort S. 269).

L'Hôpital St-Blaise ▶ D 12
www.hopital-saint-blaise.fr, Kirche tgl. 10–19 Uhr, Eintrittsgeld nach Selbsteinschätzung
Von Mauléon-Licharre lohnt auch ein Abstecher nach Osten, ins 13 km entfernte L'Hôpital St-Blaise (Hospitale Done Bladi). Die romanische Kirche (12. Jh.) bei der einstigen Krankenpflegestation am Pilgerweg wurde wegen ihrer für Frankreich ungewöhnlichen Architektur – kreuzförmiger Grundriss sowie spanische Einflüsse im Dekor – von der UNESCO zum Welterbe erklärt.

Übernachten

Rustikal im Schloss – **Château de Libarrenx**: Gotein-Libarrenx, Tel. 05 59 28 19 11, www.chateau-libarrenx.com, 31 Zimmer, DZ 46 €. Das Schloss aus dem späten 19. Jh. gehört heute der Kommune Mauléon und wurde vor allem für Gruppen und Familien hergerichtet. Einfache Zimmer, sportliche Aktivitäten, gemeinsames Essen im Speisesaal (10 €).

Einkaufen

Wochenmarkt – **Markt:** Di und Sa.

Infos

Office de Tourisme: 10, rue Heugas, 64130 Mauléon, Tel. 05 59 28 02 37, www.soule-xiberoa.fr.
Bus: Mit T.E.R. Aquitaine nach Dax und Pau, mit Hiruak Bat nach Tardets und St-Jean-Pied-de-Port.

Tardets-Sorholus ▸ D 13

Château de Trois-Villes

2 km nördlich von Tardets, April, Mai, Sept. Sa–Mo 14.30–18.30, Juli Sa, So 14.30–18.30, Mo 10–12.30, 14.30–18.30, Aug. Mo 10–12.30 Uhr, 5 €
Kurz vor Tardets-Sorholus (Atharratze-Sorholüze) lohnt ein Blick auf Château de Trois-Villes, das 1660–63 für Arnaud du Peyrer, Comte de Tréville errichtet wurde. Arnaud kämpfte als Musketier für Louis XIII und wurde durch den Romanzyklus »Die drei Musketiere« (1844) von Alexandre Dumas berühmt. »Porthos« hatte seinen Sitz übrigens östlich von hier in Lanne, »Aramis« in Aramits. Die Innenbesichtigung ist weniger ergiebig, allerdings gehört zum Schloss ein hübscher französischer Garten, der wiederum von einem 6 ha großen Park englischen Stils umgeben ist. Hauptattraktion darin sind die alten Magnolien.

Übernachten

Camping – **Pont d'Aberse:** in Tardets, Tel. 05 59 28 58 76, www.camping-pontabense.com, Mitte April–Mitte Sept., 50 Plätze. Stellplatz für zwei Personen 15–20 €. Äußerst spartanisch ausgestattetes Camp, aber in herrlicher Lage am Fluss.

Mein Tipp

Stinkende Passion am Wegesrand
Die einen lassen sich durch Schmetterlinge aus dem Trott bringen, die anderen durchs Blumenpflücken. In Frankreich drückt Gott ein Auge zu, wenn Rundfahrten nicht wie geschmiert laufen. Schuld daran kann auch der Käse sein. In den Pyrenäen trägt er das Gütesiegel: A.O.P. Ossau-Iraty, Schafskäse aus Béarn und dem Baskenland. Entlang der **Route du Fromage** sind 70 Etappenziele ausgeschildert. Wer schon daheim reinschnuppern möchte: www.ossau-iraty.fr.

Einkaufen

Wochenmarkt – **Markt:** Mo in Tardets.

Infos

Office de Tourisme: Rue d'Arhampe, 64470 Tardets, Tel. 05 59 28 51 28, www.soule-xiberoa.fr.

Rund um Larrau ▸ C 14

Gorges de Kakouetta❗ ▸ D 14
Ste-Engrâce, 15. März–15. Nov. tgl. 8 Uhr bis zum Einbruch der Dunkelheit. 5 €, Kinder 4 €
Statt von Tardets in die Nachbarregion Béarn abzubiegen, kann man hinter dem Ort die D 26 in Richtung der spanischen Grenze wählen. Nach knapp 10 km führt links ein Abzweig ins Tal des Uhaïtxa, der sich beim Dorf Ste-Engrâce (Kirche aus dem 11. Jh.) in eine berühmte Schlucht eingeschnitten hat. Die bis zu 350 m tiefen und an der engsten Stelle nur 3 m breiten

Lieblingsort

**Col d'Osquich –
Grün auf den Höhen** ▶ C 13

Das Wetter mag oft genug düster
sein, aber wenn im Baskenland
einmal der Himmel aufreißt,
präsentieren sich im klaren Sonnenlicht die schillerndsten Farben
einer wunderbaren Landschaft. Der
Lieblingsort an so einem Tag liegt
westlich von Mauléon-Licharre an
der D 918 und trägt den Namen
Col d'Osquich (392 m). An diesem
Pass mit Blick auf die höheren
Gipfel der Pyrenäen begleitet ein
gluckerndes Flüsschen die Straße
und auf den Wiesen rundum
weiden friedlich die Schafe. Wenn
dann noch halbwilde Pferde, Pottoks, herantraben und vom klaren
Gebirgswasser trinken, ist die Idylle
perfekt.

Das baskische Hinterland

Gorges de Kakouetta sollte sich kein Naturliebhaber entgehen lassen.

Vom Parkplatz marschiert man, mit Jacke und Wanderschuhen ausgerüstet, hinunter zu einer Gaststätte, wo sich auch die Kasse befindet. Der Weg führt dann an einem See vorbei in die üppig bewachsene Klamm und endet an einer kleinen Grotte. Kurz davor stürzt ein 20 m hoher Wasserfall aus einer Felsöffnung herab.

Die Gorges wurden 1906 erstmals von dem Höhlenforscher Édouard-Alfred Martel (1859–1938) erkundet. Nachdem der Pfad heute bestens ausgebaut ist, schaffen trittsichere Wanderer Hin- und Rückweg in einer Stunde. Ungeübte müssen mit der doppelten Zeit rechnen und sollten die Monate Juli bis Oktober wählen, wenn der Wildbach weniger Wasser führt.

Grotte de La Verna ▶ D 14
Ste-Engrâce, Mitte April–Mitte Nov. tgl. nach Voranmeldung unter Tel. 06 37 88 29 05, ab 17 € (mit Zubringer), www.laverna.fr

Die Schlucht von Kakouetta ist Teil des 140 km² großen Karstgebiets, zu dem auch die spektakuläre Grotte de La Verna gehört. Bereits 1950 hatte der Höhlenforscher Georges Lépineux einen später nach ihm benannten Schacht entdeckt, in den er sich per Winde 320 Meter in die Tiefe abseilen konnte. Als Marcel Loubens diesen Gouffre Lépineux am 13. August 1952 näher erkunden wollte, verunglückte er tödlich. Exakt ein Jahr später gelang einem Viererteam die Expedition, bei der man den Salle La Verna entdeckte. Der unterirdische Flusslauf St-Vincent, der einst den 250 mal 194 Meter messenden Hohlraum ausgewaschen hatte, sollte 1960 zur Stromerzeugung angezapft werden. Doch das Vorhaben scheiterte.

Die Fahrt eines Fesselballons durch La Verna lenkte 2003 viel Aufmerksamkeit auf die Grotte. 2008 gelang es dann doch, mit dem Wasser des Flusses Hydroelektrizität zu erzeugen. In der Folge konnte La Verna 2010 sogar für Touristen geöffnet werden – die weltweit größte unterirdische Grotte, die der Öffentlichkeit zugänglich ist.

Crevasses de Holzarte ▶ C 14
Laugibar

Man kehrt zurück zur D 26 und setzt die Reise Richtung Süden fort. Beim Weiler Laugibar ist eine weitere Klamm zu besichtigen, die 300 m tiefen Crevasses de Holzarte. Für Hin- und Rückweg muss man eine gute Stunde einplanen. Man quert dabei die Schlucht auf einer 1920 erbauten Brücke, die in atemberaubender Höhe von 171 m den Fluss überspannt.

Port de Larrau ▶ C 14

In Larrau (Larraine) fällt die Entscheidung, ob man zu einem Abstecher nach Spanien überwechseln oder im französischen Baskenland bleiben möchte. In jedem Fall lohnt eine Fahrt hinauf zur 12 km entfernten Grenzstation Port de Larrau (Puerto de Larrau, 1573 m), um den dramatischen Wechsel der Landschaft zu erleben: von der regenreicheren Nordseite mit ihren grünen Höhen zu den kahlen Felsen auf den trockenen Südflanken. Auf der Grenzlinie erhebt sich der **Pic d'Orhy** (2018 m), den Bergwanderer von Larrau aus bezwingen können.

Chalets d'Iraty ▶ C 13

Für Reisende, die in Frankreich bleiben, geht es ab Larrau über die D 19 zum 1300 m hoch gelegenen Skiort Chalets d'Iraty. Langläufern stehen hier mehr als 40 km Piste zur Verfügung, während Wanderer durch einen der größten Gebirgslaubwälder Europas (2310 ha)

Vorsicht Steinschlag – in den Gorges de Kakouetta

streifen können, der für 300 Jahre alte Buchen berühmt ist: **la Forêt d'Iraty**.

Iraty erscheint zudem im Namen eines Schafskäses mit kontrollierter Herkunftsbezeichnung: A.O.P. Ossau-Iraty. Der Hartkäse wird als Appetitanreger ebenso gereicht wie als Zutat zu Salaten oder auch als Nachtisch begleitet von Kirschkonfitüre aus Itxassou. Auch deutsche Feinkostgeschäfte verkaufen diesen Schafskäse (z. B. die Marke ›Etorki‹), doch am besten schmeckt er nun mal in seiner Heimat. Hinweisschilder entlang der Straßen führen Sie zu den Erzeugern (s. auch Mein Tipp S. 267).

Übernachten

Hang zur Folklore – **Etchemaité**: 64560 Larrau, Tel. 05 59 28 61 45, www.hotel-etchemaite.fr, Jan.–Mitte Febr. geschl., 16 Zimmer, DZ 58–86 €. Das gemütliche Fachwerkhaus mitten in den Bergen ist der Vereinigung Logis de France angeschlossen und bietet also den landestypischen Komfort. Es verfügt über rustikal eingerichtete Zimmer und ein empfehlenswertes Restaurant, das baskische Spezialitäten serviert (Menü 19–25 €).

St-Jean-Pied-de-Port

▶ B 13

Wer Ruhe liebt und sie im Osten des Baskenlandes genossen hat, der wird ›Sankt Johann am Fuße des Passes‹ schnell den Rücken kehren. Tatsächlich wimmelt es im Ort nur so von Touristen, die den Spuren der Jakobspilger folgen. Seine Beliebtheit verdankt St-Jean-Pied-de-Port (Donibane Garazi) ursprünglich der Tatsache, dass hier ein bequemer Pass, der Ibañeta, die Pyrenäen quert. Auf spanischer Seite liegt Roncesvalles, wo 778 eine Nachhut Karls des Großen von Basken aufgerieben wurde. So waren es nicht nur fromme Wallfahrer, die in der alten Hauptstadt Basse-Navarres einfielen, sondern auch feindliche Truppen. Seit dem Pyrenäenfrieden gehört St-Jean zu Frankreich.

Stadtbesichtigung

Baumeister Vauban errichtete nach dem Friedensschluss eine **Zitadelle** auf dem Hügel über der Stadt. Sie gewährt einen prächtigen Rund-, aber keinen Einblick, denn die alte Burg dient heute als Schule. Den Aufstieg zur Zitadelle beginnen die meisten Besucher – entgegen der Laufrichtung der Pilger – im Süden über die Rue d'Espagne. Die Ladenstraße, an der Souvenirhändler auf Kunden warten, führt zum **Vieux Pont**, der Brücke über die Nive. Am anderen Ufer erhebt sich die gotische Kirche **Notre-Dame-du-Bout-du-Pont** (14. Jh.). Dort angelangt, blickt man links in die Rue d'Église mit dem ehemaligen Pilgerkrankenhaus (heute Buchhandlung), geradeaus in die Rue de la Citadelle. An dieser Straße liegen Herbergen für heutige Pilger und das ›Gefängnis der Bischöfe‹: **La Prison des Évêques** (April–Anfang Nov. Mi–So 11–12.30,

14.30–18.30 Uhr, 3 €) besitzt in seinen unterirdischen Gewölben tatsächlich noch Furcht einflößende Eisenketten, diente aber erst im 19. Jh. als Verlies, mithin zu einer Zeit, als die Bischöfe längst aus St-Jean verschwunden waren. Außer dem finsteren Keller ist im Haus eine Ausstellung über das Pilgerwesen und die in der Region beliebte Taubenjagd zu sehen.

Übernachten

Zentral und preiswert – **Ramuntcho:** 1, rue de France, Tel. 05 59 37 03 91, http://hotel-ramuntcho.com, Ende Nov.–Anfang Jan. geschl., 16 Zimmer, DZ 64–94 €. Das Logis-de-France-Hotel liegt in der Fußgängerzone. Einige der hellen, allerdings kleinen Zimmer besitzen einen Balkon. Der Restaurantbetrieb wurde leider eingestellt, doch gibt es eine Bar mit Terrasse.
Camping – **Narbaitz:** Route de Bayonne, Ascarat (3 km von St-Jean-Pied-de-Port entfernt), Tel. 05 59 37 10 13, www.camping-narbaitz.com, Mitte April–Mitte Sept., 133 Plätze. Stellplatz für zwei Personen 20–34 €. Einfach ausgestattetes Camp in schöner Lage am Fuß der Hügel. Die Animation konzentriert sich auf sportliche Betätigung in der Natur. Für Kinder gibt es einen Kid-Club. Pool und Restaurant vorhanden.

Essen & Trinken

Legendär – **Les Pyrénées:** 19, place Charles de Gaulle, Tel. 05 59 37 01 01, www.hotel-les-pyrenees.com, Di geschl., Menü 42–110 €. Das Restaurant im Drei-Sterne-Hotel ist in der gesamten Region wegen seiner hervorragenden baskischen Küche geschätzt. Viel Wert wird dabei auf ausgefallene Gerichte mit Fisch und Meeresfrüchten gelegt.

Forces basques

Sie laufen auf eine Show der Kraftmeier hinaus, unverkennbar eine Varian-te der schottischen Highland Games: die *forces basques* (s. S. 37). In den Sommermonaten stolpert man vielleicht zufällig in eine solche Veranstaltung, manchmal auch wird sie mit großem Werbeaufwand für Touristen angebo-ten. Am schönsten aber ist der Logenplatz bei den baskischen Spielen in der intimen Atmosphäre eines so herrlichen Dorfes wie Aïnhoa.

Einkaufen

Wochenmarkt – **Markt:** Mo; anschlie-ßend Pelota in der Halle.

Aktiv

Fahrräder – **Cycle Garazi:** 32, av. du Jaï-Alaï, Tel. 05 59 37 21 79. Vermie-tung von Mountainbikes, Motorrol-lern und Motorrädern bis 600 ccm.

Infos

Office de Tourisme: 14, place de Gaul-le, 64220 St-Jean-Pied-de-Port, Tel. 05 59 37 03 57, www.saint.eanpiedde port-paysbasque-tourisme.com.

Bahn: Über Cambo nach Bayonne.
Bus: Mit Hiruak Bat Do nach Bayon-ne; außerdem St-Étienne-de-Baïgorry, St-Palais, Mauléon.

Die Nive und ihre Seitentäler

St-Étienne-de-Baïgorry

▶ B 13

Ein letztes Mal Weinland streift man westlich von St-Jean-Pied-de-Port in **Irouléguy.** Hier werden Rote, Weiße und Rosés produziert, die durchaus

Das baskische Hinterland

eine Kostprobe lohnen, z. B. in der Domaine Arretxea (Tel. 05 59 37 33 67).

Danach geht es in den Nachbarort **St-Étienne-de-Baïgorry** (Baigorri), wo das aus dem 11.–16. Jh. stammende Château d'Etchauz (http://cotebasque.free.fr/etchauz/etchauz.htm) in ein Nobelhotel verwandelt wurde. Empfehlenswert ist aber vor allem von hier aus ein Ausflug in das hübsche Tal von Aldudes (Aldude).

Übernachten, Essen

Der Gast ist König – **Arcé:** St-Étienne-de-Baïgorry, Tel. 05 59 37 40 14, www.hotel-arce.com, Mitte Nov.–Mitte April geschl., 23 Zimmer, DZ 120–240 €, Suite 170–250 €. Herrliche baskische Villa in idyllischer Flusslage, umgeben von einem sehr gepflegten Garten. Die teureren Zimmer verfügen über einen Balkon zum Fluss hin. Pool, Tennis und ein ausgezeichnetes Restaurant mit Terrasse am Flussufer (Menü 32–49 €).

Im Tal von Aldudes

Infos & Termine

Office de Tourisme: Place de la Mairie, 64430 St-Étienne-de-Baïgorry, Tel. 05 59 37 47 28, www.saintjeanpiedde port-paysbasque-tourisme.com.
Concours de chiens de bergers: Mitte Juli, in St-Étienne Wettkampf der Schäferhunde; die Tiere müssen innerhalb einer vorgegebenen Zeit eine Schafherde in bestimmte Richtungen dirigieren.
Bahn: Nach Ossès, dort umsteigen in den Zug Bayonne–Cambo–St-Jean-Pied-de-Port.
Bus: Mit Hiruak Bat Do von St-Étienne nach Bayonne.

Wanderung im Tal von Aldudes ▶ B 13

Rundweg, ca. 4 km, reine Wanderzeit knapp eine Stunde, Bergschuhe und Wanderstock ratsam
Der Schinken und die Nähe zur spanischen Grenze sind zwei Faktoren, die Touristen in den Ort **Aldudes** locken. Auf einer leichten, kurzen Wanderung durch das Tal schließt man Bekanntschaft mit der entrückten Landschaft wie auch mit der Schweinezucht, die den idyllischen Ort an der spanischen Grenze bekannt machte.

Vom Parkplatz vor der **Dorfkirche** wendet man sich der Brücke über die **Nive** zu und biegt am anderen Ufer rechts in die **D 948**. Schräg gegenüber der **Tankstelle** geht es links eine Treppe hoch. Der leicht zu findende Pfad führt hinauf zum **Col de Lepeder** und weiter bis zu einem Schotterweg, dem man geradeaus und bald darauf nach rechts in eine **Asphaltstraße** folgt (ca. 1,5 km). Mit herrlichen Ausblicken geht es talwärts, immer der Hauptstraße folgend, bis zur **D 948**. Hier trifft man auf das Spezialitätengeschäft **Jambon de la Vallée des Aldudes** (3,5 km).

Viehzüchter und Metzgermeister **Pierre Oteiza** gilt geradezu als Institution und hat Läden u. a. auch in Bordeaux und Biarritz. Nach einer Dégustation seiner hochwertigen Schinken und Würste gelangt man über die Départementstraße zurück zum Ausgangspunkt.

Übernachten, Essen

Ganz versteckt – **St-Sylvestre**: Quartier Esnazu, Aldudes, Tel. 05 59 37 58 13, stsylvestre.hotel@neuf.fr, 10 Zimmer, DZ 50–60 €. Preiswertes Logis-de-France-Hotel im ruhigen Aldudes-Tal, die Zimmer sind recht spartanisch ausgestattet. Im Restaurant einfache baskische Küche (Menü 13–30 €).

Einkaufen

Schwein gehabt – **Jambon de la Vallée des Aldudes, Pierre Oteiza**: Route Urepel, Aldudes, Tel. 05 59 37 56 11, www.pierreoteiza.com, tgl. 10–19 Uhr. Schinken und Wurst vom *porc basque*, Gänseleber, Wein und andere Delikatessen.

Von Bidarray nach Itxassou ▶ B 12

In **Bidarray** (Bidarre) quert eine ›Höllenbrücke‹ aus dem 14. Jh., der Pont d'Enfer, die Nive. Einer Legende nach stürzte sich hier der Teufel in die Tiefe, weil er trotz aller Mühen die baskische Sprache nicht verstand. Der Fluss zwängt sich ab Bidarray durch ein enges Tal und wird zum Wildwasser.

Pas de Roland

Autofahrer wählen ab Bidarray nicht die Hauptstraße, sondern die schma-

le D 349 am linken Flussufer, um zu dem Markstein in der Nive-Schlucht zu gelangen. Der Pas de Roland, ein durchbrochener Felsblock, wird mit dem Helden des »Rolandsliedes« in Verbindung gebracht. Markgraf Hruodlandus war beim Rückzug aus Spanien in einen baskischen Hinterhalt geraten und starb am 15. August 778 bei Roncesvalles. Eine Legende spricht indessen von einer Flucht, bei der Roland mit seinem Schwert (oder Rolands Pferd mit seinen Hufen) den Felsen durchschlug.

Itxassou ▶ B 12

Die D 349 führt schließlich ins Dorf Itxassou (Itsasu), das ein Gotteshaus mit prächtigem Barockaltar und dreistöckiger Holzgalerie für die Kirchgänger besitzt. Der Ort mit dem zungenbrecherischen Namen ist bekannt für das Kirschfest. Aus dem schmackhaften Steinobst stellt man in Itxassou

Das baskische Hinterland

eine Konfitüre her, die zum baskischen Schafskäse gereicht wird.

Übernachten

Markante Lage – **Du Chêne:** Place de l'Église, Itxassou, Tel. 05 59 29 75 01, www.lechene-itxassou.com, Jan.–Mitte Febr. sowie ganzjährig Mo, außerhalb der Saison auch Di geschl., 15 Zimmer, DZ 52–70 €. Das Haus im baskischen Stil, als landestypisches Hotel den ›Logis de France‹ angeschlossen, liegt neben der Barockkirche und damit weit abseits der Hauptverkehrsstraße. Einfache, freundliche Zimmer. Im Restaurant mit schöner Terrasse werden Fisch und baskische Spezialitäten serviert (Mo, Di geschl., Menü 32 €).

Aktiv

Wildwasserfahrten – **Ur Bizia:** RD 918, Bidarray, Tel. 05 59 37 72 37, www.ur-bizia.com. Das Unternehmen bietet Rafting und Hydrospeed auf der Nive an und erteilt Kajak-Unterricht.

Infos & Termine

Office de Tourisme: Barbastaenea, 64780 Bidarray, Tel. 05 59 37 74 60.

Halbwild und von uralter Abstammung durchstreifen Pottoks die Pyrenäen

Fête de la Cerise: Ende Mai/Anfang Juni. Beim Kirschfest in Itxassou bieten Bauern in historischer Tracht Körbe voller Kirschen an. Außerdem Pelota-Spiele, baskischer Tanz und Wettkämpfe *(forces basques)*.
Bahn: Bidarray ist Station an der Strecke Bayonne–St-Jean-Pied-de-Port.
Bus: In Itxassou hält der Bus von Bayonne nach St-Jean-Pied-de-Port.

Cambo-les-Bains ▶ B 12

Schon in Itxassou war die Nive ruhiger geworden, ab Cambo-les-Bains (Kanbo) diente sie einst sogar als Wasserstraße für Lastkähne von und nach Bayonne. Eine schwefel- und eisenhaltige Quelle, die in Cambo den Fluss nährt, wird seit dem 16. Jh. für therapeutische Zwecke genutzt. Auch das Klima soll sich günstig auf Rheuma und Lungenkrankheiten auswirken. Dem Kurversprechen vertraute u. a. das Kaiserpaar Napoléon und Eugénie, deren Beispiel weitere reiche Gäste folgten. Einige ihrer Villen haben sich noch im Stadtteil Bas-Cambo rings um das Thermalzentrum du Soleil erhalten. Ein wenig außerhalb liegt hingegen die ebenfalls prachtvolle Villa Arnaga (s. Entdeckungstour S. 278).

Ansonsten hat der Ort eine Erinnerung an Josep Apestéguy bewahrt. 1881 geboren, wurde er später nach seinem Heimatort als ›Chiquito de Cambo‹ berühmt. Sein Verdienst war es, dass der baskische Nationalsport Pelota Beachtung in ganz Frankreich fand. In Paris wurde sogar eine Arena nach ›Chiquito‹ benannt.

Übernachten

Eine Institution – **Auberge Chez Tante Ursule:** Frontón du Bas-Cambo, Tel.

05 59 29 78 23, www.auberge-tante-ursule.com, 4 Zimmer, DZ 52–70 €, Halbpension ab 49 € pro Person. Ursule Amestoy verwandelte in den 1970er-Jahren das Fachwerkhaus am Pelota-Platz in ein Hotel, das heute noch von Tante Ursules Herzlichkeit lebt. Rustikal eingerichtete Zimmer, die größeren besitzen einen Balkon. Im riesigen Speisesaal werden Grillgerichte und Fisch serviert (Mi geschl., Menü 28–34 €). WLAN kostenlos.

Einkaufen

Wochenmarkt – **Markt:** Fr, in der Rue Chiquito.

Infos

Office de Tourisme: Av. de la Mairie, 64250 Cambo-les-Bains, Tel. 05 59 29 70 25, www.cambolesbains.com.
Bahn: Station an der Strecke Bayonne–St-Jean-Pied-de-Port.
Bus: Mit Hiruak Bat nach Bayonne, St-Palais, St-Jean-Pied-de-Port, St-Étienne-de-Baïgorry. Mit S.A.R.L. Lata nach Hasparren, Espelette, St-Pée, St-Jean-de-Luz.

Espelette ▶ B 12

Die Farben der baskischen Flagge sind ständige Begleiter im Baskenland: Ob nun das Grün der Hügel mit rot-weißem Fachwerk kontrastiert oder grüne und rote Schrift auf weißem Papier für regionale Produkte wirbt. Die Bewohner von Espelette (Ezpeleta) leisten zur baskischen Trikolore ihren ureigenen Beitrag, indem sie im Herbst rote Peperoni auf Schnüre reihen und sie zum Trocknen an ihre gekalkten Häuser hängen. Der *piment*, wie die Franzosen ihn nennen, gelangte im 17. Jh. aus der Neuen Welt über ▷ S. 280

Auf Entdeckungstour:
Mit der Spürnase zum Erfolg – Villa Arnaga

Am Ortsrand von Cambo-les-Bains steht die Villa Arnaga, deren Hausherr mit dem berühmten »Cyrano de Bergerac« ein literarischer Geniestreich gelungen war. Das Haus enthält nicht nur Erinnerungsstücke an den Schriftsteller Edmond Rostand, sondern entführt auch in die Welt der Schauspieler.

Reisekarte: ▶ B 12
Zeit: 1 Std.
Villa Arnaga: Route du Docteur Camino, Cambo-les-Bains, www.arnaga.com, Juli/Aug. tgl. 10–19, Juni, Sept. 9.30–18, April, Mai, Okt. 9.30–12.30, 14–18 Uhr, 8 €.

Wie ein architektonischer Griff nach den Sternen mutet die Villa Arnaga an. Während das **Haus** selbst – zwischen 1903 und 1906 errichtet – der baskischen Baukunst verbunden bleibt, dehnt sich dahinter der formelle **Garten** französischen Stils aus, um erst von einer englischen **Parkanlage** in die Schranken gewiesen zu werden. So ein Schema hatte immerhin schon der Sonnenkönig vorgelebt. Dem Villenbesitzer in Cambo-les-Bains kam der großspurige Auftritt gerade recht: Edmond Rostand hatte nämlich als Autor des 1897 uraufgeführten Theaterstücks »Cyrano de Bergerac« ein Vermögen verdient.

Der richtige Riecher

Der finanzielle Erfolg wird so recht erst deutlich, wenn dem Besucher in der großen Empfangshalle mit dem Eichenparkett die Pracht von Haus und Garten offen steht. Die Familienporträts an der Wand blicken auf den Betrachter herab, als sei an dieser Welt nie zu rütteln gewesen.

Aber Rostand hatte seine Geheimnisse und Schwächen. Am 1. April 1868 als Sohn einer wohlhabenden Familie in Marseille geboren, widmete er sich seit seiner Heirat mit der Schriftstellerin Rosemonde Gérard (1890) ebenfalls den Büchern. 15 000 Bände enthält die Bibliothek im Erdgeschoss des Hauses, wo auf dem Tisch auch die kleine Bronze des Mannes mit dem großen Zinken steht: Cyrano de Bergerac.

Gérard Depardieu erhielt für diese Rolle 1991 den Filmpreis des ›César‹, den er der Villa als Ausstellungsstück überließ. Zu sehen ist der ›César‹ gleich neben dem Piano, das Rosemonde einst von dem Komponisten Jules Massenet erhalten hat – denn alles in dieser Villa ist mit großen Namen der französischen Kulturgeschichte verknüpft.

Musketier und Frauenheld

Der historische Savinien de Cyrano de Bergerac (1619–55) war ein Haudegen, dessen große Nase ihm manchen Spott eintrug. Selbst Schriftsteller, hatte er ein Buch hinterlassen, in dem ein Kosmonaut Kontakt zu Außerirdischen aufnimmt. Erfolg bei Frauen dichtete Rostand diesem Cyrano auf amüsante Weise an: Der Musketier stellt seine Poesie als Strohmann einem schönen, aber wortkargen Konkurrenten zur Verfügung, damit wenigstens er bei der holden Roxane landen möge. Diese teilplatonische Dreierbeziehung gewinnt an Zündstoff, indem Cyrano noch im Fechtkampf ein kluger Dichter bleibt.

Spuren einer Tragödie

Im Bureau Empire und in einem kleinen Eckzimmer der Villa schrieb Rostand noch weitere Werke, doch keines sollte solchen Erfolg ernten wie der »Cyrano«. Neben der Tür zum Büro hängt im Speisesaal ein Gemälde, das Rosemonde Gérard zeigt. Schon bald nach Fertigstellung der Villa begann es in der Ehe zu kriseln. Edmond fand schließlich sein Glück bei der 24 Jahre jüngeren Schauspielerin Mary Marquet. Fotos von einem Sommer mit ihr enthält der Blaue Saal im Obergeschoss. Er war die Verbindung zwischen Rosemondes Zimmer und dem von Edmond. Mary erhielt im hohen Alter eine Rolle in Fellinis Film »Casanova«. Da war Rostand selbst schon seit fast 70 Jahren tot. Er starb am 2. Dezember 1918 in Paris.

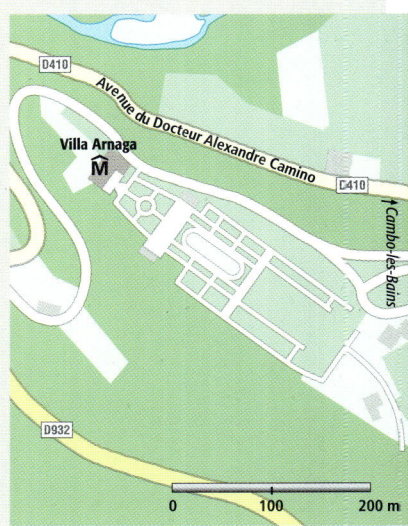

Das baskische Hinterland

Spanien ins Baskenland, wurde anfangs nur der Schokolade beigegeben, entwickelte sich dann aber zum Basisgewürz der baskischen Küche. Chili-Hauptstadt ist Espelette, wo am letzten Oktobersonntag ein Fest die scharfe Schote ehrt.

Übernachten

Familienfreundlich – **Euzkadie:** Tel. 05 59 93 91 88, www.hotel-restaurant-euzkadi.com, 27 Zimmer, DZ 67–90 €. Auch dieses baskische Haus schmückt sich nach der Ernte mit Chilis. Einige wunderschöne Zimmer mit Parkettböden und moderner Einrichtung. Garten und Schwimmbad machen den Komfort perfekt. Im Restaurant werden hervorragende baskische Gerichte serviert, auch ein gutes Kindermenü (Di geschl., Menü 20–36 €).

Einkaufen

Wochenmarkt – **Markt:** Mi (im Sommer auch Sa).

Infos & Termine

Foire aux Pottoks: Letzter Di/Mi im Januar, Vieh- und Pferdemarkt.
Fête du Piment: Letzter So im Okt. Anlässlich der Chili-Ernte wird gefeiert mit Fanfarenzügen und musikalischen Darbietungen, außerdem Lebensmittel- und Kunsthandwerksmarkt.
Bus: Mit S.A.R.L. Lata nach Hasparren, Cambo, St-Pée, St-Jean-de-Luz.

Aïnhoa ❗ ▶ B 12

Auf Aïnhoa hat der rote Pfeffer abgefärbt, auch hier schmückt man die Häuser mit Chilis und setzt als Kontrast dazu Bananenpflanzen in die Vorgärten. Gegründet wurde das baskische Musterdorf im 12. Jh. von Prämonstratensern als Etappenziel der Jakobspilger. Dem Ort blieb eine im Ursprung mittelalterliche Kirche, die aber vor allem mit barockem Schmuck glänzt, u. a. mit vergoldeten Schnitzereien.

Aïnhoa – baskisches Musterdorf mit typischer Fachwerkarchitektur

Übernachten, Essen

Jedes Zimmer ist anders – **Ithurria:** Place du Frontón, Tel. 05 59 29 92 11, www.ithurria.com, Nov.–Mitte April geschl., 28 Zimmer, DZ ab 135 €. Sehr geräumige, helle Zimmer in einem baskischen Haus aus dem 17. Jh. Mit Pool, Parkplatz, Fitnessraum und Sauna. Besonders reizvoll aber ist der große Garten. Das Restaurant gilt unter Feinschmeckern als gute Adresse für baskische Küche (Menü 42–82 €).

Sare ▸ A 12

Dass man beiderseits der Pyrenäenkette eine besondere ethnische Verbundenheit empfindet, ist nicht zuletzt den geografischen Gegebenheiten zu verdanken: Die baskischen Berge erreichen nun mal keine unüberwindbaren Höhen, bilden also keine natürliche Grenze. Entsprechend intensiv war deshalb auch seit je der Schmuggel. Sare (Sara) rühmt sich dieser Vergangenheit sogar öffentlich und feiert ein ›Schmugglerfest‹. Höhepunkt ist dabei ein 7 km langer Sprint durch die Berge, bei dem die Läufer 8 kg Gepäck auf dem Buckel tragen.

Musée du Gâteau Basque

Maison Haranea im südwestlichen Vorort Lehenbiscaye, www.legateau basque.com, Anfang April–Ende Sept. Mo–Fr 10–18 Uhr, Voranmeldung unter Tel. 05 59 54 22 09, 8 €
Das Museum berichtet – nicht zuletzt aus Verkaufsinteressen – umfassend über den baskischen Kuchen, den die meisten Reisenden sicher schon andernorts probiert haben.

Grottes Préhistoriques

www.grottesdesare.fr, Mitte April– Ende Juli tgl. 10–18, Aug. 10–19, *Sept. 10–18, Okt.–Allerheiligen 10–17, übrige Zeit Mo–Fr 14–17, Sa und So 13–17 Uhr, 8,50 €*
Die Grottes Préhistoriques, 6 km südlich des Dorfes an der spanischen Grenze gelegen, sind über die D 306 zu erreichen. Die Höhlen waren vor 45 000 Jahren erstmals bewohnt, die meisten Funde sind allerdings auf die Epoche um 20 000 v. Chr. datiert. Eine audio-visuelle Führung geleitet Besucher durch die Gänge – für manche ist das hypermoderne Spektakel des Guten jedoch zu viel.

Übernachten

Traumhaft – **Arraya:** Place du Village, Tel. 05 59 54 20 46, www.arraya.com, April–Okt., 20 Zimmer, DZ 85–150 €, eine Suite, 165–195 €. Das Fachwerkhaus aus dem 16. Jh., seit 1951 Hotel, ist von einem großen Garten mit Terrasse umgeben. Offenes Balkenwerk und antike Möbel in den Zimmern. Im Restaurant sehr gute baskische Küche (außerhalb der Saison So abends, Do mittags und Mo geschl., Menü 23–35 €).
Camping – **Petite Rhune:** Quartier Lehenbiscaye, Tel. 05 59 54 23 97, www. lapetiterhune.com, Mitte Juni–Mitte Sept., 56 Plätze, Juli/Aug. 15–22 €. Eingebettet in die grüne Hügellandschaft, besitzt das Camp Pool und Tennis. Kleine Hütten stehen als preiswerte Übernachtungsgelegenheit zur Verfügung. Außerdem werden Ferienwohnungen im Ort vermietet.

Infos & Termine

Office de Tourisme: Herriko Etxea, 64310 Sare, Tel. 05 59 54 20 14, www. sare.fr.
Cross des Contrebandiers: So nach dem 18. Aug., Schmugglerfest mit skurrilen Wettkämpfen.

Bus: Basque Bondissant April–Okt. über Ascain nach St-Jean-de-Luz.

Wanderung zum Gipfel La Rhune ▸ A 12

Rundwanderung ca. 12 km, 4–5 Std., festes Schuhwerk erforderlich, Anfahrt per Bus ab Ascain

Er gilt als ›heiliger Berg‹ der Basken und ist doch nur 905 m hoch. Der Gipfel La Rhune (Larrun), genau auf der spanisch-französischen Grenze gelegen, gewährt bei schönem Wetter einen prächtigen Blick über Meer und Gebirge. Selbst das französische Kaiserpaar Napoléon III und Eugénie stieg 1859 zum Gipfel empor.

Wanderer, die in Sare, östlich des Berges, starten, müssen ein gutes Stück Asphalt in Kauf nehmen. Ratsamer ist es deshalb, sich erst ab **Col de St-Ignace** (169 m) auf den Weg zu machen, von wo seit 1924 eine Zahnradbahn zur Bergspitze hochfährt. Der hübsch anzuschauende **Train de la Rhune** lockt Massen von Touristen, sodass der Anstieg vom Col nicht jeden begeistert.

Eine attraktive Variante bietet der Aufstieg von Norden her. Der Startpunkt liegt ebenfalls an der D 4 westlich von Ascain bei **Olhette**. Kurz hinter dem **Camping Zelaya** zweigen links, dicht hintereinander, zwei Sträßchen ab, die beide zu einem **Parkplatz** am Ende des Chemin de Manttu führen. Dort orientiert man sich an der rot-weißen Markierung des Fernwanderweges **GR 10** und gelangt zum **Col de Descarga,** einer Weggabelung, an der man sich geradeaus hält.

Ausstieg zum Gipfel La Rhune

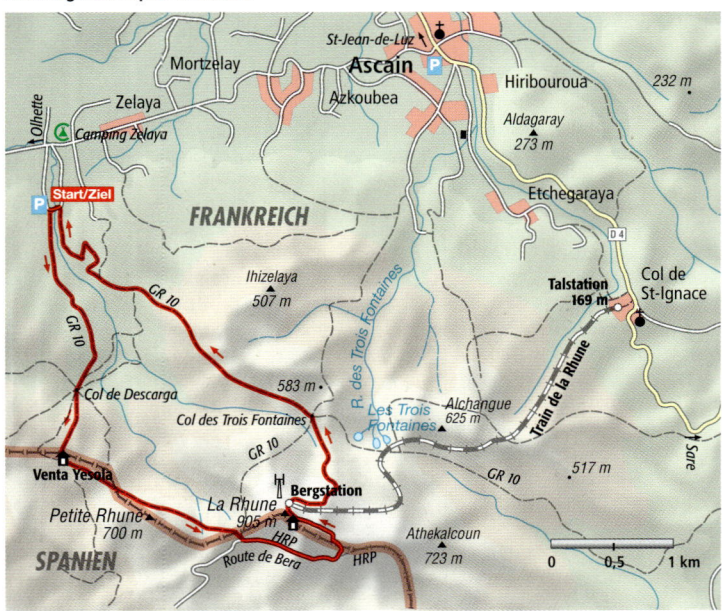

Nach flottem Anstieg ist die Hütte **Venta Yasola** erreicht, wo Getränke und Mahlzeiten serviert werden. Die Felsspitze der **Petite Rhune** (700 m) im Blick, geht es weiter bergan und zu einer Hochebene mit hübschem Ausblick. Jenseits des kleineren Gipfels bereitet der steile, steinige Weg der **Route de Bera** beträchtliche Mühen. Man befindet sich hier bereits auf spanischer Seite des Berges und erreicht schließlich den Hauptgipfel **La Rhune,** weithin erkennbar an der TV-Station. Auch hier oben bestehen Einkehrmöglichkeiten, vor allem von denen genutzt, die per Zahnradbahn ankommen.

Beim Abstieg auf französischer Seite folgt man zunächst den Schienen der Zahnradbahn und schwenkt dann links ab, um über Serpentinen zum **Col des Trois Fontaines** zu gelangen. Ab hier weisen erneut die rot-weißen Markierungen des GR 10 den Weg zurück zum Parkplatz.

Übernachten

Familientauglich – **De la Rhune:** Place Pierre Loti, 64310 Ascain, Tel. 05 59 54 00 04, http://hoteldelarhune.com, Jan./Febr. geschl., 26 Zimmer, DZ 73–88 €. Die ehemalige Poststation im Ortskern wurde im späten 19. Jh. in ein Hotel umgebaut. Berühmter Gast war der Schriftsteller Pierre Loti, der hier Teile seines Romans »Ramuntcho« schrieb, die Lobeshymne auf einen Pelota-Spieler. Die Zimmer sind einfach ausgestattet, einige besitzen einen kleinen Balkon. Mit Garten, Parkplatz und Restaurant (Menü um 20 €).

Infos

Bus: Mit Le Basque Bondissant nach Sare und St-Jean-de-Luz (nur April–Okt.).

Le Train de la Rhune: Col de St-Ignace, Sare, Tel. 05 59 54 20 26, www.rhune.com, Juli/Aug. 8.30–17.30 alle 35 Min., Mitte Febr.–Juni, Sept.–Mitte Nov. 9.30–11.30, 14–16 Uhr, 18 €.

St-Pée-sur-Nivelle ▶ A12

In St-Pée-sur-Nivelle (Senpere) in einem Seitental der Nive blieb vom ›Hexenschloss‹ **Château des Sorcières** (14./15. Jh.) nach einem Brand im Jahre 1793 nur noch bröckelndes Gemäuer. 1609 hatte in diesem Schloss der berüchtigte Hexenjäger Pierre de Lancre gewütet (s. S. 129). Aus der Zeit seines schändlichen Wirkens stammt auch die **Dorfkirche**, ein schönes Beispiel des baskischen Barock.

Bevor man zur baskischen Küste zurückfährt, lohnt ein Abstecher auf der D 918 zum **Lac de St-Pée**. Am See gibt es auch eine Verleihstation für Tret- und Ruderboote.

Übernachten

Stylish – **Auberge Basque:** Vieille Route de St-Jean, Helbarron, Tel. 05 59 51 70 00, www.aubergebasque.com, ganzjährig geöffnet, 16 Zimmer, DZ ab 109 €. Das Bauernhaus mit Garten stammt zwar aus dem 16. Jh., ist aber äußerlich teils stark modernisiert. Die Zimmer, größtenteils mit Parkett ausgelegt, sind im Designerstil eingerichtet. Im Speisesaal werden hervorragend zubereitete und appetitlich angerichtete Speisen serviert (im Sommer Mo, sonst auch Di und Sa geschl., Menü ab 59 €).

Infos

Bus: Mit S.A.R.L. Lata Verbindung nach Hasparren, Cambo, Espelette, St-Jean-de-Luz.

Sprachführer Französisch

Allgemeines

guten Morgen/Tag	bonjour
guten Abend	bonsoir
gute Nacht	bonne nuit
auf Wiedersehen	au revoir
Entschuldigung	pardon
hallo/grüß dich	salut
bitte	de rien/
	s'il vous plaît
danke	merci
ja/nein	oui/non
einverstanden	d'accord
bis später	à plus tard
Wie bitte?	Pardon?
Wann?	Quand?

Unterwegs

Haltestelle	arrêt
Bus	bus/car
Auto	voiture
Ausfahrt/-gang	sortie
Tankstelle	station-service
Benzin	essence
rechts	à droite
links	à gauche
geradeaus	tout droit
Auskunft	information
Telefon	téléphone
Postamt	poste
Bahnhof	gare
Flughafen	aéroport
Stadtplan	plan de ville
alle Richtungen	toutes les directions
Einbahnstraße	rue à sens unique
Eingang	entrée
geöffnet	ouvert/-e
geschlossen	fermé/-e
Kirche	église
Museum	musée
Strand	plage
Brücke	pont
Platz	place
Hafen	port
hier	ici
dort	là

Zeit

Stunde	heure
Tag	jour
Woche	semaine
Monat	mois
Jahr	année
heute	aujourd'hui
gestern	hier
morgen	demain
morgens	le matin
mittags	le midi
nachmittags	l'après-midi
abends	le soir
früh	tôt
spät	tard
vor	avant
nach	après
Montag	lundi
Dienstag	mardi
Mittwoch	mercredi
Donnerstag	jeudi
Freitag	vendredi
Samstag	samedi
Sonntag	dimanche
Feiertag	jour de fête
Winter	hiver
Frühling	printemps
Sommer	été
Herbst	automne

Notfall

Hilfe!	au secours!
Polizei	police
Arzt	médecin
Zahnarzt	dentiste
Apotheke	pharmacie
Krankenhaus	hôpital
Unfall	accident
Schmerzen	douleur
Zahnschmerzen	mal aux dents
Panne	panne

Übernachten

Hotel	hôtel
Pension	pension

Einzelzimmer	chambre individuelle	teuer	cher/chère
Doppelzimmer	chambre double	billig	bon marché
Doppelbett	grand lit	Größe	taille
Einzelbetten	deux lits	bezahlen	payer
mit/ohne Bad	avec/sans salle de bains		

Zahlen

Toilette	cabinet	1	un
Dusche	douche	2	deux
mit Frühstück	avec petit-déjeuner	3	trois
Halbpension	demi-pension	4	quatre
Gepäck	bagages	5	cinq
Rechnung	addition	6	six
Preis	prix	7	sept
		8	huit

Einkaufen

Geschäft	magasin	9	neuf
Markt	marché	10	dix
Kreditkarte	carte de crédit	11	onze
Geld	argent	12	douze
Geldautomat	guichet automatique	13	treize
Bäckerei	boulangerie	14	quatorze
Lebensmittel	aliments	15	quinze
		16	seize

17	dix-sept
18	dix-huit
19	dix-neuf
20	vingt
21	vingt et un
30	trente
40	quarante
50	cinquante
60	soixante
70	soixante-dix
80	quatre-vingt
90	quatre-vingt-dix
100	cent
150	cent cinquante
200	deux cent(s)
1000	mille

Die wichtigsten Sätze

Allgemeines

Sprechen Sie Deutsch/Englisch?	Parlez-vous allemand/anglais?
Ich verstehe nicht.	Je ne comprends pas.
Ich spreche kein Französisch.	Je ne parle pas français.
Ich heiße …	Je m'appelle …
Wie heißt du/heißen Sie?	Comment t'appelles tu/vous appellez-vous?
Wie geht's?	Ça va?
Danke, gut.	Merci, bien.
Wie viel Uhr ist es?	Il est quelle heure?

Unterwegs

Wie komme ich zu/nach …?	Comment est-ce que j'arrive à …?
Wo ist bitte …?	Pardon, où est …?
Könnten Sie mir bitte … zeigen?	Pourriez-vous me montrer … ?

Notfall

Können Sie mir bitte helfen?	Pourriez-vous m'aider?
Ich brauche einen Arzt.	J'ai besoin d'un médecin.
Hier tut es weh.	Ça me fait mal ici.

Übernachten

Haben Sie ein freies Zimmer?	Avez-vous une chambre de libre?
Wie viel kostet das Zimmer pro Nacht?	Quel est le prix de la chambre par nuit?
Ich habe ein Zimmer bestellt.	J'ai réservé une chambre.

Einkaufen

Wie viel kostet das?	Ça coûte combien?
Ich brauche …	J'ai besoin de …
Wann öffnet/schließt …?	Quand ouvre/ferme …?

Kulinarisches Lexikon

Zubereitung/Spezialitäten

à la bordelais/e	in Rotwein-Schalotten-Sauce
à la nage de …	in einem Sud von …
à l'huile d'olive	in Olivenöl
à point	medium gebraten
basquais/e	gegart mit Tomaten, Chili, Schalotten, Knoblauch und Weißwein
bien cuit/-e	gut durchgebraten
braisé/-e	geschmort
chaud/-e	heiß
civet de …	Ragout von …
confit de …	Eingelegtes/ Eingekochtes von …
cru/-e	roh
en croûte (de sel)	im (Salz-)Mantel
farci/-e	gefüllt
glacé/-e	gefroren, geeist
grillé/-e	gegrillt
nature	in Salzwasser gekocht, ohne Gewürze
petits farcis	verschiedene junge Gemüse mit Füllung
rouille	Knoblauchmayonnaise mit Chili
saignant	blutig/roh
taboulé	nordafrikanisches Grießgericht, oft als Salat mit Minze

Fisch und Meeresfrüchte

anchois	Sardellenfilet
anchoiade	Sardellenpaste
bourride/ bouillabaisse	Fischsuppe
calamar	Tintenfisch
coquillage	Schalentier
daurade	Dorade, Goldbrasse
espadon	Schwertfisch
gamba	Garnele
homard	Hummer
huître	Auster
langouste	Languste
langoustine	Langustine
lotte de mer	Seeteufel
moule	Miesmuschel
rouget	Rotbarbe
saint-pierre	Petersfisch
sardine	Sardine
saumon	Lachs
seiche	Sepia
thon	Thunfisch

Fleisch

agneau	Lamm
bœuf	Rind
brochette	Spießchen
cabri	Zicklein
carré (d'agneau)	(Lamm-)Rücken
côte de …	Rippenstück vom …
entrecôte	Zwischenrippenstück
escargot	Schnecke
escalope	Schnitzel/Schnitte
gigot (d'agneau)	(Lamm-)Keule
porc	Schwein
veau	Kalb
tripes	Kutteln

Geflügel und Wild

foie gras	Stopfleber
gésier	Geflügelmagen
lapin	Kaninchen
lièvre	Hase
magret de canard	Entenbrust
poule	Huhn
poulet	Hähnchen
sanglier	Wildschwein

Gemüse und Kräuter

ail	Knoblauch
artichaut	Artischocke
avocat	Avocado
basilic	Basilikum
câpre	Kaper
cèpe	Steinpilz
champignon de Paris	weißer Champignon
courgette	Zucchini
fenouil	Fenchel

Hinweis: Autor und Verlag haben alle Informationen mit größtmöglicher Sorgfalt geprüft. Gleichwohl erfolgen alle Angaben ohne Gewähr. Bitte schreiben Sie uns! Über Ihre Rückmeldung und Ihre Verbesserungsvorschläge freuen wir uns: **DuMont Reiseverlag,** Postfach 3151, 73751 Ostfildern, info@dumontreise.de, www.dumontreise.de

Das Klima im Blick — atmosfair

Reisen bereichert und verbindet Menschen und Kulturen. Wer reist, erzeugt auch CO_2. Der Flugverkehr trägt mit einem Anteil von bis zu 10 % zur globalen Erwärmung bei. Wer das Klima schützen will, sollte sich für eine schonendere Reiseform (z. B. die Bahn) entscheiden – oder die Projekte von *atmosfair* unterstützen. *Atmosfair* ist eine gemeinnützige Klimaschutzorganisation. Die Idee: Flugpassagiere spenden einen kilometerabhängigen Beitrag für die von ihnen verursachten Emissionen und finanzieren damit Projekte in Entwicklungsländern, die dort den Ausstoß von Klimagasen verringern helfen. Dazu berechnet man mit dem Emissionsrechner auf *www.atmosfair.de,* wie viel CO_2 der Flug produziert und was es kostet, eine vergleichbare Menge Klimagase einzusparen (z. B. Berlin – London – Berlin 13 €). *Atmosfair* garantiert die sorgfältige Verwendung Ihres Beitrags. Klar – auch der DuMont Reiseverlag fliegt mit *atmosfair!*

Autor/Abbildungsnachweis/Impressum

Der Autor: Manfred Görgens, 1954 im Ruhrgebiet geboren, studierte Kunst und Indologie, reiste durch Asien, Afrika und Europa. Mit 18 Jahren entdeckte er die französische Atlantikküste. 1991 war er als Lektor und Fotograf des eigenen Verlages nach langer Pause wieder in Aquitaine. Es entwickelte sich eine wahre Liebe zur Region, die er jedes Jahr besucht. Heute lebt Manfred Görgens als Buchautor, Fotograf und freiberuflicher Journalist für Tageszeitungen und Magazine in Wuppertal.

Titelbild: Über dem Hafen von Biarritz wacht die Kirche Ste-Eugénie
Umschlagklappe vorn: Dune du Pilat – Saharafeeling am Atlantik

5., aktualisierte Auflage 2016
© DuMont Reiseverlag, Ostfildern
Alle Rechte vorbehalten
Redaktion/Lektorat: Juling, Al Kureischi, Bongartz, Zitzmann
Grafisches Konzept: Groschwitz/Blachnierek, Hamburg
Printed in China

MIX
Papier aus verantwor-
tungsvollen Quellen
FSC® C020056